A Study of Grassroots Social
Governance from the Perspective of Legal History

罗冠男 / 著

法律史视野下的基层社会治理研究

以基层社会治理单元为对象

中国政法大学出版社

2022·北京

图书在版编目（CIP）数据

法律史视野下的基层社会治理研究：以基层社会治理单元为对象/罗冠男著. —北京：中国政法大学出版社，2022.6

ISBN 978-7-5764-0512-5

Ⅰ.①法… Ⅱ.①罗… Ⅲ.①社会管理－研究－中国 Ⅳ.①D63

中国版本图书馆CIP数据核字(2022)第134376号

书　名	法律史视野下的基层社会治理研究：以基层社会治理单元为对象
	FALÜSHI SHIYEXIA DE JICENG SHEHUI ZHILI YANJIU：
	YI JICENG SHEHUI ZHILI DANYUAN WEI DUIXIANG
出版者	中国政法大学出版社
地　址	北京市海淀区西土城路 25 号
邮　箱	fadapress@163.com
网　址	http://www.cuplpress.com (网络实名：中国政法大学出版社)
电　话	010-58908466(第七编辑部) 010-58908334(邮购部)
承　印	固安华明印业有限公司
开　本	720mm×960mm　1/16
印　张	16.25
字　数	255 千字
版　次	2022 年 6 月第 1 版
印　次	2022 年 6 月第 1 次印刷
定　价	68.00 元

序

东方社会，注重"群"的作用。荀子说，个体之人，力不及牛，跑不若马，但人能驯服牛马为己所用，关键之一在于人能发挥"群"的作用。中华文明绵延发展，作为社会构成的基本单元，作为个体生产生活的基本依归，"群"先后以不同的形态演变发展。从家户宗族、保甲街坊，到村社乡里、单位社区，与"群"相关联的理念、习俗已深深扎根于民族文化之中。

中国古代，以德治仁政、注重民生为重要内容的儒学理论成为国家治理的指导思想。历朝政权在政治常态之下，多采取轻徭薄赋的税赋政策。在地广人众，公权资源有限的社会条件下，基层社会治理更需要运用"群"的功能，发挥"群"的作用。汉唐明清，血缘性宗族家族、地域性保甲街坊等基层组织，在城市与乡村社会的秩序维系、道德教化、纠纷调处等方面发挥了重要作用。

区别于政府机构，地方社会组织在协助基层治理过程中，尤其是在化解经济纠纷、解决矛盾争端时，其关注的第一焦点，不在于财产上的均平等价，而是更注重地方习俗的维系与人际和谐的建构。北宋《吕氏乡约》要求同约之人"德业相劝，过失相规，礼俗相交，患难相恤"，清朝大学士张英主张邻里之间"让他三尺又何妨"的"六尺巷"精神。用今天的眼光看，这些主张，淡化了个体之间的财产关系，模糊了个体的权利意识，既不利于个体独立性的培育，也不利于契约意识的养成。但在中国古代，这些主张的实施，不仅营造了士农工商各阶层民众都认可接受，并乐处其中的人际关系与社会氛围，也为政府机构在宏观上维护国家统治、构建社会秩序发挥了积极作用。

基层社会组织参与地方治理，作为社会治理模式方面的文化传统，在当代中国的社会治理过程中仍保持其生命力。单位与公社，社区与乡村等，先后在城市、农村的基层治理过程中发挥着重要作用。这一模式的实施，使得政府机构在履行职责时不再总是面对"原子化"个体，而是让具备地方特色、更富有人文情怀的群体参与治理、协助治理，因而常常能够取得事半功倍的治理效果，也得到基层社会广大民众的认可。这一模式的实施，既是基于现实的治理需要所作的理性选择，也是对于五千年历史文化的弘扬与传承。

改革开放以后，西方的观念文化与技术设备一起再次传入我国，推动了社会转型与制度变革。与基层治理相关联的社会文化与法制观念也产生相应的变化。有人因自身利益受到邻居侵损而向法院起诉，要求履行全部法律程序后，最终索赔1元钱；一盗窃犯被追赶而逃跑摔伤，其家人到法院起诉，要求法院判决追赶者支付治疗费与精神损失费；等等。这些现象，从一定角度代表着公民法治观念增强、权利意识提升，体现出社会个体的"原子化"特征。但同时，我们也切身感受到，推崇与谦让、宽容与知耻，主张邻里之间出入相友、守望相助，作为一种内在的情感品行，仍然深深扎根于基层社会，驻守在民众的潜意识之中。正因为如此，才会出现当法院审理一起案件、综合考量法理情而作出的判决，竟然引起广大基层民众的共鸣，得到几乎整个社会的支持与赞赏。

不同的观念，不同的制度，各有其产生的渊源与背景，各有其存在的理由与价值，相互之间没有优劣之分。但对于一个具体的社会而言，它所需要的，无论是观念还是制度，都必须与这一社会相适应，适应这一社会的现实需要，符合这一社会的文化传统，并有利于这一社会的发展进步。

冠男关注中国法律的历史与现实，并曾留学意大利，学习罗马法。在《法律史视野下的基层社会治理研究 以基层社会治理单元为对象》中，冠男以基层社会治理为中心，梳理分析了中国古代基层社会治理的基本内涵及主要功能，并从历史延续、文化传承角度分析了当代中国基层社会治理的特征与作用，基于当代中国法治建设的现实需要，结合中国文化的历史传统以及以罗马法为代表的西方法律文化，就当代中国城市、乡村基层社会治理单元的建构培育及其法律机制，提出了自己富有创见的观点。

朱 勇

2022 年 6 月 15 日

目　录

第一章

基层社会治理单元与法律机制

一、基层社会治理的内涵与外延

(一) 从社会管理到社会治理

"社会"一词翻译自英文"society",其源于拉丁语"socius"(伙伴)。在我国古代文献中,"社"的本义指土地之主,又指祭祀土神,并由此引申出祭祀土神之日或之地。[1]"社"在另一些古代文献中亦用来指代古代的乡村基层组织。[2]此外,"社"也用来表示志同道合的人们组成的团体。我国历史上的"会",多指集会、聚会。"社"与"会"连用起来通常是指志趣相投者的集会、聚会,或由此而组成的或紧密或松散的民间团体。

据考证,"社会"一词始于《旧唐书·玄宗上》,是"村民集会"之意。[3]而现代汉语里"社会"一词,其实是中西方文化交流的产物。英国社会学家、哲学家赫伯特·斯宾塞的 The Study of Sociology 一书被引入中国时,严复先生将书名译为"群学肆言","社会"一词的含义由此亦指"群"。[4]斯宾塞提出社会有机体的观点,认为社会是一个有机体,其内部各个要素之间具有十分紧密的联系;对于这个紧密有机体的理解与认识,必须从结构运转的层面着手;只有满足了体系的需求,这个有机体才可以继续存在下去。[5]马克思

---

[1]《孝经纬》:"社,土地之主也。土地阔不可尽敬,故封土为社,以报功也。"

[2]《日知录》:"古之国社、里社,故古人以乡为社。"

[3]《旧唐书·玄宗上》:"礼部奏请千秋节休假三日,及村闾社会,并就千秋节先赛白帝,报田祖。然后坐饮,散之。"

[4] [英]赫伯特·斯宾塞:《群学肆言》,严复译,北京时代华文书局2014年版。

[5] 赫伯特·斯宾塞,英国著名的社会学家和哲学家,著有《社会学原理》等著作,对社会有机论和社会进化论进行了深刻的阐述。

则认为，"社会"是一切社会关系的总和，是人类生活的共同体，不同的构成要素之间相互联系、相互作用，形成了"社会"这一有机整体。[1]因此，"社会"一定具有两个特征，第一，其内部的组成要素是具有一定依存关系的人；第二，其外部形态表现为超越个人的有机体。

"社会管理"的概念在"社会"的基础上衍生而来。在市场经济条件下，社会管理的含义为，政府与社会组织利用各种管理措施对社会系统的构成要素、社会生活的各个方面以及社会发展的不同阶段等多个方面进行管理，从而达到整个社会的良好运行和社会内部要素的协调运转。[2]其主要目标是促进社会系统的协调运转；其主要实施者包括政府和社会组织，在社会组织尚不发达的情况下，其实际实施者由各级政府担任。[3]具体来说，社会管理具有组织、协调、服务、监督和控制五个主要职能。

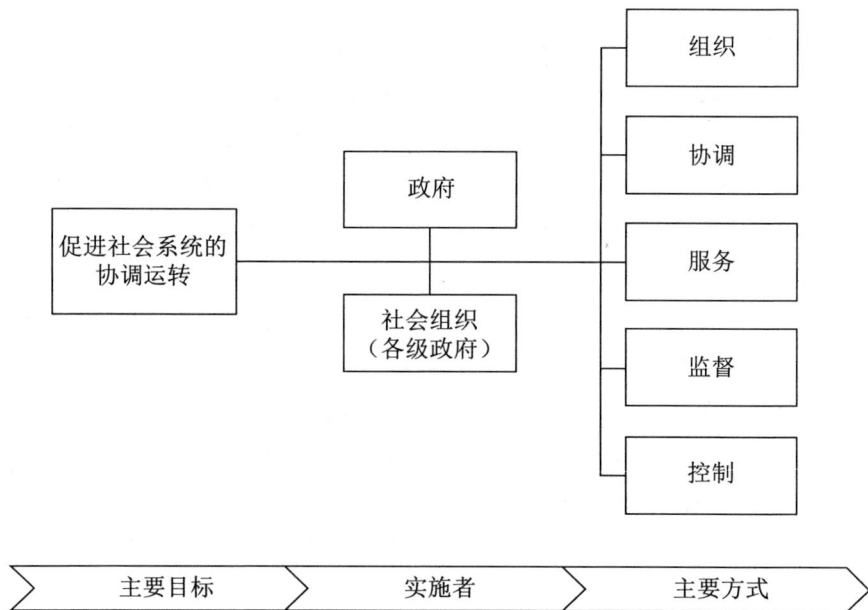

图1-1 社会管理示意图

---

〔1〕《马克思恩格斯选集》，人民出版社1995年版，第56页。

〔2〕 中国大百科全书出版社编辑部编：《中国大百科全书·社会学》，中国大百科出版社1991年版，第301~302页。

〔3〕 曹建萍："从社会管理到社会治理：理念与实践"，载《特区实践与理论》2013年第1期。

在西方语境下，"治理"一词的英文为"governance"[1]，最早可追溯至希腊语"kybernan"和拉丁语"gubernare"，具有领航、掌舵、引导、控制或操纵之意。随着时代的发展，治理的概念不断丰富、变化。[2]新时代背景下的治理概念兴起于20世纪末，一般认为，新旧"治理"概念的分界线为1989年世界银行报告。[3]该报告指出，当时的非洲已经产生"治理危机"，其发展过程中的问题源自非洲国家的治理危机。此后，"治理"一词被广泛运用到政治学、经济学、管理学等多个领域，其含义更为丰富。

1995年，全球治理委员会（the Commission on Global Governance）在《天涯若比邻：我们的全球之家》报告中正式提出"治理"的概念。[4]"治理"可以被总结为多种管理方式的总和，包括组织和个人、公共与私人管理其共同事务时所采取的措施。治理是一个持续性过程，在这个过程中，相互冲突或利益矛盾得以调和，共同行动得以开展。它不仅包括有权强制（人们）遵行的正式性机制，也包括公众和机构协商一致同意、符合其共同利益的非正式制度安排。与单指政府及其行为的"旧"治理相比，"新"治理更加关注政府与社会、政府与社会组成个体之间的合作与伙伴关系。[5]

但是，对于如何"治理"社会主义社会，并无其他国家的良好经验可资

---

〔1〕　根据《英汉大辞典》释义，其本源含义包括：（1）统治、管理、控制、支配；（2）统治方式、管理方式；（3）统治权、管理权；（4）被统治地位。陆谷孙主编：《英汉大辞典》，上海译文出版社1993年版，第750页。根据福柯的观点，"治理就是对东西的正确处理，对这些东西，人有责任把它们引向合适的目的"。参见［法］米歇尔·福柯：《安全、领土与人口》，钱翰、陈晓径译，上海人民出版社2010年版，第81页。

〔2〕　余军华、袁文艺："公共治理：概念与内涵"，载《中国行政管理》2013年第12期。西方学者将"治理"进行了较为全面的分类（九小类），可以概括为四大类：善治、没有政府的治理、网络治理、市场治理。

〔3〕　World Bank, *From crisis to sustainable growth - sub-Saharan Africa: a long-term perspective study*, http://documents1. worldbank. org/curated/en/498241468742846138/pdf/multi0page. pdf.

〔4〕　The Commission on Global Governance, Our Global Neighborhood: The Report of the Commission on Global Governance, Oxford University Press, 1995, p. 23. "Governance is the sum of the many ways individuals and institutions, public and private, manage their common affairs. It is a continuing process through which conflicting or diverse interests may be accommodated and cooperative action may be taken. It includes formal institutions and regimes empowered to enforce compliance as well as informal arrangements that people and institutions either have agreed to or perceive to be in their interest. "

〔5〕　Paul Hirst, "Democracy and Governance", in Jon Pierre ed. , Debating Governance: Authority, Steering and Democracy, Oxford University Press 2000, p. 14.

借鉴，马克思、恩格斯的书本上亦没有答案。中国共产党在对之前的文明成果进行借鉴与吸收的基础上，对中国特色社会主义实践进行总结和创新，提出了"治理"的执政理念。

在我国，党的十八届三中全会正式提出"治理"，开启了我国社会主义特色治理模式的道路。党的十八届三中全会通过的《中共中央关于全面深化改革若干重大问题的决定》（以下简称十八届三中全会《决定》）明确提出，全面深化改革的总目标是完善和发展中国特色社会主义制度，推进国家治理体系和治理能力现代化。据统计，党的十八届三中全会报告中 9 次提到"治理"，通过的十八届三中全会《决定》中出现"治理"一词高达 25 次。"国家治理体系和治理能力""社会治理""政府治理"等概念将以往通常使用的"管理"改为"治理"，这标志着治国理政的核心是"治"，既非"管"亦非"统"。无论从概念的内涵与外延，还是从实践意义的层面，"治理"与当下的时代背景更为接近，与民主和法治最为密切，被学者誉为"最接近现代、最贴近民主、最亲近法治"。[1]

学者对治理的概念进行了归纳和总结，认为治理是"一种公共管理活动和公共管理的过程，包括必要的公共权威、管理规则、治理机制和治理方式"。[2]2014 年 3 月 5 日，习近平在参加十二届全国人大二次会议上海代表团审议时指出，治理与管理具有巨大的差异："治理和管理一字之差，体现的是系统治理、依法治理、源头治理、综合施策。"换句话说，"治理"的基本内涵体现在：第一，其主体可以是官方政府机构，也可以是民间公共管理组织；第二，"治理"范围有限，一般根据其组织职能限定在某一区域或某一事项；第三，"治理"的手段主要是运用公共权力和公共权威，对社会活动进行引导和规范；第四，"治理"的最终目的是要达到社会公共利益的增加，尽最大可能满足社会公众的需要。

---

〔1〕 应松年："加快法治建设促进国家治理体系和治理能力现代化"，载《中国法学》2014 年第 6 期。

〔2〕 俞可平："全球治理引论"，载《马克思主义与现实》2002 年第 1 期。

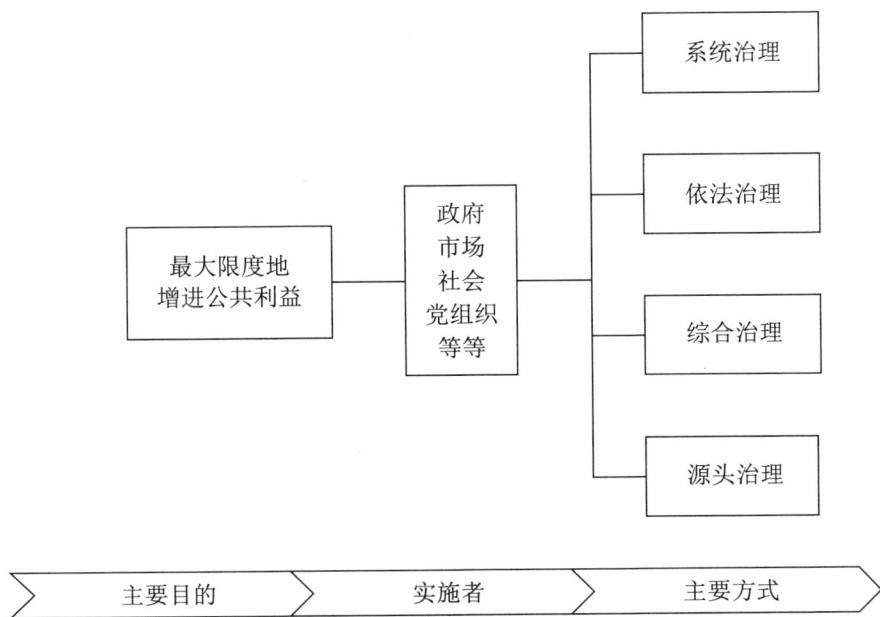

图 1-2　社会治理示意图

从主体特征来看，"管理"主要依靠政府的行政力量推进，其主体呈现一元性特征，特别是在社会组织发展不成熟的阶段，各级政府代替了社会组织的作用，使得管理的主体更为单一。相反，"治理"是一个平等、互动的持续性过程，不仅仅依靠单一行政力量推动，而是需要政府、党组织、市场组织、社会组织等多方主体共同进行，其主体更加多元化。在"治理"语境下，国家管理者是主体，各级组织和单位也是主体，人民也是主体。从过去的单一主体变为多主体共同参与，保障了普通老百姓在国家的发展过程中充分表达意见的权利，赋予人民以决策权，促进其积极参与国家治国理政过程中的政策制定，从而形成公平、公正、公开的治理环境。

从各方关系来看，"管理"意味着单向的、线性的、自上而下的管理行为，而"治理"则具有多向的、网状的、多维的互动性行为。一般认为，社会管理是政府功能的重要组成部分。社会治理是社会管理的新形态，强调政府以外的主体在社会公共事务、争端解决等方面所起到的重要作用。[1]在治

---

〔1〕　张国清：《社会治理研究》，浙江教育出版社 2013 年版，第 3 页。

理活动中，多元主体具有平等参与的机会，拥有平等发挥的舞台，那么治理行为不仅包括线性的自上而下和自下而上，也包括辐射性从中间向两端，甚至可以呈现扁平化铺展的状态。[1]治理意味着，在特定的范围内，各层次、各类型权力机构、公共管理机构以及社会组织在同一舞台，对特定类型的国家和社会事务进行多向的、平等的协商互动，最大限度地增进公共利益，满足公众需要。

从具体的制度架构角度来看，管理制度较为单一，具有明显的强制性和随意性。而治理采用多层次制度架构，特别是在决策机制方面，具有渠道宽、范围广、公正透明的特征，从而推进协商民主广泛多层制度的发展。此外，治理更加注重预防和化解社会矛盾的制度构建，通过搭建民意沟通的渠道，健全信访接访制度，从而保障公民权利的行使。更为重要的是，与随意性相对更大的管理制度相比，治理制度依赖于法治，其制度更加科学化、民主化、规范化、程序化，彻底摒弃官僚主义、强迫命令，营造平等互动的社会治理环境，有利于社会主义民主政治的发展。依法治理意味着，治理不再是完全自上而下的行政管控，也不是"一刀切"的命令，而是追求柔性服务，强调社会各类主体的共同参与，从而增进人民福祉，保障和改善民生。

"治理"是一个内容更为丰富、更充满人性色彩的、更具有包容性的概念。它是"管理"概念的升级版，保留了"管理"含义中的一些要素，但同时也打破了"管理"的局限性。首先，治理具有灵活性，强调公共权力的软化和柔化。其次，治理具有协调性和沟通性，充分回应人民的新要求。最后，治理承载了更为复杂的职能，从而可以更加有效地应对治理过程中的新问题。[2]政府的角色从"一言堂"转为柔性服务者，目的是确保提供公平、正义的市场环境，促进社会和谐、有序发展。从"统治"到"管理"，再到"治理"，这反映了历史的进步，更是我国全面深化改革，转变政府职能，发展社会主义市场经济的重要保障。总而言之，治理是改革的重要前提，通过治理可以有效完成改革的系统性成果。

社会治理与国家治理一样，是一个独立的治理领域。根据马克思主义国家与社会的二元关系理论，国家治理与社会治理是相对的概念。社会治理指

---

〔1〕 江必新："管理与治理的区别"，载《山东人大工作》2014年第1期。

〔2〕 张文显："法治与国家治理现代化"，载《中国法学》2014年第4期。

的就是基层社会治理，而非高层社会、也非上层社会的治理。[1]社会治理的本质是合作，只有各个主体之间的相互协作，发挥共同合力，才能有效形成社会发展中的积极作用，最终确保达到治理的目标。[2]此外，国际环境对社会治理可能产生一定的影响，与此同时，国内的社会发展背景也会影响社会治理的模式。例如，在工业社会的背景下，社会管理模式倾向于政府集权，通过层级的、官僚的制度达到工业发展。在信息化社会，信息网络具有去单元化的特质，而社会管理模式也随之转变为分权的、网格化的治理体系。[3]因此，国际和国内环境与治理产生了双向的互动关系，国内外环境决定了治理所能达成的效果，反之，治理过程中的经验和对国内外环境的研判，也会推动治理模式与时俱进。

社会治理是一个具有中国特色的概念，其拥有丰富的内涵，包含有限政府、法治政府等多种含义。社会治理经常被运用在多个语境，但其共同特征是公众参与、民主公正的理念基调，强调"共同"治理的模式。例如，与政府管理对应的社会治理概念，它所强调的是主体的自治性、非政府性。而与国家治理相对应的社会治理概念，它是基础的、基层的，而非高级的、上层的，更加关注社会层面的基层属性。与公司治理相对应的社会治理概念，它主要关注社会生活的治理，从社会事务管理的角度，通过发挥各个参与主体的能动性与积极性，协调个体共同解决社会问题。[4]

总之，社会治理是一种本质上的民主治理，其"民主性"体现在尊重治理主体的地位，发挥主体的治理能力，达到治理的目标。它旨在强调在科学规范的指导下，建立的一种多元主体共同参与、协调互动的社会发展模式，是一种国家与社会，政府与非政府组织，公共与私人等多群体、多主体共同参与的治理状态。[5]社会治理不仅在国家干预和社会自治之间划出明确界限，

〔1〕　张文显等："推进自治法治德治融合建设，创新基层社会治理"，载《治理研究》2018 年第 6 期。

〔2〕　江必新、王红霞："社会治理的法治依赖及法治的回应"，载《法制与社会发展》2014 年第 4 期。

〔3〕　孙晓莉："西方国家政府社会治理的理念及其启示"，载《社会科学研究》2005 年第 2 期。

〔4〕　燕继荣："社会变迁与社会治理——社会治理的理论解释"，载《北京大学学报（哲学社会科学版）》2017 年第 5 期。

〔5〕　向德平、苏海：" '社会治理' 的理论内涵和实践路径"，载《新疆师范大学学报（哲学社会科学版）》2014 年第 6 期。

也在个人私权与公权力之间划定合理的范围，以宪法性契约规则的建立，限制权力的介入、保障公民自治的权利行使，以社会治理空间推动良性的、合理的国家治理结构。[1]

社会的良好运转必定需要政府、企业、社会组织、个人共同参与，充分发挥各自的作用、承担不同的社会责任。中国特色社会主义背景下的社会治理指的是政府和社会组织，对社会的各个构成要素、社会生活的各个层面以及社会发展的各个阶段进行的组织、协调、监督和控制的过程，目的是促进社会整个体系的协调运转。[2]在当今发展转型的关键时期，不同群体的利益诉求日益多元，很多问题的解决无法依靠政府的单一力量，甚至可能会产生负面作用，这就需要多元主体的力量，发挥各自的主人翁精神，积极参与社会治理，推动社会和谐发展，确保社会安定有序、人民安居乐业。

（二）基层社会治理的内涵与外延

十八届三中全会《决定》提出，在国家治理体系和治理能力现代化目标的牵引下，不断创新社会治理体制，改进社会治理方式，提高社会治理水平，激发社会组织活力，健全公共安全体系。社会治理是我国现代治理体系的重要组成部分。社会治理的内涵包括两个方面：第一，社会治理含社会治理体制之义。党的十九大报告明确提出，新时代我国社会治理体制是"党委领导、政府负责、社会协同、公众参与、法治保障"。第二，社会治理也包括具体社会事务的治理，主要指基层社会治理。

在党的十八届三中全会推进国家治理体系和治理能力现代化的命题背景下，基层就是社会治理的第一道防线。2014 年 9 月 21 日，习近平在庆祝中国人民政治协商会议成立 65 周年大会上的讲话中强调："涉及人民群众利益的大量决策和工作，主要发生在基层。要按照协商于民、协商为民的要求，大力发展基层协商民主，重点在基层群众中开展协商。"这就要求我们推动群众依法参与社会事务，其必要前提是各类社会组织的良好发展，如此才能进一步促进人民群众依法实现自我服务。重点培育各类社会组织，将有助于不断完善基层社会治理的体制构建、改进社会治理方式、提高治理水平、激发治

---

[1] 刘旭："社会治理构成及法治保障"，载《北京交通大学学报（社会科学版）》2015 年第 2 期。

[2] 中国大百科全书出版社编辑部编：《中国大百科全书·社会学》，中国大百科出版社 1991 年版，第 301~302 页。

理活力。

1. 基层社会治理的内涵

在我国，社会治理具有双重内涵。基层社会治理指的是，在基层社会公共事务的管理中，基层社会的相关治理主体以相对平等的身份合作共治。[1]在具体社会事务治理的语境下，社会治理与基层治理区分不大，二者含义几乎可以等同。具体而言，基层社会治理一般是指基层政府之下，通常是指（区）县级行政区划及以下直接面对基层民众的治理。[2]虽然在《宪法》[3]和《地方各级人民代表大会和地方各级人民委员会组织法》中，我们可以明确找到"基层政权"和"基层群众性自治组织"的法律定义，但是法律并没有对"基层""基层政府""基层社会"等概念进行界定。[4]

从目前我国的行政体制和运行实践角度来看，"基层"是基础和底端，"基层政府"是行政系统的底端，"基层社会"是社会系统的底端。但是，底端不意味着低端，"基层"反而是我国社会治理体系中最重要的基石。[5]基层政府是与百姓联结最为紧密、最为直接的行政组织，是我国整个行政系统的基本单元。[6]基层社会，是整个社会系统的支撑，主要由城乡居民构成，是参与政府治理和实行自治的最重要的社会力量。

从参与基层治理的主体角度来看，参与基层社会治理的主体不仅包括基层政府，也包括基层社会的成员，社会组织和个体公民以主体的角色参与政

---

〔1〕　史云贵、屠火明："基层社会合作治理：完善中国特色公民治理的可行性路径探析"，载《社会科学研究》2010 年第 3 期。

〔2〕　郁建兴："辨析国家治理、地方治理、基层治理与社会治理"，载《光明日报》2019 年 8 月 30 日，第 11 版。

〔3〕　为表述方便，本书中涉及的我国法律、法规直接使用简称，省去"中华人民共和国"字样，例如《中华人民共和国宪法》简称为《宪法》，全书统一，不再说明。

〔4〕　《宪法》第 111 条第 1 款规定："城市和农村按居民居住地区设立的居民委员会或者村民委员会是基层群众性自治组织。居民委员会、村民委员会的主任、副主任和委员由居民选举。居民委员会、村民委员会同基层政权的相互关系由法律规定。"

〔5〕　张继良："推进基层治理的十个理论问题"，载《中国社会科学报》2016 年 2 月 18 日，第 1 版。

〔6〕　《宪法》第 107 条第 1 款规定："县级以上地方各级人民政府依照法律规定的权限，管理本行政区域内的经济、教育、科学、文化、卫生、体育事业、城乡建设事业和财政、民政、公安、民族事务、司法行政、计划生育等行政工作，发布决定和命令，任免、培训、考核和奖惩行政工作人员。"通过这一条款可以看出，县级政府作为本条款中最底层的职能部门，其职能完善、权限全面，是直接面对人民、解决群众问题的最基层政府。而城市街道管理部门并不是基层政府，而是县（区）级政府的派出机关。

府治理和自治活动，各个主体各司其职，其功能也有交叉。从治理的客体角度看，基层社会治理的重要客体也包含基层政府，主要对象也包括基层社会。因此，作为社会治理的下位概念的基层社会治理，具有多元主体交互的协调性特征。

就我国基层社会的治理特点来看，多元规则共治也是基层社会治理的内涵之一。多元的规则不仅包括依靠国家强制力的法律规则、长久以来形成的自治规则，也包括约定俗成的民间惯例。这种多元的治理规则和共治秩序，可以在我国历史长河中不同历史阶段所形成的各具特色的治理单元，以及形成的具有中华民族历史特色的基层治理经验中找寻到动力和资源。

2. 基层社会治理的意义

社会治理是国家治理的重要内容，基层社会治理是整个社会治理的重要支柱。因此，基层社会治理是国家治理的重中之重。2021 年 4 月 28 日，中共中央和国务院发布了《关于加强基层治理体系和治理能力现代化建设的意见》，明确提出："基层治理是国家治理的基石，统筹推进乡镇（街道）和城乡社区治理，是实现国家治理体系和治理能力现代化的基础工程。"并就加强基层治理体系和治理能力现代化建设提出了具体的意见。基层社会治理是一种多主体共同参与回应社会治理需求、解决社会问题的持续性活动。2014 年 3 月 5 日，习近平在参加十二届全国人大二次会议上海代表团审议时指出，社会治理核心在人，重心在城乡社区。基层治理是国家治理、地方治理的微观基础，是构建现代化社会治理体系的重要根基，是保障长效社会治理机制的重中之重，是精细化、法治化社会治理的实践场域。

公民在基层自治的过程中参与社会治理，这一方面体现了民主原则在社会治理领域的适用，另一方面也体现了制度设计的民主性。在我国，宪法和有关法律从法律层面明确列举了公民参与自我治理的模式，包括选举、会议决策和监督等多种治理模式。[1]例如，我国《城市居委会组织法》和《村民委员会组织法》从法律角度对基层自治组织的性质作出了界定，即自我服务、自我管理以及自我教育。这些法律法规已经成为加强公民自治意愿、保障公民自治权利、提高公民自治能力的法律制度平台。

---

〔1〕 汪世荣："'枫桥经验'视野下的基层社会治理制度供给研究"，载《中国法学》2018 年第6 期。

目前我国正处于改革发展的深化时期，大量的任务、矛盾在基层，推进国家治理体系构建和治理能力现代化提升的主要基础性工作也堆积于基层。稳固的基层社会治理是建成现代化社会治理体系的必要条件，也是保障社会治理机制稳固不倒的关键。基层是多元利益关系的交汇点，也是关系最为复杂的场所，复杂的利益关系必然带来复杂的矛盾与问题。虽然，这个交汇点是社会发展难题中需要攻克的难点，但同时是我们解决问题的关键点，也应该是投入力量最大的支撑点。因此，打好基层治理的基础是社会治理的长远之计和固本之策，处理好基层单元内部的问题和矛盾是解决社会治理大问题的着力点。基层社会治理水平的提高，是加强和创新社会治理最基本、最直接、最有效的力量。

3. 基层社会治理的内容

一种社会采用何种治理方式，其治理模式包含哪些内容，归根结底是由社会本身多种因素共同决定的。正如习近平同志在 2014 年 2 月 17 日 "省部级主要领导干部学习贯彻十八届三中全会精神全面深化改革专题研讨班" 开班式上的讲话指出的，"我国今天的国家治理体系，是在我国历史传承、文化传统、经济社会发展的基础上长期发展、渐进改进、内生性演化的结果"。

自党的十八大以来，党和国家在新形势的历史阶段下，已经就国家治理体系和治理能力现代化提出了一系列新理念、新战略和新要求。党的十九大报告要求，"打造共建共治共享的社会治理格局……加强社区治理体系建设，推动社会治理重心向基层下移，发挥社会组织作用，实现政府治理和社会调节、居民自治良性互动"。

党的十九届四中全会着重研究了坚持和完善中国特色社会主义制度、推进国家治理体系和治理能力现代化的若干重大问题，对国家治理和社会治理提出了具体要求和详细部署。党的十九届四中全会通过的《中共中央关于坚持和完善中国特色社会主义制度　推进国家治理体系和治理能力现代化若干重大问题的决定》（以下简称十九届四中全会《决定》）明确提出健全充满活力的基层群众自治制度，构建基层社会治理新格局，对发挥我国制度优势推进基层社会治理现代化，提供了科学指引和根本遵循。

十九届四中全会《决定》分别从基层自治和参与社会治理两个方面，对基层社会治理的内容提出了明确的要求。第一，建设基层自治的实践路径。

十九届四中全会《决定》要求健全基层党组织领导的基层群众自治机制，在城乡社区治理、基层公共事务和公益事业中广泛实行群众自我管理、自我服务、自我教育、自我监督。第二，拓宽参与治理的平台渠道。十九届四中全会《决定》要求拓宽人民群众反映意见和建议的渠道，推进基层直接民主制度化、规范化和程序化，进一步完善群众参与基层社会治理的制度化渠道。健全党组织领导的自治、法治、德治相结合的城乡基层治理体系，健全社区管理和服务机制，推行网格化管理和服务，发挥群团组织、社会组织作用，发挥行业协会商会自律功能，实现政府治理和社会调节、居民自治良性互动，夯实基层社会治理基础。"基层社会治理"首次写入党的纲领性文件，开辟了中国特色基层社会治理的新境界。

4. 基层社会治理的目标

与较高层级的治理目标不同，基层治理更侧重于社会效率，强调因地制宜。治理层级越高，其目标更关注公平性、合法性和统一性。对于治理层级较高的社会治理而言，它更加关注人们之间的平等与平均，因此层级较高的社会治理采用的是宏观体系，通过颁布一系列法律法规和政策文件，从宏观层面对整体社会进行把握，确保各治理区块之间的协调，保障个体之间的均等。但是，宏观层面的把握也有一定的弊端，那就是无法因地制宜、无法就事论事。在这种情况下，基层治理等层级较低的治理单元可以有效地弥补宏观治理的弊端。层级越低的治理，越强调在国家治理的统一性指导下，根据本地所处的社会、文化、经济情况，自行探索符合本地特定背景的治理模式，从而实现基层治理的规范有序和灵活创新之间的平衡。[1]

2020 年 10 月，党的十九届五中全会提出了《关于制定国民经济和社会发展第十四个五年规划和二〇三五年远景目标的建议》，其中对基层社会治理的发展目标提出了明确要求，"社会治理特别是基层治理水平明显提高"。这一目标的确定，为加强和创新社会治理指明了发展方向，凝聚了社会共识。随着我国迈入社会主义新时代，我国社会主要矛盾正在经历事关全局发展的历史性变化，经济社会发展上的新特点、新趋势开始显现，这一系列纷繁复杂的变化对基层社会治理提出了新的更高要求。基层社会治理需要回应以下几

---

〔1〕 郁建兴："辨析国家治理、地方治理、基层治理与社会治理"，载《光明日报》2019 年 8 月 30 日，第 11 版。

个变化。

第一，面对日趋复杂的社会矛盾，需要保障社会进一步和谐稳定发展。自新中国成立以来，党和国家始终坚持走马克思主义与我国国情相结合的道路，已经探索出一条适合中国发展的基层社会治理道路，取得了经济高速发展和社会长期稳定的两大奇迹。目前，我国正处于经济发展改革的关键时期，市场经济在社会矛盾和利益诉求矛盾的影响下，变得尤为复杂，公共事务越发多样，各种矛盾相互激荡，对经济持续发展和社会和谐稳定带来了巨大挑战。基层社会治理作为社会治理的基石，其任务更为繁重艰巨，传统的基层社会治理机制亟待创新。

第二，面对日益多元的群众诉求，需要继续提升人民群众的幸福指数。经济发展在促进人民生活方方面面的水平显著提升的同时，也带动了老百姓在政治、社会、文化等多方面的需求增长，群众对于基层社会治理水平的期望也随之提高，特别是在民主、法治、公平、正义方面有了更高的要求。单向的行政管理无法达到人民对于社会治理水平的期许，这就要求基层社会治理从管理转为服务，从大众化转为个性化，从单方面转为全方位，切实关心群众的诉求，如此才能最大限度地增加人民福祉，提高群众幸福感。

第三，面对日渐迅猛的信息化浪潮，需要畅通舆论监督和交流沟通渠道。网络信息技术的高速发展，为实现治理的公开透明提供了有利的技术保障，有助于达到现代化社会治理的目标。虽然便捷、迅速的信息传播渠道可能会对社会和谐稳定发展带来新问题，但是它仍然具有使用门槛低、覆盖范围广、传播速度快的优势，为构建畅通无阻的交流渠道提供了重要便利。数字化平台为群众参与社会治理提供了便捷的方式，有助于群众反映情况，亦有助于群众发挥主观能动性，行使监督权利，积极参与社会治理，这不仅促进了基层社会治理的公开与透明、提升基层服务水平，更是基层社会治理现代化、民主化的必然要求。

二、基层社会治理单元的要件与功能

基层社会治理涵盖范围广、涉及主体多，需要协调的矛盾和利益更为多元复杂，需要处理的任务更为繁琐庞杂。这就需要依托一定的空间或组织，通过每一个具体的单元载体共同作用，达到基层社会治理的良好状态。如果将社会治理比作一个立体网络，其中每一张网相互独立而又交织存在，那么基层社会治理单元就是这样的一张张平面的网。在这繁多复杂的立体网络结构中，横向上以基层治理单元为结点，可以有效分担纵向的行政压力，提高治理效率，提升基层社会治理能力。

（一）基层社会治理单元的要件

基层社会治理单元，是指在国家治理制度的协调配合之下，自然形成的具有一定自治性功能的聚集性生产或生活单位。基层社会治理单元需要满足以下几个要件。

第一，基层社会治理单元需具有一定的地域性、基础性和普遍性。基层社会治理单元地理范围具有聚集性，治理层级相对较低，其本身就是较小的生产或生活单位，但是这些较小的单位联系在一起可以形成一张覆盖范围很广的网络，覆盖到绝大多数社会成员。

第二，基层社会治理单元需具有一定的自治性功能。有别于具有行政管理倾向的治理机关，基层社会治理单元能够在自治空间中通过自治性制度进行自我管理，自行向其社会成员提供一定的公共产品和服务，并可以自行维持其公共秩序，解决一部分公共性问题和纠纷，进行自我教育和自我监督。

第三，基层社会治理单元的治理模式蕴含着柔性的治理内容。它在国家行政和司法力量的协调配合之下，通过相对柔性、充满人性的方式进行自我治理，达成高效、良好的治理效果，最大限度地确保其内部成员的利益。

第四，基层社会治理单元的形成是相对自然的持续性过程。基层社会治理单元的构建需要社会长期的内生和培育，是在相对长的时间过程中形成的。它的培育既依赖于其内在的文化内核，又依附于其外在的制度体系，是在双重因素共同影响下所形成的治理单元。

不同时期的基层社会治理单元往往具有不同的特征，深深烙印了社会、政治、经济、文化等方面的时代特色。尽管其具体形态不同，却对整个社会治理起到了基础性的支撑作用。

（二）基层社会治理单元的功能

作为社会治理的有机载体和基本单元，基层社会治理单元的功能发挥直接影响着社会治理的有效实现。我国拥有几千年的大国治理经验，其基层社会治理始终遵循着自己独特的逻辑和规则。我国传统社会背景下的基层治理单元与新中国成立之后的基层治理单元虽然外在迥异，但是其内核却有暗合之处。在历史经验的长河中，我国已经初步形成了纵横交错的基层社会治理立体化网络，已经初步摸索出了一条自治、法治、德治圆融自洽的体系，基层社会治理单元功能的定位也随之越发清晰完善。

首先，基层社会治理单元具有血缘功能。血缘功能一般由家庭来承担，但是在我国传统社会，特别是在宗法制度的背景下，基于血缘关系成立的家族本身也是基层社会治理的单元。因此，基层社会治理单元承担起延续血缘和传承文化的功能。具体来说，体现在对老人的赡养、对子女后代的抚养、亲属之间的互助和情感上的支持。新中国成立后，单位作为新的基层社会治理单元，实际上隐秘地保留着家族的特征，在一定程度上也承担着血缘的功能。

其次，基层社会治理单元具有经济功能。我国传统社会的家族是生活单位，同时也是基本的农业生产单元。在小农经济的社会背景下，以家族为单位占有生产资料，开展农业生产，自给自足。新中国成立之后，城市的单位和农村的人民公社，更是基于经济功能建立起来的基层社会治理单元，其最首要的功能就是进行工业和农业生产。事实上，它们也确实起到了对当时的社会进行重组，并且组织和进行工业和农业生产的作用，取得了经济方面的巨大成就。

再次，基层社会治理单元具有社会功能。基层社会治理单元非常重要的特点就是，即使是基于血缘或者经济关系产生，但是只有承担一定的社会功能的治理单元，才能发挥其基层社会治理的作用。不论是传统社会的家族，还是新中国成立之后的单位和人民公社，都承担着公共服务、治安维持、纠纷解决等社会功能。当代社会，在血缘功能归于核心家庭，经济功能归于专门的经济组织之后，我们今天期待的基层社会治理单元最重要的功能就是社会功能。

最后，基层社会治理单元可能具有一定的政治功能。基层社会治理单元应当形成一定的自治空间，在一定程度上也分担政治功能。传统社会的家族将完粮纳税作为其内部治理的内容，实际上就是承担了国家的一些政治功能。而新中国成立之后的单位制，本身就具有行政层级，党的领导也贯穿其中，成为当时国家政策上传下达的通路，在很大程度上发挥了其政治功能。

三、基层社会治理单元与法律机制的双向关系

法律机制包括法律思想与法律制度，其发展变化的过程体现在，随着时代的发展，主体类型与权利内容随之增加。从宏观上看，法律机制随时代发展而变化，整个法律体系的广度与深度也逐渐扩大。[1]基层社会治理单元的发展与法律制度的发展相互影响、相互交融，主要体现在基层社会治理单元对法律机制的形塑作用和法律机制对基层社会治理单元的影响。

（一）基层社会治理单元对法律机制的形塑

法律机制中很多内容源于基层社会治理单元的经验，具体体现在，基层社会治理单元的地位和具体制度反映在法律制度之中。传统社会历代的法典对基层社会治理单元的地位和功能进行确认和维护，而基层社会治理单元的自治性制度是国家法律体系的有机组成部分之一。例如，我国传统社会背景下所形成的家法、族规和乡约，得到了公权力一定程度的认可。新中国成立后，单位内部的行为惯例，实际上也在发挥着规范单位成员行为，维持单位顺利运转的功能。

在很多基层社会治理单元内部形成了自治规则，比如自治空间中的"软法"或者乡间的规约。在我国当今的基层社会治理体系中，自治性规则、法律法规以及其他民间风俗规则共同作用，有时各司其职，有时却产生了交叉与冲突。自治性规则甚至在某些领域，比法律法规具有更高的认同感。例如，某些社区内部的矛盾本可以通过社区内部方式解决，若采取法律手段，不仅无法达到快速解决矛盾问题的目的，还可能产生反作用。不仅问题迟迟无法解决，造成拖延、拖沓，还可能致使个体群众误解法律制度，对法律制度的实施与运行产生疑惑。

随着自治水平的提高，自治范围也随之扩大，这时需要法律法规对"自治"进行确认与规范，从而构成国家法律机制的有机组成部分。一方面，法律法规的规范制度可以将自治限定在一定的范围内，确保各个参与主体对自治模式和行为结果具有可预见性；另一方面，法律法规也是对自治性规则的

---

[1] 马金芳："社会组织多元社会治理中的自治与法治"，载《法学》2014 年第 11 期。

保障，赋予其合法性的确认。自治不是盲目的自治，而是应该通过法治保障自治，确保二者的有机统一。[1]基层社会治理单元对于法律机制的形塑主要体现在以下两个方面。

第一，法律制度的建立根植于基层社会治理单元的主体性意识。基层社会治理单元的形成始于一定的自发性，体现出其成员个体和组织共同的主体性、集体性意识。但是，基层社会治理单元的持续性，则需要法律机制对其进行确认和认可。基层社会治理单元的自发性与法律的确定性相互作用，法律可以促进基层社会治理单元的主观能动性，鼓励其进一步发挥自治作用；反之，随着基层社会治理单元的主体意识增强，相关的立法进程得以推进。

第二，法治秩序的形成依赖于基层社会治理单元的自治性经验。在基层社会治理单元自我治理的过程中，其所形成的一套自治体系从根本上推动了法治秩序的生成。无论是内部纠纷的解决，还是共通性问题的探讨，这一系列矛盾与问题的具体处理方式，是法律机制形成的基础和源头。此外，层次丰富、主体多元的基层社会治理单元是多样化社会治理形态的聚集地，也是治理问题和治理经验产生的检验场，基层社会治理单元的自治性经验发展并丰富了法律机制的内涵。

（二）法律机制对基层社会治理单元的影响

法律机制除了可能反映出基层社会治理单元相关的内容，也有可能从各个方面对基层社会治理单元产生影响。法律机制可以确立主流的意识形态和价值观，保证基层社会治理单元功能发挥的文化和思想背景；法律机制可以划定国家治理和民间治理的空间，确定基层社会治理单元的空间边界；法律机制可以确定治理单元的合法地位，为其发挥治理功能提供保障；法律机制可以确立治理主体的权利和职能；法律机制可以对基层社会治理单元的内部构造和关系进行维系，保障内部治理的顺利进行。

基层社会治理单元的良好运行和功能发挥，依赖于法律机制的支持与保障。法律保障是确保基层治理的主体、客体、范围、方式、功能等有效运行的强有力支撑与辅助。比如传统社会的法律机制对家族作为基层社会治理单元的功能发挥起到了支持的作用，而新中国成立后的法律机制也确认和维护

---

〔1〕　张镭："论基层自治规则的主导作用及其法律保障"，载《法学》2018 年第 9 期。

了单位作为基层社会治理单元的地位。法律机制有利于厘清基层社会治理单元的内涵及其边界，通过精细化和法治化的体系支持，促进基层社会治理单元的发展，充分发挥基层社会治理单元的作用。

党的十八大以来，以习近平同志为核心的党中央相继提出了一系列治国理政的新理念、新思想、新战略，推动基层社会治理向法治化迈进。从长远角度看，只有充分总结基层治理经验，健全党组织领导的自治、法治、德治相结合的治理体系，确保基层社会治理真正实现共建、共治、共享，达到政府治理、社会调节和居民自治的良性互动，才能真正解决人民的问题，提升群众的幸福感和安全感。

四、本书的研究意义与内容

基层社会治理是国家治理的重中之重，是社会治理的基础。基层社会治理单元是完善和发挥基层社会治理功能与作用的重要抓手。自治性是基层社会治理单元的重要特征，也是其优势所在，但是现代化基层社会治理体系是自治、法治与德治的有机融合。法律机制和理论映射了基层社会治理单元的具体经验，升华而来的法治理论将进一步指导基层社会治理单元的发展。

我国当今处于社会和经济的重大转型关键期，方方面面都在经历着变化，而这些变化对本就复杂、多元的基层社会治理带来了巨大挑战，问题更为复杂、矛盾更为突出、主体更为多元，单一线性的治理模式难以应对。在这样一个盘根错节的基层社会，急需寻找有效的结点，搭建基层社会治理的网络，畅通各个渠道。基层社会治理单元，就是这样一个重要的支撑点。但是随着现代社会的"个体化"和当代社会的"原子化"，在单位制解体后，新的城乡基层社会治理单元尚未完全培育起来，其背后有着复杂的原因，但是法律机制的支持作用不足肯定是原因之一。

习近平同志在主持中共中央政治局第十八次集体学习时，就我国历史上的国家治理等有关问题指出："对古代的成功经验，我们要本着择其善者而从之、其不善者而去之的科学态度，牢记历史经验、牢记历史教训、牢记历史警示，为推进国家治理体系和治理能力现代化提供有益借鉴。"我们不仅要吸取教训，更要基于传统和本土经验对其加以改造和创新，实现国家治理体系的完善，治理能力的提升，形成具有中国特色的现代化治理体系。正如钱穆先生所说：政治制度"必然得自根自生"，"纵使有些可以从国外移来，也必然先与其本国传统，有一番融合与媾通，才能真实发生相当的作用。"〔1〕因此，本书将重点放在回看我国的历史传统，结合新中国成立之后和当代社会发生的变化，关注法律史视野下的基层社会治理单元的变化轨迹，并试图从中寻找当前基层社会治理所面临的问题的答案。

　　本书将着重研究基层社会治理单元与法律机制之间的双向关系，通过历史的研究方法、比较的研究方法、实证的研究方法和规范的研究方法等，探索当代基层社会治理法治化的创新性道路。本书将首先梳理我国基层社会治理单元的演变历史，总结历史上的基层社会治理单元的治理经验，而后分析基层社会治理单元在不同时代的功能，并将重点聚焦于不同时代法律制度对基层社会治理单元功能的发挥所起到的作用，以期探索法治与自治相融合的基层社会治理理论。

　　具体而言，本书将聚焦以下内容：首先，我国在不同发展时期，基层社会治理单元的内涵、外延和功能。其次，不同时期法律机制体系及其对基层社会治理单元功能发挥的影响。通过对历代法典、判例集、地方档案以及新中国成立后的法律法规、政策文件、档案文献的总结，以法律制度或案例对基层社会治理的影响为线索，梳理一条较为完整、清晰的有关基层社会治理的法律思想脉络和制度演变链条。再次，本书梳理不同时代背景下的法律制度的具体表现形式，挖掘不同形态之下的相似性内核，归纳出我国基层社会治理单元与法律机制的双向互动理论和模式。最后，本书将尝试将基层社会治理单元与法律机制双向互动理论运用到当下社会在基层社会治理过程中所面临的问题，包括社会"原子化"、基层治理"去单元化"、居民自治组织的行政化，探讨相关法律机制的完善路径，探索一条基层社会治理的法治化创新之路。

---

〔1〕　钱穆：《中国历代政治得失》，生活·读书·新知三联书店 2001 年版，第 1~2 页。

第二章

传统社会的基层治理单元与法律机制

一、家族作为传统社会基层治理单元

（一）传统社会中家族的含义

在中国人的观念中，"家"是一个非常重要的概念。在中国传统农业社会，"家"是最基本的生产和生活单位，家族关系是人们最主要的社会关系。根据日本学者滋贺秀三对"家"的定义，"家"的概念有广义和狭义之分：在广义上，家系相同的人们为家；狭义上，通常将个体维持家计的生活共同体称之为家。"我们通常作为家族而提到的而且法律要将其作为一户来把握的，就是这个意义上的家。"〔1〕费孝通先生也指出，中国传统社会"家"的范围不仅仅限于一个个小家庭，而是更加复杂的、承担多种功能的社会组织："一方面我们可以说在中国乡土社会中，不论政治、经济、宗教等功能都可以利用家族来负担；另一方面也可以说，为了要经营这许多事业，家的结构不能限于亲子的小组合，必须加以扩大。……家必须是绵延的，不因个人的长成而分裂，不因个人的死亡而结束，于是家的性质变成了族。"〔2〕事实上，家庭、家族、宗族外延依次扩大，但三者的概念界限并不十分清晰。其中居于中位的"家族"常泛化为对这三个相互关联名词的统称。〔3〕

而家族作为重要的社会单元，具有区别于其他社会组织的独特标识，尤其体现在两个方面：第一，基于血缘关系形成，因此具有共同的祖先、姓氏以及进行共同的祭祀活动；第二，在其内部具有家长的权威，并形成成文或

---

〔1〕 ［日］滋贺秀三：《中国家族法原理》，张建国、李力译，商务印书馆 2013 年版，第 58~59 页。

〔2〕 费孝通：《乡土中国》，人民出版社 2008 年版，第 47 页。

〔3〕 王帅一："'化家为国'：传统中国治理中的家族规约"，载《当代法学》2020 年第 6 期。

者不成文的制度。即"不仅拥有作为其血统标识的共同的姓，而且拥有共同的始祖和祭祀活动，其内部维持着一体化的家族统治。"[1]社会学学者则根据这些标识将家族界定为"有共同识别标志（基于共同男性祖先的血缘）、长期合作并具备内部正式或非正式规范的一个或几个家庭"。其中非常重要的特征是基于血缘关系产生并且共同生活，继而在其内部基于伦理关系和成文或不成文的族规形成的行为规范。[2]需要注意的是，家族不仅指的是人的集合，而且包含着支撑这个集团生活的财产的总和。[3]

因此，根据仁井田陞的定义，"中国的家族，是共同经营经济，以夫妇、父母子女及其周围的血缘近亲为单元的血族集团"。[4]换句话说，家族既是基于血缘而产生的基本社会组织，同时由于中国传统社会独特的小农经济和宗法背景，家族也是经济生产的基本单位，承担着社会治理的多种功能。

（二）家族作为基层社会治理单元

在传统基层社会，因为地域的广袤，中央政权的末梢无法有力触及广大的农村，因此存在着"皇权不下县"的状况，来自于中央的政治权力，"在人民实际生活上看，是松弛和微弱的，是挂名的，是无为的"。[5]基层社会的治理在很大程度上依靠于自治和自洽的制度，而真正的基层治理单元在于家族。

1. 家族作为基本的生产和生活单位，具有地理上的聚集性，能够覆盖绝大多数的社会成员

正是因为家族成员的累世共居，才能够形成较大的家族规模，并且在其内部形成家长的权威和相应的制度。需要强调的是，传统社会中的个人，并

---

〔1〕〔日〕仁井田陞:《中国法制史》，牟发松译，上海古籍出版社 2011 年版，第 142 页。

〔2〕徐扬杰:《中国家族制度史》，人民出版社 1992 年版，第 4 页。徐扬杰认为家族是新中国成立前最为典型的社会群体。要构成家族，第一必须是一个男性祖先的子孙，从男系计算的血缘关系清楚；第二必须有一定的规范、办法，作为处理族众之间的关系的准则；第三必须有一定的组织系统，如族长之类，领导族众进行家族活动，管理族中的公共事务。林兵、滕飞:"传统单位制中的家族识别方式——基于制度与文化的解释"，载《吉林大学社会科学学报》2014 年第 3 期。"可以被界定为其主要特征在于家族有合法的社会识别体系（包括基于共同血缘的价值崇拜和实际的血缘关系）以标识个体身份及相关的家族权利，通过'累世共居'的磨合建立内部等级及伦理关系，并有成文或不成文的族规，作为功能性集体行动的基础。"

〔3〕〔日〕滋贺秀三:《中国家族法原理》，张建国、李力译，商务印书馆 2013 年版，第 60 页。

〔4〕〔日〕仁井田陞:《中国法制史》，牟发松译，上海古籍出版社 2011 年版，第 142 页。

〔5〕费孝通:《乡土中国》，人民出版社 2008 年版，第 78 页。

不作为单独的个体而存在，而是作为家族团体中的人而存在。因此，首先要考量的就是个人在家族中的地位，是谁的父亲、谁的儿子、谁的兄弟，其次才会考量其在公共生活中的地位，包括在政治生活中的角色。而在家族的地位和行为，可以直接影响到后者。比如，官员因为"不孝"要接受法律的惩罚，这势必会直接影响他的政治生涯。所以，一旦被家族排除在外，就意味着个人是游离在社会网络之外的，没有家族中的地位，也意味着无法享受政治上和社会上的地位。传统儒家法文化的内核，倾向于强调个人是团体中的个人。在宗法制中，个人与家族相融合，个人的价值需要通过在家族和社会中的义务和角色来实现，在与家族、国家利益相冲突的情形下，需要牺牲个人利益来实现团体的利益。我国传统法文化中的集体主义倾向被认为是中国传统文化的独特倾向，至今仍对我国的文化心理产生着深远的影响。因此家族作为社会的基本单位，可以覆盖几乎全部的社会成员。在家族作为传统基层社会治理单元的基础上，进一步形成了以家族为结点的地缘性治理网络，包括乡村和乡村共同体等。

2. 家族能够为家族成员提供所需的资源和服务，承担着维持基层社会的秩序，解决一部分纠纷等社会功能

具体来说，家族在传统基层社会治理中发挥血缘、经济和社会三方面的功能，其中血缘方面的功能包括赡养老人、子女抚养、生活互助、情感互助等；经济方面的功能则意味着不论是农业生产还是财产交易，都是以家族为单位进行的；而社会功能则包括救灾扶贫、兴建设施、完粮纳税、道德教化，甚至包含完纳课役、催索钱粮以及部分纠纷解决的功能。家族内的资源提供和分配，以及家族内部的有序运行，依赖于家长的权威。正如史尚宽先生所说："一家之事，对内对外，皆取决于家长。其职权既大，责任亦重。"[1]这集中体现在对子女的主婚权、对子女的教化权和对家庭财产的处分权，以此来保证家族内部的有序运行。而家族成员之间的争议，诸如成员之间发生的盗窃和一些人身伤害案件，这类的民事争议，甚至还包括一些轻微的刑事案件，一般都在家族内部得到解决，当然不包括危害到统治秩序的严重刑事案件。在下文将要提到的"无讼"观念影响下，也在家族内生的凝聚力下、在

---

〔1〕 史尚宽：《亲属法论》，中国政法大学出版社 2000 年版，第 796 页。

家长权威的震慑力下以及在家法族规的保障下，家族成为内部纠纷解决的地方。纠纷解决的方式以调解和家庭内部的惩处为主，宗族调解甚至是民间调解中最重要最普遍的方式。[1]诉讼被认为是家族的耻辱，[2]家族内部有了纠纷，首先要由家族内部的尊长处理，不可以擅自提起诉讼。在家族内部的处理中，家族尊长主要依靠家族法规进行裁断，裁断的程序并不复杂。首先，家族尊长要查证清楚事实，即其家人是否作出诸如违反家规或公认准则的行为；其次，家族尊长便可决定对该家人进行惩处，惩处的内容包括简单的斥责、警告，也包括较为严重的杖责与剥夺生命。

3. 在家族内形成了以家法族规为代表的稳定自治制度，并在家族内部得到执行和传承

传统社会的家族作为一个社会组织，常常会形成稳定的自治制度，这种制度包含伦理关系和行为准则，并且逐渐从不成文走向成文，唐以后家族内形成的家法族规是这种制度的代表。家法族规一般是族内尊长或由族众协商订立的规章，在家族内具有调整家族成员之间关系的效力，并且构成了当时法律制度的一部分。目前所见最早的家法是唐代江州陈氏的《义门家法》，到了宋代，大量家法涌现，比如司马光的《居家杂仪》、朱熹的《家礼》、范仲淹的《义庄规矩》等。一般而言，家法族规与儒家礼教的三纲五常相契合，注重道德教化，通常会规定家内"孝悌"的行为准则、本族人应当从事和不得从事的职业、应当具有的道德品质、家庭成员之间的关系，还有各种礼仪、婚葬嫁娶等事项。如果违反，家法的惩罚首先采用叱责，严重者可实行杖责甚至革名驱逐，更为严重的将"鸣官"送交官府惩罚。[3]从更深层次的根源来看，家法族规中的内容，多来源于儒家传统文化。也就是说，虽然一些具体细节可以在家族内部确定，但实际上大的原则和规则早已在儒家文化传统中确定了。儒家思想中的"礼"和"仁"在家规中体现得淋漓尽致，人际交往有子女对父母的"孝"，兄弟之间的"悌"，还有亲属之间的礼仪规则；道

---

〔1〕　邹亚莎："传统无讼理念与当代多元化纠纷解决机制的完善"，载《法学杂志》2016年第10期。

〔2〕　费成康主编：《中国的家法族规》，上海社会科学院出版社2002年版，第299页。清代永兴张氏合族禁条规定："议族间大小是非，或买卖田地，或连界基产，以及水利互争，小忿口角，饮酒放泼，往往以一朝之忿，遂至上告，甚至倾家者有之。嗣后必要经户众投，公议处罚。如议不平，方准另告。"

〔3〕　费成康主编：《中国的家法族规》，上海社会科学院出版社2002年版，第106~118页。

德要求包括与人为善的品质，不怕吃苦的作风，对奢靡生活的反对等。家法族规在家族内部依靠家长的权威和家族成员的遵守得到执行和传承，通过对家族成员行为的规范和对不当行为的惩处，起到了稳定基层社会秩序的作用。

而中国传统社会的特殊生态结构为家庭在传统基层社会治理中发挥单元作用提供了外在的合理性根据。小农经济的生产方式和中国传统伦理中自给自足的精神，使得自然经济以家为单位，家族承担着基层社会治理的许多重要功能。也正是因为家庭的重要功能已经满足了个体的需求，每个人的活动基本上囿于家庭之中，进一步形成了"生产—生活"的圈层，由此个体在发展过程中陷入了循环，难以摆脱。于是，家庭成了人们的活动单元，其生活极其重复、封闭。[1]而从"家"到"国"的宗法制，使得家族作为基层社会治理单元的重要性更加彰显。

二、家族作为基层社会治理单元的儒家法文化背景

（一）传统社会的宗法制背景

1. 由"家"到"国"的通路

在传统的农业社会，依据血缘关系进行农业生产、抵御自然灾害，个人依存于群体，人很难在群体之外谋求生存。"个体的人生活在多重的组织内，而组织的发展与个人的生存和发展休戚相关。因而，人需要家、国、天下的有序组织，而这些组织莫不以个人的人作为根本。"[2]在中国传统社会，这种家、国、天下的有序组织即依靠宗法制得以展开。

西周的宗法制和分封制相结合。其中，嫡长子继承制、宗庙制和同姓不婚制是宗法制的基础。与宗法制不同的是，分封制既包含同姓宗亲，也包括异姓功臣，天子与异姓诸侯之间的紧密联系建立在婚姻的基础之上，基本形成了以宗法制为核心、族权与王权相重合的政治社会框架。于是，从横向层面看，天子有"天下"，诸侯有"国"，大夫有"家"；从纵向发展看，"天下—国—家"的局面，主要通过嫡长子继承制与世卿世禄制世世代代地延续

---

[1] 赵庆杰：《中国伦理精神的探源》，中国政法大学出版社 2015 年版，第 219 页。

[2] 张生："文化与制度的统一成就理想善治"，载《中国社会科学报》2017 年 1 月 11 日，第 5 版。

下去。[1]宗法制和分封制作为一种国家或者政治制度，在春秋之后就趋于解体。然而，宗法制深深影响着中国的伦理构建方式和思想行为模式，在中国传统社会从未缺席。在宗法制中，由家到国是一条通路。宗法制以血缘关系为出发点，构建人与人之间的伦理关系，这种关系在家族中可以维持家族的稳定和团结，推而广之到了国家，同样可以维护国家的长治久安。

儒家法思想中最重要的"礼"的内容，其核心是"亲亲"和"尊尊"，强调的就是社会中的不同人之间的等级差异秩序，是强调人与人之间的"分异"的行为规范的综合。[2]家是儒家"礼"的起点。"礼"对家族成员之间相对地位差别和行为进行规范，要求在家中父慈子孝、夫唱妇随、兄友弟悌。其中又以子女对父母的"孝"为最重要，因为这体现了子女对父母的态度，以父母子女关系为中轴来确定其他家庭成员之间的相互关系和行为规范。

然后，从"家"推而广之到"国"，在国家层面，君主是父母，臣民就是子女，"天子作民父母，以为天下王"。[3]君主既然是万民的父母，那么对百姓就要"爱民如子"，君主的最重要的任务就是"子育"百姓，使百姓各得其所。由此推演出，暴虐的君主即违背了"为民父母"的天职，而子民对君主需要像对待父母一样服从尊敬，更不能侵害。正如《唐律疏议》中所言："王者居宸极之至尊，奉上天之宝命，同二仪之覆载，作兆庶之父母。为子为臣，惟忠惟孝。"[4]"谓将有逆心而害于君父者，则必诛之。"[5]

同时，官民之间的关系也被模拟为父子关系。虽然君主和子民之间的关系被比拟为父子关系，官吏与百姓应当是政治性的兄弟关系，应当是人们敬重的对象。但是，兄弟关系在远离君主的地区却发生了变形，"兄"变为"父"，形成了"父母官"父（母）子关系。这样一种变形可能来源于我国

---

〔1〕　沈毅："'家''国'关联的历史社会学分析：兼论'差序格局'的宏观建构"，载《社会学研究》2008年第6期。所谓"王者天下之大宗"，即"天子之于诸侯，诸侯之于大夫，犹大宗之于小宗也。此古代修身、齐家、治国、平天下，所以一以贯之也"。这样，尽管由于异姓诸侯的存在，宗法制与分封制两者之间并非完全契合，但异姓诸侯与世卿大夫总体上仍是被纳入于宗法秩序之中。

〔2〕　俞荣根：《儒家法思想通论》，商务印书馆2018年版，第431页。

〔3〕　《尚书·洪范》。

〔4〕　《唐律疏议·名例》"十恶"条。

〔5〕　《唐律疏议·名例》"十恶"条。

传统社会"长兄如父"的思想，被视为长兄的官吏逐渐被视为父母官。[1]为官需要爱护百姓，官员对子民的司法惩罚，被定位为家长对子孙的惩戒，即"刑罚不可弛于国，笞捶不得废于家"。[2]而人民对官吏的伤害也被模拟为家庭成员对家中尊长的伤害，从唐律到清律均明确规定，杀本属府主、刺史、县令及吏卒杀本部五品以上官长者，为"不义"重罪，列入"十恶"，相当于谋杀期亲尊长之刑罚远重于常人间杀伤罪。

从家中的"孝亲"推广到国家的"忠君"，社会上的其他关系也都模拟为家中的关系，比如师生关系、江湖关系甚至寺院中的僧侣关系，也都模拟家中的父子。例如俗语"一日为师终身为父"；兄弟、叔侄关系，如在江湖寺院中人与人之间的"称兄道弟"与"叔侄相称"。[3]因此学者认为，"总括来说，中国社会只有两种正式而确定的组织，那就是国与家——即国也不过是家的扩大，家的主是父，国的主是君"。[4]因此，宗法制之下，伦理与政治互相关联，具体体现在伦理等级与政治等级之间的畅通渠道，以及宗法名分与政治名分之间的有机联结，可以有效地形成稳定的政治和伦理秩序。"一方面推行儒家学说，维护国家统一；一方面又用孔孟伦理管理家族家庭，使自己的行为成为整个社会的规范。这种政治权力与意识形态观念合一的一体化结构，就像强性黏合剂一样，使宗法组织与国家组织协调起来了。"[5]之后，中国传统社会还通过分封制、推恩制等制度，进一步强化宗法制。宗法制"从

---

〔1〕 曾宪义、马小红主编：《礼与法：中国传统法律文化研究总论》，中国人民大学出版社2012年版，第64页。

〔2〕 《唐律疏议·名例》。

〔3〕 例如在师生关系中，从唐律到清律，均以"杀现受业师"为"不义"之重罪，列入"十恶"处刑远重于常人，近于谋杀父母之罪，常赦所不原。即使仅仅是"殴伤现受业师"，也要加凡人二等。在宗教关系中，唐律以寺观中的主持人为"三纲"，观寺"三纲"指佛道寺观中的三种负责人，即道观中的"上座、观主、监奇"和佛寺中的"上座、寺主、维那"，有着类似父母的地位，根据唐律规定：一般僧道人员侵犯师父或三纲，与凡人侵害伯叔父母同罪，观寺的部曲奴婢侵犯"三纲"，则与部曲奴婢侵害主人的期亲（近亲）同罪。两者都重于一般人之间侵害之罪刑，反过来，三纲、师等侵犯弟子（一般僧道），仅仅与常人侵犯兄弟之子同罪；他们侵害观寺中的部曲奴婢，仅与俗间主人侵害部曲奴婢同罪或与主人的期亲侵害部曲奴婢同罪。两者处刑均低于一般人之间的侵害罪。参见《唐律疏议·名例六》。

〔4〕 李安宅：《〈仪礼〉与〈礼记〉之社会学的研究》，上海人民出版社2005年版，第55页。

〔5〕 金观涛、刘青峰：《兴盛与危机——论中国社会超稳定结构》，法律出版社2010年版，第52页。

家到国"的通路，长久以来对中国人产生了重要的影响，那就是很多人甚至是所有人，都在采用"复制"与"缩放"的模式，动态地、变化地看待自己的生活空间，并以此打造和构建自己的生活领域，并在生活的过程中不断地对自己的生活领地进行解释与再造。[1]

在从家到国、由忠到孝的通路下，使得从个人修养到国家治理，也形成了一条通路。[2]儒家思想将"修身、齐家、治国、平天下"作为人生的追求和政治的起点，个人道德的修养与政治的要求不谋而合，社会的治理与个人的修养联系在一起，大大降低了社会治理的行政成本。即《孟子·离娄》中所说："天下之本在国，国之本在家，家之本在身。"个人所赖以生存的基层社会组织——家族成为基层社会治理的单元，是"家国同构"宗法制背景的题中应有之义。具体来说，宗法制的儒家法思想又体现为"五服"制度和法律中的"准五服以治罪"制度，通过这两大制度，家族伦理秩序得以维护，宗法制得以进一步巩固。

2. 准五服以治罪

传统社会的五服制度，即丧服制度，就是根据丧服的不同以及服丧时间的长短来区分亲属关系的远近。五服制度大致在西周成型，记载在《礼记》《仪礼》中，古人将丧服根据亲属关系的远近分为斩衰、齐衰、大功、小功、缌麻五个等级。亲属关系决定了丧服的质量和服丧的时间。具体来讲，亲属关系越亲近的，则服丧时间越长，丧服的质地越粗劣；亲属关系越远的，则服丧时间越短，丧服的质量越精致。五服制度体现的是家族成员之间的亲疏远近，体现出不同家庭成员之间应有的地位和关系，与宗法化的法律制度有着紧密的联系，即因为相互之间的地位不同而出现同罪异罚。因此，从元代开始，《元典章·礼部》附有五服五图，明确亲属关系的服制等级。明清法典更将《本宗九族五服正图》《妻为夫族服图》《妾为家长族服图》《出嫁女为本宗降服图》《外亲服图》《妻亲服图》《三父八母服图》等置于法典之前，以便参考。即"欲正刑名，先明服纪。服纪正，则刑罚正，服纪不正，则刑

---

〔1〕　赵庆杰：《中国伦理精神的探源》，中国政法大学出版社 2015 年版，第 219 页。

〔2〕　费孝通：《乡土中国》，人民出版社 2008 年版，第 31 页。"孔子就先承认一个己，推己及人的己，对于这己，得加以克服于礼，克己就是修身……从己到家，由家到国，由国到天下，是一条通路。"

罚不中矣"。[1]

c1	c2	c3	c4	c5	c6	c7	c8	c9
			高祖父母 齐衰三月					
		曾伯叔祖父母 缌麻	曾祖父母 齐衰五月	曾祖姑 在室缌麻 出嫁无服				
	从伯叔祖父母 缌麻	伯叔祖父母 小功	祖父母 齐衰杖期	祖姑 在室小功 出嫁缌麻	从祖姑 在室缌麻 出嫁无服			
从堂伯叔父母 缌麻	堂伯叔父母 小功	伯叔父母 期年	父母 斩衰三年	姑 在世期年 出嫁大功	堂姑 在室小功 出嫁缌麻	从堂姑 在室缌麻 出嫁无服		
族兄弟 缌麻 族兄弟妻 无服	从堂兄弟 小功 从堂兄弟妻 无服	堂兄弟 大功 堂兄弟妻 小功	兄弟 期年 兄弟妻 小功	己身	姊妹 在室期年 出嫁大功	堂姊妹 在室小功 出嫁大功	从堂姊妹 在室小功 出嫁缌麻	族姊妹 在室缌麻 出嫁无服
	从堂侄 缌麻 从堂侄妇 无服	堂侄 小功 堂侄妇 缌麻	侄 大功 侄妇 小功	长子 期年 / 众子 期年 长子妇 期年 / 众子妇 大功	侄女 在世期年 出嫁大功	堂侄女 在室小功 出嫁缌麻	从堂侄女 在室缌麻 出嫁无服	
		堂侄孙 缌麻 从堂侄孙妇 无服	侄孙 小功 侄孙妇 缌麻	嫡孙 期年 / 众孙 大功 嫡孙妇 小功 / 众孙妇 缌麻	侄孙女 在室小功 出嫁缌麻	堂侄孙女 在室缌麻 出嫁无服		
			曾侄孙 缌麻 曾侄孙妇 无服	曾孙 缌麻 曾孙妇 无服	曾侄孙女 在室缌麻 出嫁无服			
				玄孙 缌麻 玄孙妇 无服				

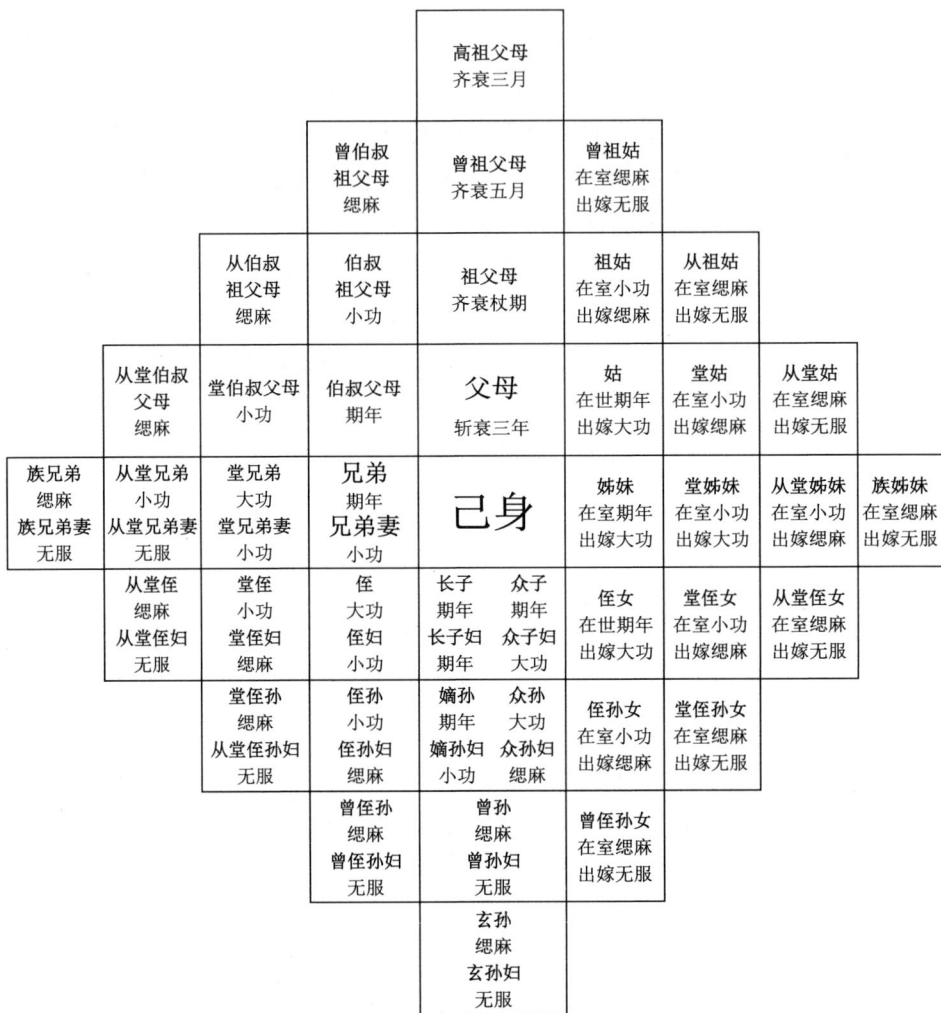

图 2-1　本宗九族五服正服之图

事实上，因为亲属关系导致同罪异罚早在秦汉律中就有所体现。例如，关于亲属间人身犯罪，秦简《法律答问》中的"擅杀子"："擅杀子，黥为城

---

[1]（元）龚瑞礼撰：《五服图解》，清嘉庆宛委别藏本，第1页。

旦春。其子新生而有怪物其身及不全而杀之，勿罪。……士五（伍）甲毋（无）子，其弟子以为后，与同居，而擅杀之。当弃市。""后子"是养子，虽然同是擅杀，但是亲生父子与养父子的惩处程度不同，杀死亲生子罪仅当为城旦春，但是杀死养子却是死刑。换句话说，杀死亲生儿子的处罚更轻。此外，亲属之间的财产犯罪与常人间的处罚也不同。《法律答问》中规定，"父盗子，不为盗"，"子盗父母、父母擅杀、刑、髡子及奴妾，不为公室告"。这项规定的意思是，父亲盗窃儿子的东西，不作为盗窃；儿子盗窃父母的东西，也不属于官府的受理范围。这表明了亲属之间的盗窃，根据亲属关系的远近，处罚程度也由重变轻。按照律法，杀伤或盗窃他人的案件，理应由国家公诉，即"公室告"。但因儿子盗窃父母、家主或家长擅自杀死、刑伤、髡剃其子或奴婢，国家却不予受理，称为"非公室告"。秦律中对亲属之间犯罪的特殊处罚被后世所继承。"准五服以制罪"的原则最先由魏晋南北朝时期的《晋律》入律，体现了晋律比前代刑律有重大改进的地方之一即是"峻礼教之防，准五服以制罪"。[1] 在《唐律疏议》中得到了全面的系统化，明清律典也一脉相承。

　　《唐律疏议》中把亲等划分为：袒免亲，缌麻亲，小功亲，大功亲，期亲。这五种等级标志了不同的亲属关系远近和地位尊卑。根据不同等级，亲属之间的案件处理也有不同的判断标准，体现在判断罪名是否成立，采用何种罪责惩处，是从轻还是从重，等等。通过这样的区别划分，进一步强化了宗法伦理，从而确保宗法秩序的稳定。具体而言，可以分为四种情况，包括亲属相犯、亲属相告、亲属相盗和亲属相奸。

　　亲属相犯可以分为身体上和名誉上的相犯。在杀害的情况下，《唐律疏议·贼盗》中规定，谋杀期亲以上的尊长，不论情节轻重，一律处死。[2] 但是，一般人之间的谋杀，最低只有三年的徒刑。[3] 所以杀害尊亲属要重于一般人的之间的杀害；而尊长杀卑幼，则要在一般的故杀上减等。在殴伤的情况下，如卑幼殴击尊亲属而未折伤时，殴缌麻尊亲属徒一年，殴小功尊亲属徒一年

---

〔1〕《晋书·刑法志》。

〔2〕《唐律疏议·贼盗》"谋杀期亲尊长"条："诸谋杀期亲尊长、外祖父母、夫、夫之祖父母、父母者，皆斩。谋杀缌麻亲以上尊长者，流二千里；已伤者，绞；已杀者，皆斩。即尊长谋杀卑幼者，各依故杀罪减二等；已伤者，减一等；已杀者，依故杀法。"

〔3〕《唐律疏议·贼盗》"谋杀人"条："诸谋杀人者，徒三年；已伤者，绞；已杀者，斩。"

半，殴大功尊亲属徒二年，殴齐衰尊亲属（如伯叔父母等）徒三年，殴斩衰尊亲属（父祖等）则斩。反过来，尊长殴击卑幼而未折伤时，均无罪；折伤时，殴伤缌麻卑幼减常人罪一等，殴伤小功卑幼减常人罪二等，殴伤大功卑幼减常人罪三等，殴伤齐衰卑幼（如弟妹、兄弟之子孙、外孙）者无罪，殴伤斩衰卑幼更不论罪。兄弟姐妹和夫妻之间的殴伤，也是亲属越近，罪责越重，比如殴兄姐最低徒两年半，殴缌麻兄姐仅杖一百，而殴常人只笞四十。妻子与丈夫之间的关系为，若妻子殴伤丈夫，则处徒一年；殴至重伤的，加凡人斗伤罪三等；若致死，则斩。[1]总之，在人身伤害的情况下，尊亲属犯卑亲属，亲属关系越近，罪刑越轻；卑亲属犯尊亲属，亲属关系越近，罪刑越重。对于尊长略卖（强卖）和卖期亲以下卑幼（弟妹、子孙、兄弟之子孙、外孙、子孙之妇、从父弟妹）之罪，均按斗杀之罪的刑等处罚，徒三年或一年半，比照常人略卖罪处绞刑或流三千里要轻得多。[2]

亲属相告的情况下，《唐律疏议·斗讼》中规定了卑幼控告尊长的处罚："诸告祖父母、父母者，绞。""诸告期亲尊长、外祖父母、夫、夫之祖父母，虽得实，徒二年；其告事重者，减所告罪一等；即诬告重者，加所诬罪三等。告大功尊长，各减一等；小功、缌麻，减二等；诬告重者，各加所诬罪一等。"可见，告祖父母、父母的人不论是否真实，直接处以绞刑；而随着亲等关系越远，刑罚越轻。对于父母、祖父母之外的其他尊亲属的侵犯行为，卑幼可以告发："期亲以下缌麻以上，或侵夺财物，或殴打其身之类，得自理诉。"但是别的犯罪还是不能告发："非缘侵犯，不得别告余事。"[3]另外，法律允许卑幼对其他尊亲属的侵犯行为加以告发以求自卫。但是，父母、祖父母犯谋反谋叛谋大逆等国事重罪时，子孙可以告发且不受处罚。反过来，尊长对子孙（包括子孙、外孙、子孙之妇妾）及自己的妾，即使诬告以死罪，也不处罚。

在亲属相盗的情况下，其处罚却与亲属相犯和亲属相告的情况不同，当事人之间的亲属关系越近，处罚越轻；亲属关系越远，处罚越重。五服之内

---

〔1〕《唐律疏议·斗讼》："尊长犯卑幼，缌麻减凡一等，小功、大功，递减一等；期亲尊长以上，不坐。""凡弟妹殴期亲兄姊，徒二年半；殴伤，徒三年；骨折，流三千里；以刀刃伤，绞；殴死，斩。而兄姊殴弟妹伤及骨折或过失杀，皆不论罪；只有故意殴杀，徒三年；以刃故杀，流二千里。"

〔2〕《唐律疏议·贼盗》"略卖期亲以下卑幼"条。

〔3〕《唐律疏议·斗讼》"告期亲以下缌麻以上尊长"条。

的亲属相盗，其处罚比普通窃盗罪轻。如《唐律疏议·贼盗》规定：凡盗缌麻、小功亲属财物者，减凡人一等；盗大功亲者，减凡人二等；期亲，减凡人三等处罚。而凡人盗窃，不得财者笞五十，得财一尺杖六十，至五十匹外加役流。依此推算亲属相盗的处罚是较轻的。到了明、清，亲属相盗从轻处罚的范围甚至扩大到无服亲和姻亲。之所以有这样的规定，是因为古代家族中有同居共财的传统，而且亲属之间还有在困难的时候相互救济的义务。

与亲属相犯和亲属相盗又有所不同的是，亲属相奸的处罚则不论尊卑，只看亲属关系远近，亲属关系越近，罪责越重。卑幼奸父祖妾、伯叔母、姑等尊亲属的罪责，与奸尊长奸姊妹、子孙之妇、兄弟之女的罪责相等，都是处以绞刑。《唐律疏议·杂律》"奸缌麻以上亲及妻"条规定："诸奸缌麻以上亲及缌麻以上亲之妻，或妻前夫之女及同母异父姊妹者，徒三年；强奸者，流二千里。"到了明、清，甚至奸无服亲属也需要从重处罚。此时尊长对卑幼并没有法律上的特权，这是因为亲属相奸行为会严重破坏家族中的宗法伦理关系，对尊长也不能给予减刑优待。

综上，根据准五服以治罪的制度，在亲属相犯的情况下，以卑犯尊，处罚要重于常人，以尊犯卑，则处罚轻于常人，而且根据双方的亲属关系远近来加重和减轻；在亲属相盗的情况下，处罚轻于常人，且亲属关系越近，处罚越轻；在亲属相奸的情况下，处罚重于常人，且不区分以尊犯卑还是以卑犯尊。在司法实践中，如果家庭成员有关的案件有疑，则推定有利于尊长，以维护家中的宗法伦理秩序，即"凡讼之可疑者，与其屈兄，宁屈其弟；与其屈叔伯，宁屈其侄……以存体也。上官意向在此，民俗趋之。为风俗计，不可不慎也"。[1]

3. 荫庇减刑与株连相保

除准五服以治罪之外，传统社会法律制度中的荫庇减刑和株连相保制度也体现和保障着宗法制度。赋予官僚贵族以及功臣减免刑罚的特权滥觞于《周礼》之"八辟丽邦法"，直到曹魏时"八议"正式入律，之后成为传统法律制度中"礼法融合"的典型体现。此外，还有上请、减、赎等法律特权。

---

[1]　《海瑞集·示府县状不受理》。

而这些特权，不仅适用于王公贵族，而且及于他们的亲属。比如议亲，包括皇帝、太皇太后、皇太后和皇后的很远的亲属，有罪先"议"，减罪一等。比如"上请"，是皇太子妃获大功以上的亲属，"八议"之人的期亲以上亲属等有罪时，"上请"皇帝决断，一般都可减罪。而"减"，是应"上请"之人的祖父母、父母、兄弟姊妹、妻、子孙等犯流罪以下例减一等处罚。又如"赎"，即应"议""请""减"之人及其祖父母、父母、妻、子孙等犯流罪以下，听出铜赎刑。这种制度的目的一方面在于法律层面的亲其亲者，尊其尊者，另外一个目的则是使各个功臣和官僚贵族"推恩"于其亲属，其制度底色仍然是宗法制度中的核心，即"亲亲"和"尊尊"。[1]

既然司法上的特权可以由亲属共享，在法律责任上，"亲亲"也可以推演出株连相保制度。亲属之间有义务预防和制止犯罪，如果亲属犯罪，就是这一义务没有尽到，会导致"亲属连坐"。商鞅变法中什伍相保连坐的内核就是亲属的相保连坐，邻里乡党相保连坐还在其次。汉律规定，只要被以"大逆不道"之罪论者，皆腰斩，"父母妻子同产皆弃市"[2]。曹魏《新律》中也规定："大逆无道要（腰）斩，家属从坐，不及祖父母、孙。"[3]即使是在用刑持平的唐律中犯"谋反"及"谋大逆"的人都要处斩，父子年十六以上皆绞，父子年十五以下及母女、妻妾、祖孙、兄弟、姊妹全部没入官府为奴，其资财田宅奴仆全部没入国库，伯叔父、兄弟之子皆流三千里。[4]株连相保在一定程度上加重了刑罚，使得"重刑连其罪，则民不敢试"，[5]也违背了我们今天"罪止自身"的原则。但其根本逻辑还是在传统社会的宗法制下，家族因其特殊重要性，在司法实践中也被视为一个整体，家族成员关系可能产生正面的司法优待或者是负面的株连连带的效果。

---

〔1〕 曾宪义、马小红主编：《礼与法：中国传统法律文化总论》，中国人民大学出版社 2011 年版，第 68 页。

〔2〕 《汉书·李陵传》。

〔3〕 《晋书·刑法志》。

〔4〕 《唐律疏议·贼盗》"谋反大逆"条。

〔5〕 《商君书·赏刑》。

（二）道德教化与和谐"无讼"

1. 道德教化作为社会治理的手段

"道德"从本质上讲是一种意识形态，也是我国历史长河中社会规范的重要组成部分之一。"道德"实际上是一种评价方式，通过对个体的行为进行善恶评价，不仅影响人与人之间的关系，也调整个体（人）与整体（社会）之间的关系。道德在儒家法思想中也占据了重要的位置。陈顾远先生认为传统社会的治理是儒家思想影响下的"礼治""德治""人治"。[1]杨鸿烈先生直接将中华法系的特点概括为"与道德相混成"，[2]"儒家法"乃一种伦理化的法律制度，即道德律与制定法共同组成的立体性体系。[3]在中国传统社会中，道德伦理常被赋予法律效力，法律的实质在于体现和贯彻伦理道德要求。传统的法律制度中充分体现了道德的要求，比如对父母尊长"孝"的要求，对"不孝"行为的严厉惩罚，就是道德入法的典型体现。

儒家特别强调道德教化在社会治理方面的功能，统治者需要"以德配天"，官吏选拔以德才兼备为标准，甚至德重于才。圣贤们基于对德礼教化和刑罚关系的反复讨论，形成了孔子所云"道之以政，齐之以刑，民免而无耻；道之以德，齐之以礼，有耻且格"的主流观点。道德教化可以使人为善，防患于未然，但是刑罚至多能禁止人们作恶，所以孔子说，"不教而杀谓之虐"，[4]反对不教而杀。人性本善还是恶素有争论，但观点截然相反的孟子和荀子却都认为通过对人的道德教化，可以使之回归善良本性或者弃恶从善。在以刑还是以德治国之间，德无疑是首要价值取向，并进而得出了"德礼为政教之本，刑罚为政教之用，犹昏晓阳秋相须而成者也"[5]的结论。

在传统社会中，下至基层官吏，上至一国之君，再到家中尊长，均承担着对百姓及子女的道德教化义务。在基层社会直接由家长来承担，更要求一国之中"为民父母"的君主、官员亦得肩负最终责任，正如《周易》"临卦"

---

〔1〕　陈顾远：《中国法制史》，商务印书馆 1934 年版，第 53～63 页。

〔2〕　杨鸿烈：《中国法律在东亚诸国之影响》，商务印书馆 1937 年版，第 22 页。

〔3〕　李钟声：《中华法系》（上），华欣文化事业中心 1985 年版，第 2 页。

〔4〕　《论语·尧曰》。

〔5〕　《唐律疏议·名例》。

《象传》中言："君子以教思无穷，容保民无疆。"[1]在基层社会治理中，国家将道德教化之权责直接赋予家长。一方面，历代法典之中体现了父母尊长有权对子女卑幼进行教化，并且赋予其惩罚权作为保障。[2]另一方面，家长也因此而责任重大，譬如《大清律例》中关于"家人共盗"责任承担的规定就充分体现了尊长教化卑幼的责任，"若一家人共犯，止坐尊长"[3]，即法律推定全部责任在家长。在基层社会中，这种教化责任由家中尊长承担，在一国之内，则由"为民父母"的君主和官吏来承担。

儒家认为，刑政并非推行教化的最佳手段，礼乐才是最理想的方式。其根本原因在于，与刑政不同，礼乐发自于人的内心，而非外部强加，也因此礼乐具有顺应人之自然本性的特质。正是这种内化于心的方式，才可以最大限度地预防犯罪的发生，进而很大程度上达到保障社会秩序稳定发展的功能。所谓"先王制礼乐也……将以教民平好恶，而反人道之正也"。[4]其中礼主要规范人的外部行为，乐则可以影响人的内心世界。即《礼记·乐记》中所说："乐也者，动于内者也；礼也者，动于外者也。"而"仁"又是礼乐本质，即《论语·八佾》中所说："人而不仁，如礼何？人而不仁，如乐何？"通过礼乐的熏陶，可达至儒家心目中的治世："暴民不作，诸侯宾服，兵革不试，五刑不用，百姓无患，天子不怒，如此，则乐达矣。合父子之亲，明长幼之序，以敬四海之内，天子如此，则礼行矣。"[5]

2. 和谐"无讼"作为社会治理的目标

如果说运用儒家思想进行社会治理的重要手段是道德教化，那么其社会

〔1〕 谢晶："清律'家人共盗'的法思想源流"，载《法学研究》2018年第2期。

〔2〕 历朝法典中对父母尊长教化权的保障主要体现在对"子孙违反教令"的惩罚中，比如《唐律疏议·斗讼》四，疏议有云："祖父母父母有所教令，于事合宜，即须奉以周旋，子孙不得违犯。"参见《唐律疏议》，刘俊文点校，法律出版社1999年版，第472页。又如《大清律例·刑律·诉讼》"子孙违反教令"条："凡子孙违反祖父母、父母教令，及奉养有缺者，杖一百。"参见《大清律例》，田涛、郑秦点校，法律出版社1999年版，第488页。

〔3〕 根据《大清律例·名例》"共犯罪分首从"律的规定，应当以"造意者为首"，参见田涛、郑秦点校：《大清律例》，法律出版社1999年版，第118页。根据沈之奇的解释，当一家人共同犯罪的时候，"不论造意，独坐尊长，卑幼无罪"。（清）沈之奇撰：《大清律辑注》（上），怀效锋、李俊点校，法律出版社2000年版，第93页。关于"家人共盗"律例中家长责任的展开阐释，参见谢晶："清律'家人共盗'的法思想源流"，载《法学研究》2018年第2期。

〔4〕 《礼记·乐记》。

〔5〕 《礼记·乐记》。

治理的理想目标就是形成一个没有纷争的社会。在儒家理想中，尊卑长幼有序、安宁和谐，自然是一个"无讼"的社会。正如孔子所说："不患寡而患不均，不患贫而患不安"。[1]"刑措不用""囹圄空虚"才是理想的治世。也就是说，无争的天下太平才是理想盛世，而个人权利的实现以及物质生活水平的提高并不是理想世界的前提。

虽然有学者认为，我们不可以将我国传统诉讼文化的本质与特点概括为"厌讼""耻讼"等。[2]或者认为"厌讼""耻讼"的观念是无法解释中国人很少诉讼的行为模式。[3]但是，儒家学说仍然认为，只有人们内在具有道德信仰，并将这种道德信仰贯彻在实际生活之中，良好的社会秩序才会生成和保持。学者认为，儒家学说所提倡的"内圣外王"，实际上就是一种道德信仰的体现，主权者只有充分实践个人的道德修养，才能将礼治和德治有机互通、紧密结合。二者共同成就了传统社会中人们对于理想世界的愿景，二者结合的信念也是最为基本的地基，可以称为是"基设"性的。从发展的历史角度看，这样一种礼治、德治的信念所具有的优势，也正是历代君主尊崇儒家、重视"仁""德"的主要原因。因为，"仁""礼"多倡导的是教化，推崇人内心的道德，而"法"多强调惩处、惩罚，那么在重视"仁""德"的君主眼中，"礼"一定是优于"法"来治理国家的最佳选项。[4]从历代所谓的"盛世"可见，其重要标志之一就是"法致中和，囹圄常空"。

有学者指出，早在《周易》中就有对"无讼"理念的表达，认为倘若人们因财利相争，会打破和睦的人际关系，倘若继而上升为诉讼，那就不可避免地会破坏社会整体的安宁和谐，甚至会引发无穷的灾难。[5]孔子则明确地提出了"无讼"思想："听讼，吾犹人也，必也使无讼乎！"[6]即通过道德教化、调解纷争种种手段，从而达到不需要法律，或虽有法律而不用的状态。

---

〔1〕《论语·季氏》。

〔2〕尤陈俊："中题西影：反思中国传统诉讼文化研究的思维框架及其概念使用"，载《现代法学》2019年第1期。

〔3〕苏力："秋菊的困惑和山杠爷的悲剧"，载苏力：《法治及其本土化资源》，北京大学出版社2015年版，第35页。

〔4〕韦森：《经济学与哲学：制度分析的哲学基础》，上海人民出版社2005年版，第224页。

〔5〕《周易·第六卦讼天水讼乾上坎下》："讼，有孚窒惕中吉，终凶。利见大人，不利涉大川。"

〔6〕《论语·颜渊》。

能够通过教化的方式避免词讼，也是官员的追求目标。《后汉书·循吏列传》记载韩延寿为左冯翊守时，"民有昆弟相与讼田，自言"，韩延寿自责未宣明教化，遂闭门思过。两昆弟深刻自悔，表示终死不再相争。韩延寿以此"恩信周遍二十四县，莫敢以辞讼自言者"。[1] 清人刘礼松云："夫听讼而使民咸惕然内讼以至于无讼，此守土者之责也。"反之，如果诉讼滋生，则是世风日下、官员无能的体现。东汉陈宠在一次上疏中列举出当时西州地方的乱象："西州豪右并兼，吏多奸贪，诉讼日百数"，[2] 说明这是亟需治理的状况。

传统社会之所以排斥诉讼，其中一个主要原因在于诉讼常与道德联系在一起。重义轻利、谦和礼让，既是个人的美德，也是一个地方的良好风尚。"无讼"意味着政治清明，那么诉讼就意味着道德败坏，父母官的道德教化义务没有尽到。诉讼与个人的道德要求相关联，例如，传统观念认为道德高尚的人不会"滋讼"，只有道德缺失的人才会提起诉讼、相讼于庭。从整个社会风气的角度来看，传统观念也进一步认为，风俗纯良的地区不会发生诉讼，因为那里的人道德高尚，整个民风也变得淳厚，反之，在人心不古的社会风尚之下，人心奸诈才会产生诸多诉讼。同时，人们认为诉讼会给家族和社会带来直接的负面影响。打官司被认为会损及家族的名誉，使家族蒙羞。正如陆游所云，"纷然争讼，实为门户之羞"，"门户之辱"。[3] 所以，一些家法族规中都会明文要求，纠纷必须首先在族内解决，不到万不得已，不得轻易告官涉诉。比如江西南昌《魏氏宗谱》强调："族中有口角小忿及田土差役账目等项必须先经投族众剖决是非，不得径往府县诳告滋曼。"[4] 清代两江总督裕谦专门编纂了《戒讼说》，历数了诉讼"坏心地""耗资财""伤天伦""结怨毒""损品望"等十大害处，用来劝诫百姓不要诉讼。[5] 康熙《圣谕十六条》中则要求"和乡党以息争讼""明礼让以厚风俗""敦孝弟以重人伦""笃宗族以昭雍睦""息诬告以全良善""训子弟以禁非为"等。[6]

〔1〕 张晋藩："'法致中和，图圄常空'——中国古代为何有调解息讼的司法传统"，载《北京日报》2018年4月16日，第15版。

〔2〕 《后汉书·陈宠传》。

〔3〕 《陆游诸训·戒子录》。

〔4〕 郑秦：《清代司法审判制度研究》，湖南教育出版社1988年版，第223页。

〔5〕 胡旭晟主编：《狱与讼：中国传统诉讼文化研究》，中国人民大学出版社2012年版，第42页。

〔6〕 康熙《圣谕十六条》，载《圣祖实录》，康熙九年十月癸巳。

此外，传统社会对于"和谐""无讼"的追求与中华民族千百年来以"和"为美的审美取向联系紧密。从"和"的美学视角来看，无论是整体还是内部构成要素的关系，抑或内部与整体的关系，一定是平衡、统一的，那么不协调的矛盾一定不是"和"所追求的美学结果。进一步而言，这样一种协调统一的"和"思想突破了传统社会人们对于美学外在表现的追求，并进一步被广泛适用在对于社会的感知，对于生活的感悟以及对于政治的诉求。[1]因此，与"讼"联系在一起的动词多是贬义，比如常常使用的"滋讼"一词，说明在传统社会，被视为无事生非、挑起事端。而帮助人们诉讼的"讼师"更是道德败坏，扰乱社会，因此常常被斥为"讼棍"或"好讼之徒"，并且以一种负面的形象出现，甚至受到法律的惩罚。《唐律疏议》中就规定："诸为人作辞牒，加增其状，不如所告者，笞五十；若加增罪重，减诬告一等。"在随后的明、清律中，都有"教唆词讼"罪，对教唆诉讼、奏告不实的讼师加以严惩，他们所掌握和使用的"讼学""讼术"自然也是要被摒弃的，因此，明清时期的各种"讼师秘本"自然被看作是专门"架词唆讼"的坏书，清代乾隆七年（1742年）曾经下令销毁流传的讼师"构讼之书"。

综上，"无讼"观念被历朝历代推崇，而且直接通过法律的形式对诉讼设置各种限制以降低诉讼率，实现"无讼"的目标。如"务限法"即对受理诉讼时间进行了限制，即在农忙时节，官府不受理民事案件。此外，不在特定的日期诉讼不能被受理。比如唐《杂令》规定："诉田宅、婚姻、债负，起十月一日，至三月三十日检校，以外不合。"另外，诉讼必须逐级诉讼，禁止越诉。司法官吏常常通过不受理案件、受理案件后拖延来促使当事人主动放弃和撤销诉讼，审理案件过程中对当事人进行道德感化、多方调解来解决纠纷，设置"教唆诉讼"之罪来惩罚私自代书诉状或怂恿、鼓励他人提起诉讼者，来达到息讼的目的。诉讼过程中司法官对当事人的道德教育和纠纷调解，构成了传统社会司法的独特模式。

社会纠纷和冲突不可能被完全杜绝，但在基层治理中，以孔子为代表的儒家通过强调道德教化的重要性和其相对于刑罚的优位性来达到和谐"无讼"的理想社会目标，这也得到了历代统治者的认可，并在法典中充分体现出来。

---

〔1〕　胡旭晟主编：《狱与讼：中国传统诉讼文化研究》，中国人民大学出版社2012年版，第28页。

同时也寄希望于道德教化，并利用基层社会治理中的自治制度，包括家法族规、乡规民约，以及在族内和乡间的纠纷解决机制，来消弭社会纠纷，实现和谐"无讼"。由此可见，儒家视域下的社会治理，德主刑辅、道德教化和礼治思想与"无讼"之间是手段和目的的关系，二者相辅相成，相互联系。儒家思想中道德教化和"无讼"的理想，正是家族作为基层治理单元所常用的治理手段以及要达到的治理目标。

三、家族作为基层社会治理单元的法律机制

（一）血缘面向的法律机制

家族是以血缘关系为基础建立起来的社会基本单元，而传统社会的宗法制背景进一步强调了血缘关系的重要性，从"亲亲""尊尊"中不仅衍生出家族内的伦理关系，而且进一步延伸构建了整个社会、政治体系以及法律制度。家族作为基层社会治理单元，其主要的功能集中于血缘的延续和文化的传承。具体来说，血缘的延续体现在养老、婚姻、嫡庶之分、收养以及亲亲相隐等制度，文化的传承则集中体现为家族内部的道德教化，实际上也是对儒家传统文化和家族文化的传承。

1. 养老制度

在传统的父系宗法社会背景下，法律并不专门强调父母对子女的养育责任，认为这是人性中的本能，无需特别强调，亲子之爱，骨肉之情蕴含在孔子的"仁"学之中，被认为是人区别于其他动物的特点。孔子在强调子女为父母守丧的义务时就提到："子生三年，乃免于父母之怀"。[1] 在传统社会中，人们更加强调尊长对子女卑幼的权力，以及子女卑幼对尊长的赡养和顺从，本质上是重视父母对子女的养育之恩。而家族本身的功能之一就是对老人的赡养。而且这种赡养不仅仅是生活上和物质上的，还包括在精神层面的尊重和服从。养老的精神是宗法制度中的重要组成部分，所以也得到法律制度的支持。

早在汉代，就有《养老令》，其重要内容就是对老人的抚恤和优待："有司请令县道，年八十已上，赐米人月一石，肉二十斤，酒五斗。其九十已上，

---

[1]《论语·阳货》。

又赐帛人二匹，絮三斤。赐物及当禀鬻米者，长吏阅视，丞若尉致。不满九十，啬夫、令史致。二千石遣都吏循行，不称者督之。刑者及有罪耐以上，不用此令。"[1]规定了一定年龄以上，由皇帝赐予各种衣食礼品，由地方官亲自送到家中，以表示国家对老人的重视，感召人们养老尊老。从三代到唐代还有盛大的养老仪式，由皇帝亲自对德高望重的老人进行礼敬，天子要亲自切肉敬酒，并且对老人进行礼拜，[2]其宗旨在于"佐天下子孙孝养其亲"，[3]是为了教化百姓"遂发咏焉，退修之以孝养也；反登歌清庙……言父子君臣长幼之道"。[4]

除这样的礼仪之外，对于家中有老人的家庭，国家会免除家族成员的劳役，以保证老人老有所养。《礼记·王制》中有："八十者，一子不从政（征）；九十者，其家不从政。"《汉书·贾山传》中也记载："（文帝）礼高年，九十者一子不事，八十者二算不事。"《礼记》中的记载在晋代又再次出现，[5]唐朝也有"侍丁免役"的规定："男子七十五以上，妇人七十以上，中男一人为侍。""诸年八十及笃疾，给侍一人；九十，二人；百岁，五人。""侍丁依令免役，惟输调及租。"[6]可见，为了保障老人在家中能够得到赡养，可以通过免除劳役来保证家中有人赡养老人。

在刑法制度中，当出现了子孙犯罪需要被执行死刑的情况，家中老人可能又无人赡养，此时法律制度会对犯罪的子孙有所宽宥，这就是存留养亲和留养承祀制度。这一制度最早见于北魏《法例律》：犯死罪者，若其父母祖父母年老，更无成人子孙，又无期亲者，应上报皇帝。皇帝一般会恩许罪囚留家养亲，亲终之后再考虑是否执行死刑或改为流放，流罪也是如此。唐律中已经有了明确和完备的规定，"诸犯死罪非十恶，而祖父母父母老疾应待，家无期亲成丁者，上请"，结果通常是赐予犯罪者"留养"待遇，留养之亲去世之后再行处死，但大多数情况下都可减为流刑。"犯流罪者，权留养亲，若家有进丁及亲终期年者，则从流。""犯徒（罪）应役而家无兼丁"者，可以将

---

〔1〕《汉书·文帝纪》。

〔2〕《通典》卷二十，《职官二·三老五更》。

〔3〕《汉书·文帝纪》。

〔4〕《通典》卷六十七，《礼》二七《养老》。

〔5〕《晋书·刑法志》。

〔6〕《唐律疏议·名例律》"犯死罪应待家无期亲成丁"条。

徒刑折成杖刑，决杖后放归家。[1]对犯罪的子孙进行宽宥，来保证家中老人有人赡养。

到了清代，关于死罪存留养亲的规定与唐律相同，但是在子孙犯了徒流罪的情况下，则直接"止杖一百，余罪收赎，存留养亲"。[2]另外，在清代的会审制度中，还有专门对死刑犯适用的留养承嗣制度。清朝对死刑犯会审的结果一般为四种：一为情实处死；二为缓决，即情况属实，但非立即处决不可，可留待下次秋审；三为可矜，即情有可原，可免死等待进一步处理；四为"留养承嗣"，换句话说，如果被判处死刑的囚犯是家中的独子，并且家中没有其他人可以帮忙赡养他的祖父母和父母，那么在皇帝批准之后，死刑可以转为重杖，并且枷号示众三月，此后便可以不死并继续完成赡养父母、祖父母的义务与责任。但是，这项制度的适用在道光年后有了严格限制，譬如被杀之人亦属家中唯一成年男子，则无此制度适用之余地。存留养亲和留养承祀的目的并不是对罪犯个人的宽宥，而是对其家族养老功能的考虑，所以，如果子女本来就不孝养老人，就不能适用这一制度：若"在他省获罪，审系（无业）游荡他乡远离父母者，即属忘亲不孝之人，虽与例相符，概不准留养"，"凡曾经忤逆犯案及素习匪类、为父母所摈逐者，虽遇亲老丁单，概不许留养"。[3]

除了对养老的倡导鼓励和支持，传统社会的法律制度还制定"不孝罪"，以此来惩罚那些不尊重、不赡养家中尊长的行为。在《唐律疏议·名例》中，不孝罪主要有："谓告言诅詈祖父母父母；祖父母父母在别籍异财；供养有缺；居父母丧身自嫁娶，若作乐，释服从吉；闻祖父母父母丧匿不举哀；诈称祖父母父母死。"在《大清律例·刑律·诉讼·子孙违反教令》中，也有"凡子孙违反祖父母、父母教令，及奉养有阙者，杖一百。"总结起来，受到唐律和清律惩罚的行为包括：子孙违反教令；供养有阙；尊长为人所杀而与凶犯私和；匿父母丧；府号官称犯父祖名讳；父母死诈言余丧不解官守丧；诈言祖父母父母及夫死；居丧生子；居丧嫁娶；祖父母父母被囚禁期间嫁娶、作乐；居丧主婚；居丧奸；冒哀求仕；居丧别籍异财；丧制未除释服从吉等，

---

〔1〕《唐律疏议·名例律》"犯徒应役家无兼丁"条。

〔2〕《大清律·名例律》"犯罪存留养亲"条。

〔3〕《大清律·名例律》"犯罪存留养亲"条附定条。

要惩罚的是对祖父母、父母的不恭敬或者疏忽的态度。其中"供养有阙""委亲之官"是对家中尊长的赡养不全，使得老人供养有阙，或者离开需要赡养的父母而外出做官，"尊长为人杀而私和"条要惩罚的是子孙的忘仇忘痛之心。犯了父母名讳是对父母的不尊重，而父母去世不但有较长的丧期，而且因为父母过世，子孙应当悲痛欲绝，在丧期内便有诸多限制，不得贪恋权位、居丧嫁娶、主婚、作乐、奸、生子等。即"凡属违犯善事父母者，均构成不孝罪，依法予以严惩"。〔1〕而且即使子孙已经"出家"，但对父母尊长的宗法义务并未免除。《大明律》规定："凡僧尼道士女冠，并令拜父母，祭祀祖先，丧服等皆与常人同。违者，杖一百，还俗。"〔2〕

老有所养是社会的需求，养老是家族血缘面向的重要功能，这一功能得到了法律机制的支持，具体来说又分为正面的支持和鼓励，以及对"不孝"行为的负面惩罚。养老功能的法律制度实际上是对传统社会宗法制度的核心"亲亲"和"尊尊"的保障，利于家族内秩序的稳定，也是整个宗法社会秩序的基础。

2. 婚姻制度

生育和祭祀是传统婚姻承载的最重要的功能，并且直接与家族乃至社会的延续相关。"婚姻之目的，遂以广家族繁子孙为主。"〔3〕婚姻在传统社会具有非常重要的意义，其重要的功能——生育和祭祀，意味着家族和社会的延续。"婚姻之目的，遂以广家族繁子孙为主，而经济关系之求内助，反居其次。……此外，由齐家而治国而平天下，与夫伦常之原造端乎夫妇，恒为先哲所重，故又视婚姻为社会组织之基础，所谓定人道之一目的是也。"〔4〕陈鹏先生也将婚姻的目的总结为祭祀、继嗣和内助。〔5〕对婚姻的控制也意在保证家族血缘的纯正，支持嫡长子继承制的实现。儒家法律制度中对婚姻有着严格的规定，包括成婚年龄、主婚人、良贱不婚、婚姻六礼等。婚姻成立之要件必须有"父母之命"，若不告而娶，则"父母国人皆贱之"。〔6〕这其实是保证家

〔1〕 史广全：《礼法融合与中国传统法律文化的历史演进》，法律出版社 2006 年版，第 368 页。

〔2〕 《大明律·礼律二》"僧道拜父母"条。

〔3〕 陈顾远：《中国婚姻史》，商务印书馆 2014 年版，第 8 页。

〔4〕 陈顾远：《中国婚姻史》，商务印书馆 2014 年版，第 8 页。

〔5〕 陈鹏：《中国婚姻史稿》，中华书局 2005 年版，第 5 页。

〔6〕 《孟子·滕文公》。

族繁衍和延续的手段，家长作为子女的主婚人，来确定子女的婚姻大事，结婚的对象一般由家长来决定，同时也由家长对婚姻的违法情形承担法律责任。[1]

与现代缔结婚姻的实质性要件不同，传统以"父母之命，媒妁之言"为必要。家长作为主婚人，为婚姻成立之要件，即所谓的"父母之命"。盖古男女婚嫁，必"从父所制"，不能自主。[2]诗曰："娶妻如之何，必告父母。"[3]不告而娶，则"父母国人皆贱之"。[4]传统社会的婚姻制度并非关于个人的感情，更多的是关乎家族的延续，因此结婚的对象一般由家长而非子女来决定，法律反对"卑幼自娶妻"，其目的是保障父祖主婚权，预防卑幼将私情凌驾于宗族利益之上。家长可以违反子女的意志来决定其婚姻：又妇于夫丧服除而欲守志，非女之祖父母父母而强嫁之者徒一年，期亲伯叔父母姑兄弟姊妹及侄嫁者减二等，各离之；是寡妇不再嫁之意志虽较自由，而其祖父母父母仍得而强主持之也。家长作为子女的主婚人，来确定子女的婚姻大事，以保证家族的存在和繁衍。即便是清末仿西方法律制度进行改革后，《大清民律草案》依然规定："结婚须由父母允许。继母或嫡母故意不允许者，子得经亲属会议之同意而结婚。"[5]

同时，家中尊长既有主婚权，同时也要承担相应的法律责任。依唐律，"诸嫁娶违律，祖父母父母主婚者独坐主婚；若期亲尊长主婚者，主婚为首，男女为从；余亲主婚者，事由主婚，主婚为首，男女为从，事由男女，男女为首，主婚为从；其男女被逼，若男年十八以下及在室之女，亦主婚独坐。"[6]如果嫁娶违律之意思完全是主婚人作出的，那么就由主婚人单独承担责任，"诸居父母丧，与应嫁娶人主婚者，杖一百"。[7]明、清律，嫁娶违律，若由祖父母、父母、伯叔父母、姑、兄、姊妹及外祖父母主婚者，独坐主婚，男女不坐，盖以分尊义重，得以专制主婚，卑幼不得不从者也。若由余亲主婚，

---

[1]《唐律疏议·户律》"嫁娶违律"条："诸嫁娶违律，祖父母父母主婚者独坐主婚；若期亲尊长主婚者，主婚为首，男女为从；余亲主婚者，事由主婚，主婚为首，男女为从，事由男女，男女为首，主婚为从；其男女被逼，若年十八以下及在室之女，亦主婚独坐"。

[2]《孔子家语》，王国轩、王秀梅译注，中华书局2016年版，第322页。

[3]《诗经·齐风·南山》。

[4]《孟子·滕文公》。

[5]《大清民律草案、民国民律草案》，杨立新点校，吉林人民出版社2002年版，第171页。

[6]《唐律疏议·户律》"嫁娶违律"条。

[7]《唐律疏议·户婚》"居父母丧主婚"条。

未必能专制男女，则违律之事必有所由，按其情形分别主婚与男女之首从，而制其罪。盖余亲主婚每多为仪式上之主婚人而已。

传统社会禁止同姓为婚，"诸同姓为婚者，各徒二年。缌麻以上，以奸论"。[1]同姓则意味着婚姻双方是同族或者同姓旁族，有紊乱宗族尊卑长幼秩序之虞，并且也会导致所生子嗣在宗法关系网上名分的混乱，这也可能导致父母两族混为一族，产生重叠交叉。在这样的混杂关系之下，父母二族的名分与义务就难以厘清，这对于后续的履行也带来了很大的困扰。甚至在极端的情况下，当夫妻双方之间因为利益纠葛或者感情矛盾而产生不和时，矛盾将不会只存在于夫妻双方，而是会被放大至家族之间，破坏本来和睦的家族内部和家族之间的关系。上述情形，不仅直接影响婚姻关系，或多或少也会对宗法伦理秩序带来不良的影响。

"六礼"作为结婚的法定程序，分别是纳采、问名、纳吉、纳征、请期和亲迎。在唐宋之后程序有所简化。《大元通制条格》还曾经增加一礼，即婿见妇之父母。[2]在传统婚姻的成立过程中，婚姻一定要有书面形式，即写立婚书（契）。唐律中规定："诸许嫁女，已报婚书及有私约（约，谓先知夫身老、幼、疾、残、养、庶之类），而辄悔者，杖六十。（男家自悔者，不坐，不追聘财）"疏议曰："许嫁女已报婚书者，谓男家致书礼请，女氏答书许讫。"[3]一经订立，不得随意反悔。即便是娶妾，也不例外。虽然《唐律疏议》认为"妾通买卖，等数相悬"，但是仍然需要订立婚契，当然，这种婚契是一种买卖契约，所以唐代户令云："要妾仍立婚契。"另外，婚姻还需要有聘财，《唐律疏议》中规定："婚礼先以聘财为信。""聘则为妻。虽无许婚之书，但受聘财亦是。"[4]即尚未订立婚书，但是已经收受了聘财，视为婚姻已经成立。此外，对于违法的婚姻关系，法律在处理夫妻间关系时，也会对财礼作出处理。例如，根据明律，在因"嫁娶违律"而发生强制离异的情况下，如果娶者知情，财礼则入官，不知者，财礼追还原主。

在夫妻的人身关系上有尊卑之分，妻对夫的地位相当于卑幼对尊长，"妻

---

〔1〕《唐律疏议·户婚》"同姓为婚"条。

〔2〕《大元通制条格》，郭成伟点校，法律出版社2000年版，第36~38页。

〔3〕《唐律疏议·户婚》"许嫁女辄悔"条。

〔4〕《唐律疏议·户婚》"许嫁女辄悔"条。

虽非卑幼，义与期亲卑幼同"。妻妾不能擅自离去，"妻妾擅去者，徒一年；因而改嫁者，加二等"。在人身上，"诸妻殴夫，徒一年；若殴伤重者，加凡斗伤三等；死者，斩"。反之，如果夫殴伤妻，"减凡人二等；死者，以凡人论"。[1]如妻告发夫为"不睦"重罪，夫即使诬告妻也能减等处罚。匿丧、居丧而嫁："诸闻……夫之丧，匿不举哀者，流二千里。"[2]"诸居……夫丧而嫁娶者，徒三年；妾减三等。"[3]在财产上，家中财产的支配权掌握在家长手中，妻子更是没有任何财产权利。

离婚的权利主要掌握在丈夫手中，离婚有"七去三不去"，即离婚的理由和禁止性要件，并不看夫妻的感情，而是看是否有不能满足婚姻功能，或者影响到家族内伦理秩序的原因。"伉俪之道，义期同穴，一与之齐，终身不改。故妻无七出及义绝之状，不合出之。七出者，依令：一无子，二淫佚，三不事舅姑，四口舌，五盗窃，六妒嫉，七恶疾。"[4]只要有上面列出的七条之一的就可以休妻。其中无子和恶疾是无法实现婚姻继后嗣和祭祀的功能，而其余五条如"淫佚""多言""妒忌"则会扰乱家庭中的伦理秩序。所谓"三不去"则是对丈夫单方离婚权的限制，即三条不许离婚的理由。《大戴礼记·本命》中记载："妇有三不去：有所取无所归，不去；与更三年丧，不去；前贫贱后富贵，不去。"唐代改为"虽有弃状，有三不去，一经持舅姑之丧，二娶时贱后贵，三有所受无所归"。与更三年丧，娶时贫贱后富贵以及有所娶无所归，也是考虑到妻子为家族作出过贡献，不得使其流离失所。明清均规定："妻犯七出之条，有三不去之理，不得辄绝"。

除了丈夫的单方休妻权，"若夫妻不相安谐而和离者，不坐"，[5]类似于我们今天的合意离婚。另外还有法定的强制性离婚的情况，即义绝。出现义绝情况，如果不离婚，就要承担不利的法律后果。唐律规定："诸犯义绝者离之，违者徒一年。"[6]清律规定："若犯义绝，应离而不离者，亦杖八十"。[7]义

---

〔1〕《唐律疏议·斗讼》"殴伤妻妾"条。
〔2〕《唐律疏议·职制》"匿父母及夫等丧"条。
〔3〕《唐律疏议·户婚》"居父母夫丧嫁娶"条。
〔4〕《唐律疏议·户婚》"妻无七出而出之"条。
〔5〕《唐律疏议·户婚》"义绝离之"条。
〔6〕《唐律疏议·户婚》"义绝离之"条。
〔7〕《大清律例·户律·婚姻》"出妻"条。

绝的情况解释为殴妻之祖父母、父母及杀妻之外祖父母、伯叔父母、兄弟、姑、姊妹，若夫妻祖父母、父母、外祖父母、伯叔父母、兄弟、姑、姊妹自相杀及妻殴詈夫之祖父母、父母，杀伤夫外祖父母、伯叔父母、兄弟、姑、姊妹及与夫缌麻以上亲若妻母奸，及欲害夫者。此外，宋代曾规定："夫出外三年不归，亦听改嫁。"[1]明清也作了类似的规定："夫逃亡过三年不还者，并听经官告给执照，另行改嫁。"[2]

婚姻制度直接关系着家族的延续，因此传统社会的法律制度对婚姻从成立到解除都进行了详备的规定。家长作为家中的权威，承担着主婚人的权力和责任，对子女卑幼的婚姻起到主导的作用，婚姻需要遵循严格的实质和形式要件，在婚姻无法实现其功能的情况下，或者可能有害家族内部的宗法伦理秩序的情况下，则要解除。婚姻的解除权一般掌握在男方手中，但是也存在一些法律上的限制。

3. 嫡庶之分

宗法制中一方面重视家族的延续，同时还需要严格地维护家族内部的伦理秩序，社会的继承实际上分为三个方面：身份、宗祧和财产。[3]其中，身份和宗祧都是嫡长子继承制，而财产继承从唐之后就诸子均分，身份和宗祧的继承意味着家族的延续。

一方面家族内部要明确嫡庶之分，需要严格区分妻和妾，为了保证家族内部宗法秩序，严禁有妻更娶、以妻为妾或者反之。"两嫡（贵）不能相事"，因此违反一夫一妇制的有妻再娶必定会乱其家。因此"诸有妻更娶妻者，徒一年；女家，减一等。若欺妄而娶者，徒一年半，女家不坐。各离之"。[4]以妻为妾，以妾为妻，就是打乱了家内的贵贱尊卑秩序，也会导致继承的时候发生混乱，唐律中"诸以妻为妾，以婢为妻者，徒二年。以妾及客女为妻，以婢为妾者，徒一年半。各还正之"。[5]清律中则是"凡以妻为妾者，杖一百。妻在，以妾为妻者，杖九十，并改正。若有妻更娶者，亦杖九

---

〔1〕《名公书判清明集》，中国社会科学院历史研究所宋辽金元史研究室点校，中华书局1987年版，第387页。

〔2〕《大明令·户令》《大清律例》。

〔3〕［日］滋贺秀三：《中国家族法原理》，张建国、李力译，商务印书馆2013年版，第60页。

〔4〕《唐律疏议·户婚》"有妻更娶"条。

〔5〕《唐律疏议·户婚》"以妻为妾"条。

十"。[1]因为在家中混淆妻妾的地位，会影响到嫡长子继承制的实现和家族中的伦理关系，"亏夫妇之正道，黩人伦之彝则，颠倒冠履，紊乱礼经"。[2]

在区分妻妾地位之后，到了继承的时候，也要严格按照嫡长子继承制，"有嫡立嫡，无嫡立长"。只有妻子年逾五十而无子之情形方许立妾生之子为嫡子，定为继承人。反之，若妻子有子的情况下，则不能如是操作，违者唐律规定处徒刑一年，清律规定杖八十。[3]另外，唐律规定："非正嫡（子孙）不应袭爵而诈承袭者，徒二年；非子孙而诈承袭者，从诈假官法（流二千里）。"[4]如果弄虚作假冒充嫡子来继承家中的地位和权力，也要受到法律的惩罚。

总而言之，法律制度中对正妻和妾的区分，以及依法立嫡，是为了支持嫡长子继承制的实施，保证家族中的地位身份和祭祀的继承能够有序进行，以实现家族的延续。

4. 收养制度

在传统社会，一旦家族中出现没有后代的情形，就会影响到家族的血缘以及身份、地位和祭祀的继承，影响到家族的延续，此时就需要收养制度来对这种情形进行补正。

首先，为了防止家族中的利益落入外人之手，法律制度要打击收养异姓人为子孙以乱族内秩序。唐律规定："养异姓男者，徒一年。"疏议解释："异姓之男，非本族类，违法收养，故徒一年；违法与者，得笞五十。养女者不坐。"女儿因为在父系宗族中并无什么权利，所以收养女儿并不影响宗族的秩序。清律也对收养异姓儿进行惩罚："其乞养异姓义子以乱宗族者，杖六十。若以子与异姓人为者，罪同，其子归宗。"[5]沈之奇解释说："其乞养异姓义子，改姓为嗣，是乱己之宗族矣，故杖六十，若以子与异姓人改姓为嗣，是乱人之宗族矣。"[6]同时《唐律疏议·户婚》规定："其遗弃小儿三岁以下，

---

〔1〕《大清律·户律·婚姻》"妻妾失序"条。

〔2〕《唐律疏议·户婚》"以妻为妾"条。

〔3〕《大清律例·户律·户役》"立嫡子违法"条。

〔4〕《唐律疏议·诈伪》"非正嫡诈承袭"条。

〔5〕马建石、杨玉棠主编：《大清律例通考校注》，中国政法大学出版社1992年版，第410页。

〔6〕（清）沈之奇撰：《大清律辑注》（上），怀效锋、李俊点校，法律出版社2000年版，第195页。

虽异姓，听收养。即从其姓。"[1]疏议解释为，"其小儿年三岁以下，本生父母遗弃，若不听收养即性命将绝，故虽异姓，仍听收养，即从其姓，如是父母遗失，于后来识认，合还本生；失儿之家，量酬乳哺之直"。这是因为考虑到三岁以下幼儿被遗弃后无法生存，所以允许他人进行抚养，如果将来父母找回孩子，还可以请求其支付一定的抚育费用。但是抚养人即使无子，也不能因此就将其立为继承人，承继宗族。《大清律例》规定："其收养三岁以下遗弃之小儿，仍依律即从其姓，但不得以无子遂立为嗣。"

那么无子需要收养继承人的，就是立族内同宗嗣子，立嗣即同宗间收养，因为直接涉及家族的延续，因此法律也有严格的规定，唐《户令》曰："无子者，听养同宗昭穆相当者。"[2]收养的前提必须是无子，收养的对象只能是同宗的，且不能扰乱宗族内的秩序。《大明令》曰："凡无子者，许令同宗昭穆相当之侄承继，先尽同父周亲，次及大功、小功、缌麻，如俱无，方许择立远房及同姓为嗣。……不许乞养异姓为嗣，以乱宗族。立同姓者亦不得尊卑失序，以乱昭穆。"虽然原则上立嗣的时候按照亲属远近来考虑，但是明代的时候还可以考虑其才能和受喜爱程度，只要不造成尊卑失序，可以不按照亲疏远近的顺序来考虑。《立嫡子违法条例》曰："凡无子立嗣，除依律令外子不得于所后之亲，听其告官别立。其或择立贤能及所亲爱者，若于昭穆伦序不失，不许宗族指以次序告争，并官司受理。若义男、女婿为所后之亲喜悦者，听其相为依倚，不许继子并本生父母用计逼逐，仍依《大明令》分给财产。若无子之人家贫，听其卖产自赡。"[3]清代也是一样，允许立嗣人有一定的选择权："无子立嗣，若应继之人平日先有嫌隙，则于昭穆相当亲族内择贤择爱，听从其便。如族中希图财产，勒令承继，或怂恿择继，以致涉讼者，地方官立即惩治。"清代法律还对兼祧进行了确认，即一家独子可以兼祧两家"如可继之人亦系独子，而情属同父周亲，两相情愿者，取具合族甘结，亦准其承继两房宗祧"。[4]

禁止收养卑贱地位之人，如收养杂户、部曲、奴隶为子孙。"杂户者，前

---

〔1〕《唐律疏议·户婚》"养子舍去"条。

〔2〕钱大群、钱元凯：《唐律论析》，南京大学出版社1989年版，第193页。

〔3〕《大明律》，怀效锋点校，法律出版社1999年版，第369~370页。

〔4〕马建石、杨育棠主编：《大清律例通考校注》，中国政法大学出版社1992年版，第410页。

代犯罪没官，散配诸司驱使，亦附州县户贯，赋役不同白丁。若有百姓养杂户男为子孙者，徒一年半；养女者，杖一百。养官户者，各加一等。官户亦是配隶没官，唯属诸司，州县无贯。与者，各与养者同罪，虽会放，皆合改正。"但"若当色自相养者，同百姓养子之法。"[1]"若养部曲及奴为子孙者，杖一百。各还正之。（无主及主自养者，听从良）"如所养之部曲及奴本无主，或者主养当家部曲及奴为子孙，"亦各杖一百，并听从良，为其经作子孙，不可充贱故也。若养客女及婢为女者，从'不应为轻'法，笞四十，仍准养子法听从良"。[2]收养虽不合法，但经过这一程序，可以从良。另外，还禁止收留迷失子女等卖为奴婢，"凡收留人家迷失子女，不送官司而卖为奴婢者，杖一百，徒三年，为妻妾子孙者，杖九十，徒二年半。……若收留在逃子女而卖为奴婢者，杖九十，徒二年半，为妻妾子孙者，杖八十，徒二年。"如收留（在逃奴婢）为奴婢、妻妾子孙者，也要负罪，如冒认良人为奴婢者，杖一百，徒三年，妻妾子孙者，杖九十，徒二年半。[3]

收养之后，法律不允许随意解除收养关系，但是在特定的情形下是可以解除的，唐律规定："诸养子，所养父母无子而舍去者，徒二年。若自生子及本生无子，欲还者，听之。"疏议解释："若所养父母自生子及本生父母无子，欲还本生者，并听。即两家并皆无子，去住亦任其情，若养处自生子及虽无子不愿留养，欲遣还本生者，任其所养父母。"收养人自己生子及生父母无子，或者被收养家庭均无子或者养父母不愿再继续收养关系，这种情况才可以解除收养关系。《大明律》规定："其乞养异姓义子。以乱宗族者，杖六十。若子与异姓人为嗣者，罪同，其子归宗。……若立嗣，虽系同宗，而尊卑失序者，罪亦如之。其子亦归宗，改立应继之人。若庶民之家存养奴婢者，杖一百。即放从良。"即在违法收养的情况下，要使其归宗。而子孙即使已经被同宗或者他人收养，但是与亲生父母之间的关系并不解除。因为已经被他人收养，成为他人的继承人，所以在守丧的时候对亲生父母家族的服制降一等，但是，假使发生对尊长有殴、伤、杀等行为，那么他的罪责与从未被收养者相同，也不按照常规处罚。所以对被收养的子女来说，对亲生父母尊长减轻

---

〔1〕《唐律疏议·户婚》"养杂户男为子孙"条。
〔2〕《唐律疏议·户婚》"养杂户男为子孙"条。
〔3〕《大明律·户律一》"收养迷失子女"条。

者仅是服丧义务，免除者是法定赡养义务，但是其宗法关系依然在一定程度上存在。

因为子孙意味着家族的延续，所以有子的尊长也不能随意将自己的子孙送给同宗以外的人收养，这就成为父祖以子孙"妄继人后"。唐律规定，"以子孙妄继人后者，徒二年"。[1]清律规定，"以子孙与异姓人为嗣者，杖六十"。[2]这就是不承认父祖有主动解除法律上亲子关系的权利。即便是贫苦不堪也不能卖子孙，唐律视卖子孙为斗杀，这实际上是从法律上规定了尊长也不得随意出卖子孙破坏自己家族中的秩序。对于子女丢失的情况也非常重视，如果当地负责人有违规行为，需要承担法律责任。清代规定："八旗凡有呈报迷失幼童、幼女者，该管官取具本人族长等并无捏饰甘结，照例移咨兵部存案，如有隐匿寄养情弊，将寄养受寄人照隐漏丁口律治罪，改正族长人等，照里长失于取勘律治罪。"[3]

收养作为在没有继承人的情况下的补正制度，关系着家族的延续，因此对收养的对象、程序、效果和对违法收养的惩罚，在传统社会的法律制度中都有详细的规定，目的就在于保障家族内部的伦理秩序以及家族的顺利延续。

5. 亲亲相隐

家族作为基于血缘建立起来的社会单元，其血缘方面的功能就包括彼此之间的生活互助和情感支持，那么在家庭成员犯罪的情况下，家庭成员在情感上的本能就是要彼此进行掩盖。同时，为了维护宗法制度，即其中最核心的"亲亲""尊尊"，人们可以通过隐匿亲属犯罪来保护自己及家族的荣誉，亲亲相隐制度就集中反映这一情感和伦理上的需求。

亲亲相隐，顾名思义就是指亲属之间对于犯罪事实进行隐瞒，通过帮助掩饰尊亲者的过错或犯罪的方式来实现"亲亲""尊尊"的宗法目的。主要有不告发、不作证等多种方式，使其亲属免受法律制裁。亲亲相隐的原则最早出现在儒家的言论中，《礼记·植弓》载："事亲有隐无犯。"而孟子被问到如果舜的父亲杀了人怎么办的时候，则主张舜将可能犯杀人罪的父亲"窃负

---

[1] 《唐律疏议·户婚》"子孙别籍异财"条。
[2] 《大清律例·户律·户役》"立嫡子违法"条。
[3] 《大清律例·户律·户役》"收养迷失子女"条。

而逃"。[1]

《论语·子路》中，叶公语子曰："吾党有直躬者，其父攘羊，而子证之。"孔子曰："吾党之直者，异于是：父为子隐，子为父隐，直在其中矣。"因此，孔子认为父子相互为隐属于正直行为，是道德要求下的孝，既然是道德的，那么也就是合法的，当然也就不会受到道德谴责甚至承担法律责任。汉宣帝地节四年（公元前65年）"亲亲得相首匿"诏令首次将这一原则转化为明文规定的原则。[2]此时隐匿范围还较窄，仅三代以内可隐匿，卑者为尊隐不构成犯罪，尊者原则上亦可为卑者隐，但是所隐之罪为死罪，则需由廷尉定夺，其余亲属被排除在首匿之外。此后历代的法律制度中都有这一制度，且范围不断扩大。汉宣帝时父母子女、祖孙、夫妻相隐到唐朝时则演变为："诸同居，若大功以上亲及外祖父母、外孙，若孙之妇、夫之兄弟及兄弟妻，有罪相为隐：部曲奴婢为主隐，皆勿论，即漏露其事及擿语消息，亦不坐。其小功以下相隐，减凡人三等。"同居者，疏文解为："谓同财共居，不限籍之同居。虽无服者，并是。"[3]非同居大功以上亲属及夫之兄弟、兄弟妻、外祖父母、外孙、孙之妇和无服之同居亲属，甚至毫无血缘关系的部曲、奴婢也被纳入容隐之列。明清时代容隐亲属的范围进一步扩展到岳父母、女婿、妻亲，以及雇主与雇工之间。明律规定："凡同居，若大功以上亲，及外祖父母、外孙、妻之父母、女婿，若孙之妇、夫之兄弟及兄弟妻，有罪相为容隐，奴婢、雇工人为家长隐者，皆勿论。若漏泄其事，及通报消息，致令罪人隐匿逃避者，亦不坐。其小功以下相容隐，及漏泄其事者，减凡人三等，无服之亲减一等。"[4]到《大清新刑律》，容隐面更宽至列入五服九图的所有亲属。

因为亲亲得相首匿，有了犯罪行为都要相互隐匿，那么便不得主动告发，否则就要受到法律惩罚。唐律和清律均规定："告缌麻小功卑幼，虽得实，杖八十；大功以上，递减一等。"诬告者亦加重处罚。以卑幼告发尊长，或者作

---

〔1〕《孟子·尽心上》。

〔2〕《汉书·宣帝纪》。宣帝地节四年（公元前65年）下诏："父子之亲，夫妇之道，天性也。虽有患祸，犹蒙死而存之。诚爱结于心，仁厚之至也，岂能违之哉！自今子首匿父母，妻匿夫，孙匿大父母，皆勿坐，其父母匿子，夫匿妻，大父母匿孙，罪殊死，皆上请廷尉以闻。"

〔3〕《唐律疏议·名例》"同居相为隐"条。

〔4〕《大明律·名律例》"亲属相为容隐"条。

证尊长有罪，在传统观点看来，这样的行为是有罪的；反之却不是，当尊长对卑幼行为进行告发，则没有罪，即使是诬告也不会被认为是有罪的。只有当关系稍远的亲属在状告卑幼时，才有可能被认为有罪，即使最终认定为有罪的，其罪刑罚则也会远远低于卑幼告尊长。

亲属相隐内在地包含了亲属作证的禁止，若子女卑幼证实了父母罪刑，反而构成犯罪。如果官吏要求应当相隐的亲属作证，甚至要受到法律的严惩。《唐律疏议·断狱》"议请减老小"条规定，凡是法律规定属于容隐范围内的亲属，法官"皆不得令其为证，违者减罪人罪三等"。明、清两代还在此基础上规定禁止原告指被告之弟、子孙、妻以及奴婢当证人，违反者将被定罪处刑。

但是对家族伦理的维护，不得影响国家的政治稳定。因此，自始至终此制度都将谋反、谋大逆等这类严重危害国家统治的犯罪排除在外。如《唐律疏议·名例》中规定亲亲相隐的时候，明确规定"若犯谋叛以上者，不用此律"。如果发现有这样的犯罪不及时告官，则要受到惩罚。"诸知谋反及大逆者，密告随近官司，不告者，绞。知谋大逆、谋叛不告者，流二千里。"[1]

亲亲相隐原则的目的在于对宗法制度的维护以及对家族血缘功能的维护，在传统社会，能够相互容隐的范围不断扩大，从三代的亲属扩大到同居的无服亲属，甚至部曲、奴婢和雇工。因为相互容隐是亲属间的义务，因此不想容隐，甚至相互告发就是犯罪行为。但是对宗法制度的维护不得影响国家政治的稳定，因此严重的国事犯罪不在容隐的范围之内。

6. 道德教化

除了血缘的传承，家族还需要进行文化的传承。儒家法文化中始终承认在德和刑的治国二柄中，德相对于刑具有优先性，因此道德教化成为从君主到官员再到家长的责任。家长通过对子女卑幼的道德教化，来保证家族文化的传承。道德教化的内容主要是儒家宗法的伦理道德，例如《九江岳氏家规》中开篇便有"人生百行，首重孝友"，要求族人"孝友宜敦也；名分宜正也"，[2]主要通过日常生活中的言传身教和学校教育来进行。

---

〔1〕《唐律疏议·斗讼》"知谋反逆叛不告"条。

〔2〕《九江岳氏家规》。参见费成康主编：《中国的家法族规》，上海社会科学院出版社 2002 年版，第 382 页。

儒家法思想首先从家庭关系出发，对家庭成员之间的关系提出了很多严格的要求，比如子女卑幼对父母尊长的各种礼仪，在日常生活中的言行，以及尊长死亡后的丧服制度。这些都是道德教化的内容，贯穿日常生活。对于不服尊长的违反道德律的行为，父母尊长有权予以处罚，甚至手握生杀予夺之权。在秦律《法律答问》中有"擅杀子"罪，而历朝的不孝罪〔1〕则是对家长对家庭成员的教化权的保障。对于不孝子女，父母可以自己行使惩戒权，也可以将其送官，让官府代为惩罚，即使在教令过程中杀死子女，也只受一般的杖刑或徒刑。〔2〕

家族本身也会把对子孙的教育看作家族非常重要的任务，例如《合江李氏族规、族禁》族规十条中有"教子弟"一条，强调"子弟以读书明理为上"。〔3〕一些大家族会自己举办私塾，请老师来教育子弟，并且鼓励子弟学习儒家经典，保证家族文化的传承。

关于家长对子女卑幼的教化，学者在以往的研究中更多关注家长"权力"，在很多的观念中认为，我国传统社会家庭中，家长的地位一定是最高的，体现在其权力持续时间是永久的而非暂时的，家长对于子女的权力也是绝对的而非相对的。〔4〕但是，与这种权力相结合的是家长所负的责任。家长对子女卑幼的教化，既是权力，又是义务。如果对子女卑幼的教化责任没有尽到，家长则要承担"养不教，父之过"的"连坐"责任，子女卑幼作出了为法律所否定的行为，那么"儿子做了坏事情，父亲得受刑罚"。〔5〕例如，《大清律例·名例》"共犯罪分首从"律〔6〕规定了对所有犯罪类型的共犯罪者一般的处理原则："凡共犯罪者，以（先）造意（一人）为首；（依律断

---

〔1〕《唐律疏议·名例》规定，不孝罪包括："谓告言诅詈祖父母父母；祖父母父母在别籍异财；供养有缺；居父母丧身自嫁娶，若作乐，释服从吉；闻祖父母父母丧匿不举哀；诈称祖父母父母死。"

〔2〕《大清律例·刑律·斗殴下》"殴祖父母父母"条。

〔3〕《合江李氏族规、族禁》。参见费成康主编：《中国的家法族规》，上海社会科学院出版社2002年版，第348页。

〔4〕 瞿同祖：《中国法律与中国社会》，中华书局2003年版，第5页。"中国的家族是父权家长制的，父祖是统治的首脑，一切权力都集中在他的手中，家族中所有人口……都在他的权力之下，经济权、法律权、宗教权都在他的手里。"

〔5〕 费孝通：《乡土中国》，人民出版社2008年版，第56页、第64页。

〔6〕 本门内律例文见（清）薛允升：《读例存疑重刊本》（第二册），黄静嘉编校，成文出版社1970年版，第119页。

拟）随从者，减一等。"根据沈之奇解释："造意，谓首事设谋，犯罪之意皆由其造作者也；随从，谓同恶相济，听从造意之指挥，随之用力者也，故为从减为首者一等。"[1]但若共犯之人乃一家人时，则不再照这一原则处理，而是"若一家人共犯，止坐尊长"，即推定所有的责任都在家长，"若尊长年八十以上及笃疾，归罪于共犯罪以次尊长"，"如无以次尊长，方坐卑幼"，且"如妇人尊长与男夫卑幼同犯，虽妇人为首，仍独坐男夫"。[2]在强调德治和教化的中国传统社会，国家把一部分教化的责任转嫁给了家庭，或者家长。[3]可见，家长教化权具有双重属性，即同时具有权利和义务的属性，法律上规定了不孝罪和在家人共同犯罪情形下单独和加重处罚家长作为法律后盾，一方面保证家族内儒家文化的传承，另一方面使家长负担起维持家族内秩序和基层社会治理的责任。

（二）经济面向的法律机制

家庭作为以血缘关系为基础建立起来的基层社会治理单元，同时也是以小农经济为主的传统社会的基本生产单位，人们以家族为单位，组织和进行农业生产，发挥着社会基本经济单位的作用。土地是农业社会最重要的生产资料，同时也是家族财产中最重要的部分。而传统社会的法律制度则从家族的私有产权、家长对家族财产的处分权以及保证财产留在家族内的继承制度三个方面对其经济功能的发挥起到了保障和支持的作用。

1. 私有产权

传统农业社会最重要的生产资料和财产，私有产权，被学者认为是"独立与自由选择的制度基础"。[4]在私有产权的基础之上，才有可能产生出一定程度的独立和自治制度。正如《孟子·滕文公上》所说："民之为道也，有恒产者有恒心，无恒产者无恒心。"传统中国的家族一定程度的独立性是土地私有产权与家族农业的自主经营。

---

〔1〕（清）沈之奇撰：《大清律辑注》（上），怀效锋、李俊点校，法律出版社 2000 年版，第 93 页。

〔2〕吉同钧解释道："妇人虽系尊长，而不能在外专制，故独坐男夫。"（清）吉同钧纂辑：《大清律例讲义·卷二名例律》，法部律学馆付印，光绪戊申本，第 16 页。

〔3〕谢晶："清律'家人共盗'的法思想源流"，载《法学研究》2018 年第 2 期。

〔4〕龙登高、王明、陈月圆："论传统中国的基层自治与国家能力"，载《山东大学学报（哲学社会科学版）》2021 年第 1 期。

虽然在西周的时候提出"普天之下，莫非王土；率土之滨，莫非王臣"。但事实上，这种王对土地的占有，更大意义上是一种象征性的。在西周的一些青铜器上〔1〕都记载着西周土地买卖和交换，即"贾田"。这些土地交易，一般通过领主组成的长老会议调解裁决，并不需要通过周天子。赵伯雄先生也谈道，"普天之下，莫非王土"。"王土"之意我们可以理解为与土地相关，但是实际上，这句话并非法律意义上的土地所有制。而它真正的含义，是一种政治上的宣示，寓意天子地位崇高。〔2〕也就是说，在周朝，并非所有土地都属于周天子，已经存在私有的土地和土地的交换和买卖。

从北魏到唐实行的均田制，土地国有，按人口分配土地，在耕作一定年限后归还国家。唐把土地分为"口分田"与"永业田"两大类。原则上，"永业田"可以附条件地买卖。"口分田"一般不准买卖，特殊情况下可以买卖。〔3〕事实上肯定了农业对土地一定期限的所有权和使用权，减少了土地兼并，使得农民摆脱豪强地主的控制，对农业生产的恢复和发展起到了积极作用，但是仍然无法避免土地的兼并。

到了宋代，国家就已经确定和保护私有产权，并且鼓励民间的土地买卖。宋代田地有公田和私田之分，但是私田的数量占绝大多数。〔4〕在建国之初，宋太祖就鼓励将士们，"择便好田宅市之，为子孙立永远不可动之业"。〔5〕宋太宗至道元年诏云："应诸州管内旷土，并许民请佃，并为永业"。〔6〕在法律上承认和保障私人所有权的同时鼓励土地的交易，直接的目的是有利交易和税收，但实际上起到了鼓励正常财产交易的作用。当时土地作为私有财产的

<hr>

〔1〕 如《散氏盘》《卫盉》《五祀卫鼎》《九祀卫鼎》。

〔2〕 赵伯雄：《周代国家形态研究》，湖南教育出版社1990年版，第107页。

〔3〕 《唐律疏议·户婚》"卖口分田"条："诸卖口分田者，一亩笞十，二十亩加一等，罪止杖一百；地还本主，财没不追。即应合卖者，不用此律。"疏议曰："口分田，谓计口授之，非永业及居住园宅。辄卖者《礼云》'田里不鬻'，谓受之于公，不得私自鬻卖，违者一亩笞十，二十亩加一等，罪止杖一百；地还本主，财没不追。即应合卖者，谓永业田家贫卖供葬，及口分田卖宅及碾磑、邸店之类，狭乡乐迁就宽者，准令许卖之。"

〔4〕 漆侠：《宋代经济史》（上），中华书局2009年版，第343页。"北宋垦田在宋神宗熙宁元丰之际最高达七百万顷，可能在七百五十万顷左右。由此可见私有土地居于绝对的优势地位。"

〔5〕 （宋）李焘撰：《续资治通鉴长编》，上海古籍出版社1986年版，第19页。

〔6〕 《宋会要辑稿》食货一之一七，刘琳等校点，上海古籍出版社2014年版，第5946页。

流转还发展出了多种形式，比如典、卖、指名质举、倚当。[1]

当时的法律法规对交易进行了详备的规定："官中条令，惟（田产——引按）交易一事最为详备，盖欲以杜争端也。"[2]《宋刑统》以及南宋的《庆元条法事类》中的很多条文都保护当时的"私有财产"，司法官非常重视对田宅细故的审理，全过程以保护百姓财产为要。除此之外，对于一些下等阶层的人群也纳入私有财产保护的范围之内，包括"杂人""女使"等。除法典之外，契约文书、乡规、民间交易习惯的存在，也对私有财产及其流转进行了保护。[3]比如为了保证市场的公平交易，宋代禁止官员倚仗权势强买他人财产，比如地方官不得在所任州县购买田产，"见任官不得于所任州县典买田宅，著于敕令"。[4]国家也尊重私有产权，在宋熙宁年间，保州庞村打算扩大水利规模，就不得不占用一些民间田地。面对水利扩大给私有财产带来的潜在影响，国家最终给出了尊重私权的解决办法，即"优给其直（值）收买"。换句话说，国家支持公共基础设施的建设，但是前提是保障百姓私有产权，用高价格买田，不得使百姓权利受损，在尊重百姓权利的前提下开展公共设施的建设。[5]

在私有产权的基础上，个体农户可以在土地占有权、所有权、使用权的基础上自由配置各种生产要素，建立起家庭农庄经济，[6]以家族为单位组织和进行农业生产，发挥家族的经济功能。

2. 财产处分

土地是传统农业社会中最重要的生产资料，也是家族赖以生存和依附的基础，可以说农业社会的家族是附着于土地之上的。所以传统家族经济面向的法律制度，主要聚焦于对以土地为代表的家中财产的支配和流转保护，具体体现在家长对财产的集中支配权，子孙不得随意分家析产。家族不仅仅是

---

〔1〕　陈景良："何种之私：宋代法律及司法对私有财产权的保护"，载《华东政法大学学报》2017 年第 3 期。

〔2〕　刘枫主编：《袁氏示范》，阳光出版社 2016 年版，第 160 页。

〔3〕　陈景良："何种之私：宋代法律及司法对私有财产权的保护"，载《华东政法大学学报》2017 年第 3 期。

〔4〕　《宋会要辑稿》刑法一之二八，刘琳等校点，上海古籍出版社 2014 年版，第 8241 页。

〔5〕　程民生："论宋代私有财产权"，载《中国史研究》2015 年第 3 期。

〔6〕　龙登高、彭波："近世佃农的经营性质与收益比较"，载《经济研究》2010 年第 1 期。

人的集合，同时也是财产的集合，财产的处分是家中的大事，自然需要家长决定或者得到其认可。为了保证家中财产的安全，对财产的处分权属于家长权威的一部分。唐律规定"同居卑幼私辄用财"，罪重至杖一百。这主要是基于"同居之内，必有尊长；尊长既在，子孙无所自专"。[1]

子女卑幼如果没有经过家长的同意进行财产处分，则有交易无效的风险，而且当事人会受到处罚。《宋刑统·户婚》："典卖指当论竞物业"，门所附唐《杂令》："诸家长在，谓三百里内，非隔阂者。而子孙弟侄等不得辄以奴婢、六畜、田宅及余财物私自质举，及卖田宅。……若不相本问，违而辄与及买者，物即还主，钱没不追。"法律明确了对家长的保护，家长可以否认交易使之无效，并且还要返还标的物，同时处罚卑幼和对方以及中介人等。唐律中规定："凡是同居之内，必有尊长。尊长既在，子孙无所自专。若卑幼不由尊长，私辄用当家财物者，十匹笞十，十匹加一等，罪止杖一百。"唐《杂令》规定"诸家长在，而子孙弟侄等不得辄以奴婢、六畜、田宅及余财物私自质举，及卖田宅。其有质举卖者，皆得本司文牒，然后听之。若不相本问，违而辄与及买者，物即还主，钱没不追"。家长有权自由处分家中财产，包括挥霍和赠与。而对于借债，则"父欠债子当还，子欠债父不知"。也就是说，当父亲与儿子不是各自拥有财产的情况下，即二者家产为一体，父亲使家产之上负下了债务，儿子如欲留住同一家产应该负有偿还的责任。然而，在同居共财制的情形之下，儿子没有自己的财产，父亲拥有使这一家产负下债务的全部权能，并且为其专享。[2]在原则上，负债除从家产中支付外没有其他的支付之道。父亲的养老份额保留之多寡可任其意，儿子析产则一般遵守业已确立的规则，即诸子均分。但是，在家庭可能发生不和或已经发生不和的情况下，父亲有可能将儿子驱逐出家门来解决问题。这种做法实际上是将矛头转嫁于孩子一方，其根本目的是保障自己的立场免受侵犯。[3]

此外，在祖父母、父母还健在的时候就分家析产是对家长权威的否定，也会影响到家族作为基层社会治理单元的经济功能。家产的分割常常意味着地块越分越小，不利于家族中农业生产的集体开展。祖父母、父母在或其逝

---

〔1〕《唐律疏议·户婚》"同居卑幼私辄用财"条。

〔2〕 [日] 滋贺秀三：《中国家族法原理》，张建国、李力译，商务印书馆 2013 年版，第 173 页。

〔3〕 [日] 滋贺秀三：《中国家族法原理》，张建国、李力译，商务印书馆 2013 年版，第 190 页。

世后服丧期限未满而别籍异财的行为，为唐、明、清等朝法律所禁止，这类行为会落入"不孝"罪的范围，具体罪名有别籍、异财："诸祖父母、父母在，而子孙别籍、异财者，徒三年。"[1]名例篇解释这样规定的原因是："祖父母、父母在，子孙就养无方，出告反面，无自专之道。而有异财别籍，情无至孝之心，名义以之俱沦，情节于兹并弃。稽之典礼，罪恶难容。二者既不相须，违者并当十恶。"[2]但依照祖父母、父母的意思进行的则不在禁止之列。[3]明清律较唐宋律稍有宽松，子孙别户籍分异财产者杖一百。[4]通过家长对家中财产的集中处分权，可以维护家族在财产上的统一和完整，并且进一步实现家族组织生产、进行交易，甚至提供救济、进行公共设施兴建的功能。

3. 继承制度

与现代意义上的继承制度不同，我国古代并没有"继承"这一概念，而是通过分家析产实现财产的代际流动。在实际生活中，家族之间每一个人的财富实际上是流动的，既有平行的流动，也有上下的代际流动，无论是在古代社会还是现代社会，这样一种内部财产流动是无法避免的。因此，为了解决财产的合理性流动，传统中国社会产生了一套较为完整、具有一定体系化的分家析产制度。具体而言，可以包括兄弟姐妹之间的财产流动，类似于现代继承制度中的家产分配制度，也有父母祖辈在去世后对子辈的财富传递，也就是现代意义上的家产继承等。当然，古代也有一系列诸如家计分裂和家庭独立等类似制度。[5]

但是，与现代的继承概念不同的是，传统社会的"继承"并非以被继承人死亡为必要。在传统社会，分家析产只是家庭自身运行机制和生命周期的一个重要环节，关系着家族传承、家系延续和生产顺利的进行，却不一定以

---

〔1〕《唐律疏议·户婚》"子孙别籍异财"条。

〔2〕《唐律疏议·户婚》"子孙别籍异财"条，"诸祖父母父母在，而子孙别籍异财者，徒三年（别籍异财不相须……）；若祖父母父母令别籍……者，徒二年，子孙不坐"，同第七条："诸祖父母丧绳子，及兄弟别籍异财者，徒一年。"明清律中，别籍异财条："凡祖父母父母在，子孙别籍分异财产者，杖一百。若居父母丧，而兄弟别立户籍分异财产者，杖八十。"

〔3〕《大清律例·户律·户役》"别籍异财"条条例一：祖父母父母在者，子孙不许分财异居，其父母许令分析者听。

〔4〕《大清律例·户律·户役》"别籍异财"条。

〔5〕高其才主编：《当代中国分家析产习惯法》，中国政法大学出版社2014年版，第2页。

长辈的死亡为前提。但是继承却在实质上存在："同居共财的集团通过子的加入父的离去这种过程，进行了从祖先到子孙的财产传承即在实质性的意义上的继承。"[1]我国传统社会的继承制度，为了确保家族经济功能的实现，需要保证家中财产，包括其中最重要的土地，在父系家族内流动。[2]

首先，为了防止遗产通过女性的婚姻流入其他家族，女性原则上是没有继承权的，《唐户令》中规定，"姑姊妹在室者，减男聘财之半"，给女儿的嫁妆并非真正意义上的继承，它不是一种赋予女儿的权利，更多代表了父辈、兄辈的赠与。[3]当然，也有一定的特殊情况。例如，在户绝情况下，即家族没有男性的继承人时，女儿的继承就是一种权利，诸如此类的特殊情况还有招赘等。如《唐丧葬令》言："身户绝者，所有部曲、客女、奴婢、店宅、资财，并令近亲转易货卖，将营葬事量营功德之外，余财并与女。无女均入以次近亲。无亲戚者，官为检校。"[4]

其次，如果儿子已经去世，则可以由孙子来继承。如果儿子还没有男性后代，在妻子愿意守节不再嫁的情形下，允许其代替儿子继承。但是这样一种代为继承并非永久的，之后妻子必须为丈夫立嗣，便于将财产转交给嗣子，保证遗产最终的归属。还有一种极为罕见的情况，即当家里的儿子全部去世，则去世的儿子们的全部后代，即家族的第三代孙子可以直接继承。在这种情况下，继承的财产分配与儿子继承的财产分配规则不同。对于儿子一辈的财产分配，依常规应区分房系和嫡长，但是在孙子一辈而言，则采用平均分配的手段，按照孙子的数量均等分配，不再考虑孙子辈的父亲所处的支系。即《唐户令·应分》中规定："兄弟亡者，子承父分；兄弟俱亡，则诸子均分，

---

〔1〕　[日] 滋贺秀三：《中国家族法原理》，张建国、李力译，商务印书馆 2013 年版，第 119 页。

〔2〕　罗冠男："我国继承制度中的价值取向和利益平衡"，载《法学杂志》2019 年第 10 期。

〔3〕　梁凤荣：《中国传统民法理念与规范》，郑州大学出版社 2003 版，第 26 页。

〔4〕　中国社会科学院历史研究所宋辽金元史教研室点校：《名公书判清明集》，中华书局 1987 年版，第 288 页。户绝指的是在没有男性卑亲属作为继承人的情况下，女儿成为法定的第一顺序继承人，本家近亲只能在没有女儿的时候才可以介入。在南宋的时候还有更加具体和特别的规定："诸已绝家财产，若只有在室诸女，即以全户四分之一给之，若又有归宗诸女，给五分之一。其在室并归宗女即以所得四份，依户绝法给之。止有归宗诸女，依户绝法给外，即以其余减半给之，余没官。止有出嫁诸女者，即以全户三分为率，以二分与出嫁诸女均给，一分没官。"到了《大清律例·户律》中，则女儿不论出嫁与否都可以继承，不再有任何限制。《大清律例·户律》："户绝，财产果无同宗应继之人，所有亲女承受。无女者，听地方官详明上司，酌拨充公。"

寡妻妾无男者，承夫分"。如果妻子要改嫁，继承的遗产无疑是不能带走的，以保证遗产，特别是土地这一最重要的生产资料留在父系家族内部。[1]

综上，家族在传统社会中承担着组织和进行生产的经济功能，而当时的法律制度为其经济功能的发挥起到了支持作用，主要体现在：私有产权是家族的农业生产得以开展并且保证其内部自治权的前提；家长对家族财产的支配权以及对子孙卑幼擅自处分财产的惩罚，可以保证家族财产的统一性以及各种经济功能的实现；而传统社会的继承制度则使得以土地为代表的财产留在父系家族内部，不会向外流失。

（三）社会面向的法律机制

家族不仅是传统社会基本的生活和生产单位，而且作为基层社会治理中的主体，也承担起一定的社会功能，具体体现在救灾扶贫、兴建公共设施、完粮纳税、道德教化等各个方面，而且以家法族规为代表的家族自治制度和族内的纠纷调处成了国家立法和司法体系的有机组成部分。家族的这些社会功能一方面反映在当时的法律制度中，另一方面也得到了法律制度的支持。

1. 救灾扶贫

家族作为传统基层社会治理单元，主动地承担起了族内的救济扶贫责任。宋代之后的家族常常购置族产公田，土改前夕，以族田为主的公田分别占田地总数的 33%、29%，其中浙江 16%、中南区（江西、湖南、湖北、广西、河南）平均达 15%。[2]其收入用于族内的一些公共支出，包括接济贫困、孤寡以及遭遇意外的族人。救济的方式多种多样，可以是对贫困孤寡之人发给粮食钱物、帮助族人料理后事等。在遭遇天灾、战争等特殊情况的时候，还可以进行成员之间的互助，比如临时集资帮助、组成会社，或者设立义仓，事先积谷，需要时借放，并有内部的制度规范存在。[3]范仲淹就曾经斥资购置良田千亩，称为"义田"，"养济群族之人"。其功能就是救助本族人，对

---

〔1〕另有《大明令·户令》："凡妇人夫亡无子，守志者，合承夫分，须凭族长择昭穆相当之人继嗣。其改嫁者，夫家财产及原有妆奁，并听前夫之家为主。"

〔2〕龙登高、何国卿："土改前夕地权分配的检验与解释"，载《东南学术》2018 年第 4 期。

〔3〕史广全：《礼法融合与中国传统法律文化的历史演进》，法律出版社 2006 年版，第 157~158 页。

娶妻、生病、丧葬都进行资助。[1]并且有《文正公初定规矩》，非常详细地规定了救助族人的情形和数额，比如《文正公初定规矩》第十一条规定的丧葬资助："尊长有丧，先支一十贯，至葬事又支一十五贯。次长五贯，葬事支十贯。卑幼十九岁以下丧葬通支七贯，十五岁以下支三贯，十岁以下支二贯，七岁以下及婢仆皆不支。"第十二条规定："乡里、外姻、亲戚，如贫窘中非次急难，或遇年饥不能度日，诸房同共相度诣实，即于义田米内量行济助。"[2]一些家法族规中也常有这样的规定，比如《武陵郭氏公定规约》中就有"保孤"一章，专门规定了族内对孤儿寡妇的救助方式。[3]

2. 完粮纳税

由于传统基层社会的行政力量乡里和保甲制度并不权威有效，一部分行政功能实际是依靠家族来完成的。首先，传统社会的家族常把完粮纳税、完成国家的赋税徭役作为自己的责任，要求族人严格遵守，对于不按时缴纳或者拒不缴纳的，在族内就要进行处置。《合江李氏族规、族禁》族规十条中有"急赋税"一条，明确写道："凡吾族于本户地丁漕粮各项，须依期投纳。即几年筹饷捐输，亦朝廷万不得已之举，亦不可逾延拖欠。"[4]《上海龚氏族规》中有"输国课"一条："国民有纳税之义务。我邑征收，向有期限。族众须及早完纳，免差追呼。"[5]一旦有拖欠钱粮，族内可以将其田宅等出卖来完税，重的话甚至可以将其送交官府处置，家族内族田收入要先完税之后才能进行开销。此外，在宋代之后，常由族长兼任里正、甲首，实际上把一部分行政功能直接融合到了家族的管理当中。

另外，道德教化被认为是从君主到官员、家长的重要职责，也受到家族

---

[1] 《古文观止·义田记》："养济群族之人。日有食，岁有衣，嫁娶凶葬皆有赡。择族之长而贤者主其计，而时共出纳焉。日食，人一升；岁衣，人一缣。嫁女者五十千，再嫁者三十千；娶妇者三十千，再娶者十五千；葬者如再嫁之数，葬幼者十千。族之聚者九十口，岁入给稻八百斛，以其所入，给其所聚，沛然有余而无穷。"

[2] （宋）范仲淹：《范仲淹全集》，李勇先、王蓉贵校点，四川大学出版社2002年版，第798页。

[3] 《武陵郭氏公定规约》。参见费成康主编：《中国的家法族规》，上海社会科学院出版社2002年版，第425页。

[4] 《合江李氏族规、族禁》。参见费成康主编：《中国的家法族规》，上海社会科学院出版社2002年版，第349页。

[5] 《上海龚氏族规》。参见费成康主编：《中国的家法族规》，上海社会科学院出版社2002年版，第372页。

的重视。上文提到的对子女进行教化的权力和责任，实际上也是家族分担了国家在道德教化、维持社会秩序方面的功能和责任。

3. 纠纷调处

实际上，在传统家族内部形成了一个稳定的自治空间，存在成文或者不成文自治制度，其中宋、明之后大量涌现的家法族规是其典型的成文体现。家法族规虽只在家族内部制定并实施，但事实上通过国家的背书而成为国家立法司法体系的有益补充。在颁布上，家法族规一般在宗族内部颁布即可，但是从宋始，尤其是明代和清代，许多宗族通过将家族法规送官，由官府认可批准之后再行颁布，从而提高其权威。例如清代末年，长沙毛氏在呈请县令批准本族家规的呈文中，表明了不得到官府的批准，"难设私刑"，而得到批准之后，予违犯族规者以惩罚，就"无威福擅作之嫌"，"更免顽梗抗违之患"。[1] 在实施上，族中的尊长有权以家中权威和公正调解人的身份，对族内婚姻、户宅及田土等民事案件，以及一些轻微刑案进行调处。站在国家的角度讲，家族甚至被认为是初级的司法机构，国家可以直接将纠纷解决委托给家族内部，交给族中尊长。[2] 一些家法族规中也规定，一般的争议必须首先经过族长，在处理结果作出之后，当事人如果对处理结论不服，才可以向官府提起告诉。[3] 家族内部的纠纷处理和国家司法具有功能和目的上的同质性，构成了国家司法体系的一部分。无论从立法还是司法上，我们都可以认为以家法族规为典型代表的家族自治制度，已经构成了国家法律体系的有机组成部分。

费孝通先生用自上而下的皇权和自下而上的族权与绅权形成的"双轨制"来形容传统社会的政治，而"自上而下的单轨只筑到县衙门就停了，并不到每家人家大门前或大门之内的"。[4] 可以看到，家族作为传统基层社会治理单

---

〔1〕《长沙毛氏族谱》1916 年本，卷首，《家规》。参见费成康主编：《中国的家法族规》，上海社会科学院出版社 2002 年版，第 47 页。

〔2〕 刘广安："论明清的家法族规"，载《中国法学》1998 年第 1 期。如我国台湾地区《淡新档案》记载官府批示："邀同族长处明，治以家法可也。"

〔3〕 如《上湘龚氏族规》"息争讼"一条有"凡有申诉事件，先报明房长，听后切实调查，和平了释。不谐，始准盖戳，缴费四串八百文，有祠首传唤宗堂，秉公裁判，照左例各项办理。不服，禀究"。参见费成康主编：《中国的家法族规》，上海社会科学院出版社 2002 年版，第 375 页。

〔4〕 费孝通：《乡土重建》，华东师范大学出版社 2019 年版，第 36 页。

元，得到了社会面向的法律构造的支持，在基层社会承担了扶贫救灾、兴建公共设施，甚至完粮纳税、纠纷解决等行政和立法、司法的部分功能，在家族内部和整个基层社会形成了稳定的自治空间和完整的自治制度，"使中央政府能够低成本地实现大一统政权对广土众民的有效统治，由此塑造了传统国家的国家能力"。[1]

（四）家族内部的自治制度

家族作为传统基层社会治理单元，在完成其血缘、经济和社会面向的功能的同时，实际上在基层社会形成了一定的自治空间。家族内部在一定程度上是依靠家长的权威进行自治，并且在立法上体现为家法族规，在司法上体现为家族司法。

1. 立法上：家法族规

家族内部的自治制度从一开始的不成文的家族内惯习，逐渐发展为成文的家法族规。家法族规的订立主体比较多元，有的由一位尊长订立，有时是群体协商订立，例如多位尊长或族众共同商定，有的则是由专门的宗族机构来制订相关家族规章。[2]家法族规在家族内部具有调整家族成员之间关系的效力。目前所见最早的家法是唐代江州陈氏的《义门家法》，到了宋代，则出现了司马光的《居家杂仪》、朱熹的《家礼》、范仲淹的《义庄规矩》等大量家法族规。家法族规一般由家族尊长订立，宣扬儒家伦理道德，强调对家族成员的道德教化，一般与国家法不冲突，有的还由官府出示颁布。具体来说常常规定家族成员应当具有的道德品质、应当从事和不得从事的职业、家庭成员之间的关系准则，违反家法族规的惩罚和对积极行为的褒奖。家法的惩罚一般是从训斥到责打，也可以"鸣官"送交官府惩罚，再严重会有出族或者处死的惩罚。[3]从更深层次的根源来看，家法族规中的很多内容，来源于传统和文化，也就是说，家法族规的具体内容和形式在家族内部确定，但实际上大的原则和规则早已由传统主导，内容也多有相似之处。正如我们上文提到的儒家思想的"礼"和"仁"，首先就体现在家法族规当中，包括子女

---

[1] 龙登高、王明、陈月圆："论传统中国的基层自治与国家能力"，载《山东大学学报（哲学社会科学版）》2021年第1期。

[2] 费成康主编：《中国的家法族规》，上海社会科学院出版社2002年版，第33~35页。

[3] 朱勇：《清代宗族法研究》，法律出版社2017年版，第101~102页。

对父母的"孝"，兄弟之间的"悌"，亲属之间的礼仪规则，与人为善的品质，不怕吃苦的作风，对奢靡生活的反对等，通过家法族规在家族内部得到执行和传承。

家长的权威和家法族规也有内在的联系，家长的权威可以保障家法族规的制定和执行，使得家中各种基本事务都能够遵循一定的规则顺利运行，家长的权威是家族自治的保障，家法族规是家族自治的成文体现。[1]比如明代初期的寿州龙氏家规[2]，龙氏祖籍湖广，其家规开篇说明治家和治国的内在联系，之后的内容分为"劝善"和"惩恶"两部分，"劝善"部分十二条，包括敬祖先、孝父母、隆师长等儒家的伦理道德，要求弟子读书、勤劳、节俭，"惩恶"部分则对反对的行为明确规定了相应的惩罚，包括杖责、示众、送官处治等。在文字上，每一条分为两段，前半部分以固定的字数和音韵来撰写，类似于同一词牌。

家法族规作为在家族内部形成的自治制度，虽然仅仅是在家族内部形成和实行，但是实际上还是得到了国家的认可。在颁布上，家法族规一般在宗族内部颁布，载入族谱。但是，从宋代开始，特别是在明清时期，很多宗族往往将家法族规送往官府，交由官府确认从而获得更强的合法性和权威性。当然，这种做法也保证了家族法规的内容与国家法相一致，得到国家的认可和支持。[3]如明代万历十六年（1588年）长沙檀山陈氏宗族把家训送请长沙府，经长沙府知县批准后实行。清代末年长沙毛氏在呈请县令批准本族家规的呈文中，表明了不得到官府的批准，"难设私刑"，而得到批准之后，予违犯族规者以惩罚，就"无威福擅作之嫌""更免顽梗抗违之患"。[4]

在实施上，国家可以直接委托家族内部依据家法族规来处理自己内部的纠纷，如我国台湾地区《淡新档案》记载官府批示："邀同族长处明，治以家法可也。"[5]家族内部的处理结果与国法不符，国家也常常容忍此情形的发生。但是，值得注意的是，当尊长或家长擅自处死族人或家人之时，这种冲

---

〔1〕　罗冠男："中国传统社会基层治理的法律机制与经验"，载《政法论坛》2021年第2期。

〔2〕　见本书附录二。

〔3〕　费成康主编：《中国的家法族规》，上海社会科学院出版社2002年版，第46页。

〔4〕　《长沙毛氏族谱》1916年本，卷首，《家规》。参见费成康主编：《中国的家法族规》，上海社会科学院出版社2002年版，第47页。

〔5〕　刘广安："论明清的家法族规"，载《中国法学》1988年第1期。

突便出现了。在族内处死族人在国法层面上是违法的，但是国家对此种行为却常常予以默认，例如清代大学士李鸿章所在合肥李氏在清代末年订立的族规中规定"族间子弟倘有违反父兄教令，不孝不悌，或任性妄为，唆讼搭台，讹诈强夺，以及窝引匪类，偷窃行凶，谋害家庭等事"，并又屡教不改、情罪严重者，应"免其送官，有伤颜面"，而是"应即从严公同处死"。[1]实践中这种族内的处死事件时有发生，官府也常常采取容忍的态度。

2. 司法上：家族司法

家族自治在司法上体现为家族司法，是我国传统社会的司法审级中最为基础的、最为基本的级别。家族司法与家法族规紧密联系，包括两个部分，分别是对违反家法族规的行为的族内惩罚和对家族成员之间纠纷的族内调处。

我们所见的很多家法族规中都对其反对的行为规定了明确的惩罚，这些惩罚从杖责到处死都有。需要注意的是这种惩罚权与国家法之间的关系，一些不符合儒家道德伦理的行为，比如妇女口舌、擅自出门游玩等是不受国法惩治的，但是可能受到家族司法的惩治，比如浦江《郑氏家规》中规定女子八岁之后就不能随意到别人家去，违者要重罚其母，而安徽合肥《邢氏宗谱家规》中规定如果有女性不事家务、不孝或者搬弄是非、干预外事，都要受到处罚；[2]另一些受到国家法惩罚的行为，族内司法可能更加严厉，比如通奸行为，在家族司法中可能处死；还有一些严重的危害国家政治秩序的行为，则不受家族司法的约束，"家长、族长对民事纠纷和轻微刑事案件虽有独立的审断权，但对于重大刑事案件或疑难案件，如反叛、人命等重案，牵连他族的复杂案件，则必须送交官府审判"。[3]"大多数家族法规中都允许自己投诉，对于近亲间分家、钱债、相盗、轻伤害等小事或轻微不孝父母等恶行，家族法一般实行亲告乃受的原则。但大多数争讼由纠举、举告产生，其目的在于维护家族内部秩序。"[4]

在家族内部的纠纷调处中，家长权威、家法族规以及家族的凝聚力，决定了家族内部纠纷调处的可能性。调处的对象是家族成员之间的民事纠纷和

---

〔1〕《合肥李氏宗谱》1925 年本，卷二，《家苑》。参见费成康主编：《中国的家法族规》，上海社会科学院出版社 2002 年版，第 198 页。

〔2〕刘广安："论明清的家法族规"，载《中国法学》1998 年第 1 期。

〔3〕李交发："论古代中国家族司法"，载《法商研究》2002 年第 4 期。

〔4〕原美林："明清家族司法探析"，载《法学研究》2012 年第 3 期。

轻微的刑事案件，比如家庭成员之间的盗窃和人身伤害，但不包括危害到统治秩序的严重刑事案件。家族内部纠纷的解决以宗族的调解和家庭内部的惩罚为主。宗族调解甚至是民间调解中最重要、最普遍的方式。宗族调解的一个重要前提是根据家法族规，纠纷不得轻易告官，因为在"无讼"的思想观念下，诉讼被看作是家族的耻辱。比如《上湘龚氏族规》中就有"凡有申诉事件，先报明房长，听后切实调查，和平了释。不谐，始准盖戳，缴费四串八百文，有祠首传唤宗堂，秉公裁判，照左例各项办理。不服，禀究"。[1]即家族内部有了纠纷，不能擅自提起诉讼，首先在家族内部由本房和宗族权威进行处理，最好不告官涉诉，只有在经过族内处理仍然不服的情况下，才能告官处理。

纠纷调处的一个重要原则就是道德教化，在儒家思想看来，有争讼是因为人们的道德堕落，调处息讼就需要用儒家伦理道德对当事人进行道德感化，使其自觉、自省、自责，自然就没有矛盾了。正如费孝通先生所说："在乡村里所谓调解，其实是一种教育过程。"[2]但是民间调解中适用的道德观念，又是一种"实用道德主义"，一方面仍然强调道德的至高无上，另一方面又是实用的。与国家司法相区别，不是非要分辨出是非曲直，而是更加追求人与人之间和睦相处的结果。[3]另外，因为对民间调处的认可，一些朝代的国家法明确规定将"户婚田土钱债"一类民事类案件交给族长或乡绅处理。比如明代在各州县设立申明亭，无论大小纠纷，只要是民间的争议则必须首先由耆老里长调解，如果不经调解就直接起诉，将被认作是越诉。[4]清道光十年（1830 年）诏中明确了族长和乡绅的调解权力："凡遇族姓大小事件，均听族长绅士判断。"[5]

家族司法实际上构成了国家司法的第一个层级，使得很多矛盾化解在家族这一自治空间内。但是，值得注意的是，家族司法与国家司法并不矛盾，

---

〔1〕《上湘龚氏族规》中"息争讼"一条。参见费成康主编：《中国的家法族规》，上海社会科学院出版社 2002 年版，附录，第 375 页。

〔2〕费孝通：《乡土中国》，人民出版社 2008 年版，第 68 页。

〔3〕黄宗智：《清代的法律、社会与文化：民法的表达与实践》，上海书店出版社 2001 年版，第 194 页。

〔4〕罗冠男："中国传统社会基层治理的法律机制与经验"，载《政法论坛》2021 年第 2 期。

〔5〕《宣宗成皇帝实录》，道光十年十二月戊戌。

家族司法中无法解决的问题仍然需要进入国家司法系统。家族司法与国家司法共同构成一个有机的整体。当然，家族司法仍然具有重要意义和作用，特别是在一些宗族与乡里组织一体化的地区，家族司法具有不可比拟的作用，甚至比国家司法机构的作用更加重要。家族司法深知地区特色，具有地域性和特殊性，可以弥补国家司法在县级以下地区的缺失，甚至一定程度上可以视为第一级司法审级。[1]家族司法为国家司法的延伸和重要补充，实际上得到了国家的认可甚至鼓励。

---

[1] 李交发："论古代中国家族司法"，载《法商研究》2002年第4期。

第三章
家族单元基础上的地缘性自治

　　家族作为中国传统社会的基层社会治理单元，在其内部形成了一定的自治空间，在基层社会治理中发挥了血缘、经济和社会的功能。但是在中国传统社会"皇权不下县"或者学者提出的"官不下县"[1]的情况下，在县以下存在着基层社会的自治空间，或者所谓的"民间社会"，即乡村和乡村共同体的地缘性的自治空间。这种地缘性自治比家族的范围更大，却以家族为基础，因为即使是在乡村和乡村共同体中，也是一个或几个最重要的家族起到作用。其中典型的内容和表现形式是乡约民规和乡绅治理。

　　不同于家族，乡村和乡村共同体主要的功能是社会性的，比如兴建公共设施、提供社会服务、主持纠纷解决等，甚至间接担负起一定的行政功能。龙登高教授就指出：传统中国的基层公共产品，并非由政府直接供给，而是主要由士绅为核心的各种民间组织完成，比如山西洪洞、赵城、霍州三地交界处15个村自发组成的"四社五村"用水体系，由明清延续自当代，四社轮流主办水利工程、财务与祭祀活动。救济与慈善的运行情况与之类似，虽然政府有一些拨款，但往往由民间团体主持、参与。[2]甚至还包括社会治安的维护，比如晚清的团练就依靠民间力量来维护秩序，光绪《嘉应州志·兵防》

---

　　〔1〕　龙登高、王明、陈月圆："论传统中国的基层自治与国家能力"，载《山东大学学报（哲学社会科学版）》2021年第1期。龙登高教授认为：中国传统社会是"官不下县"，并非"皇权不下县"或"国权不下县"，指正式行政机构与官僚体系设置到县级，县以下实行间接管理，通过各种渠道与手段将国家权力延伸至基层社会。"官不下县"，尽管在明清时期，对于某些江南等地区发达的市镇，政府已增设了巡检司作为县以下的常设机构以维护水陆治安巡逻，也出现了同知、同判驻镇，或直接委派县丞、主簿管理。但这属于制度安排上的"权宜之计"，并没有在全国普遍铺开、纳入固定的官僚行政体系之中。

　　〔2〕　龙登高、王明、陈月圆："论传统中国的基层自治与国家能力"，载《山东大学学报（哲学社会科学版）》2021年第1期。

之《团练乡约章程》第一条"使乡自为守，民自为卫。且使乡相救援，民相卫护，然后可戢暴安良"，指出了乡村共同体在治安维持方面的功能。

比家族更大范围的乡村和乡村共同体的地缘性自治，其治理功能和目的基本上是社会面向的，法律机制主要就体现在这一自治空间里形成的自治制度，主要体现在乡约民规和乡绅治理两个方面。

一、乡约民规

（一）乡约民规的内涵

乡村和乡村共同体形成了一定的自治空间，内部形成了成文或者不成文的自治制度，其典型的表现即为"乡约"。乡约，顾名思义是乡间人们自觉达成的约定，"是由士人阶级的提倡，乡村人民的合作，在道德方面、教化方面去裁制社会的行为，谋求大众的利益"。[1] 道德教化、自治制度都可以从其内容中典型地体现出来。乡约的典型代表是北宋蓝田的《吕氏乡约》以及陕西省韩邑的《里规》。

1. 北宋蓝田的《吕氏乡约》

北宋蓝田的《吕氏乡约》是目前据考最早的乡约，其主要的内容，包括朱熹对其的发展，对后世的乡约制度产生了重要的影响。《吕氏乡约》的内容，根据现存流传最广的朱熹增修版，可以分为四章，分别为"德业相劝、过失相规、礼俗相交、患难相恤"，后面附有"罚式、聚会、主事"三项。其中"德业相劝"："德，谓见善必行，闻过必改。能治其身，能治其家，能事父兄，能教子弟，能御僮仆……非此之类，皆为无益。"要求人们以儒家思想中的道德来约束自己，用"德"和"礼"进行自我管理和约束，既符合当时社会的伦理要求，又符合治家修身的儒家思想。"过失相规"具体指出了六种过失的表现形式和相应的惩罚。同约之人，只要出现犯约行为，"每犯皆书于籍，三犯则刑罚"。"礼俗相交"，"凡行婚姻丧葬祭祀之礼，《礼经》具载，亦当讲求。如未能遽行，且从家传旧仪。甚不经者，当渐去之。"规定了乡村日常生活中的婚嫁、丧葬、祭祀等礼节。这些内容，与传统律法上五服制度相联系，实际上就是"礼"在乡村日常生活中的具体体现。"患难相恤"，约

---

〔1〕 杨开道：《中国乡约制度》，商务印书馆 2015 年版，第 27 页。

定同约之人在遇到水火、盗贼、疾病、死丧等困难情形时，须守望相助，甚至不是同约之人也应如此。后面所附的"罚式""聚会""主事"三部分，规定了违反乡约的惩罚措施、乡约的会议以及任职制度。如果同约之人犯错，主要依靠规劝，再三劝诫之后如果还不悔改，则使其出约，体现了乡约在惩罚方面的柔性与强制相结合的特点。可见，宋代乡约的内容非常注重道德教化的内化，通过乡民自愿入约的方式来进行自治，小到个人修养，大到乡村事务，实际上都以儒家伦理道德为准则而开展。另外《吕氏乡约》中还规定了约正的产生、任职条件、职责等，以及乡约会议召开的程序等。后来，在王阳明主持的《南赣乡约》中，也规定乡约负责人的产生，要求"同约中推年高有德为众所敬服者一人为约长，二人为约副，又推公直果断者四人为约正，通达明察者四人为约史，精健廉干者四人为知约，礼仪习熟者二人为约赞"。

乡约最初作为乡民为了调整共同生活形成的契约，其内容非常重视道德教化，从个人到集体，从内省到行为，都强调儒家的道德伦理。乡约具有地域性，效力只限于本乡，并且依靠乡民自愿入约，依靠内部赏罚、乡间舆论，以及"出约"的惩罚来保证其实施。同时，因为儒家思想和道德教化在其中的重要地位，使得基于地域性和自愿性的乡约，与社会治理所用的礼义伦理又不谋而合，成为基层社会治理的重要自治制度，也得到了国家的认可。[1]

之后，朱熹对《吕氏乡约》进行了发展，对于朱熹所进行的发展，杨开道先生给予了高度的评价："假使没有朱子出来修改，出来提倡，不惟吕氏乡约的条文不容易完美，吕氏乡约的实行不容易推广，恐怕连吕氏乡约的原文，吕氏乡约的作者，也会葬送在故纸堆里，永远不会出头，中国民治精神的损失，中国乡治制度的损失，那是多么重大呢！"[2]

朱熹本人是"理学"的代表人物，又具有地方官的背景。在序言中，朱熹首先清晰阐述了乡约的几个基本原则，包括其核心要义、组织制度以及赏罚制度，条理清楚。其次，在内容上所添加的"能素政教""能导人为善""畏法令，谨租赋"等，都使乡约的性质发生了变化，强调了对国家权力的服从。对正文之后所附的"罚式、聚会、主事"三篇，彻底删去了"罚式"，

---

〔1〕 罗冠男："中国传统社会基层治理的法律机制与经验"，载《政法论坛》2021年第2期。

〔2〕 杨开道：《中国乡约制度》，商务印书馆2015年版，第87页。

改聚会为月旦集会读约之礼，放在最后，改主事为组织簿册，放在最前。对于处罚的方式，朱熹认为物质和金钱的处罚，违背了精神感化的原则，于是取消了罚金，只留书籍，即"同约之人，各自省察，互相规诫。小则密规之，大则众诫之。不听则会集之日，直月以告于约正，约正以义理诲谕之。谢过请改，则书于籍以俟。其争辩不服，与终不能改者，皆听其出约"。实际上是把处罚的权力交还给了官府。他对"聚会"改为月旦集会读约之礼，对其详细的礼仪和程序进行了规定。朱熹对《吕氏乡约》的增损强调了国家和官府的权威，具有更强的实用性，其在当时的效果可能无法确定，但是对《吕氏乡约》的流传和发展却起到了不可忽视的作用。

2. 清代韩邑的《里规》

另外的一个乡约典型是陕西省韩邑的《里规》，内容见于现在保存于陕西省韩城市博物馆的《梗村里》碑和《里规》碑，系清光绪元年（1875年）所立。根据《梗村里》记载，韩邑共计二十八里，《里规》即为"里"的行为规范。其中《里规》一共有二十条，其内容是村民对本村事务的议定规则，体现了乡村自治的制度内容。

其具体内容包括：一议合里每年定于三月十五日敬神，先期十日，里差须得先传各甲户首一名，同公商议，并议执事坐柜日期；一议合里敬神费用，每户首一名摊钱三百之谱，不准多派；一议合里收抵软差，每年前季定于四月十五日托柜，后季定于十月十五日托柜，俱要三日内抵清，不得有违；一议合里各甲粮石，不准里书、里差带管，须得公议户首应承或亲身认名亦可；一议合里坐柜收抵软差，里差须得前二十日先传十甲户首商议，派钱多寡，即写传单一张，速传各里众户首，临期抵差，准三日内抵齐，分销清楚，若里差有传不到者，同公议罚；一议功德祠皇差如出钱一百千文，准里长先垫钱四五十千文，即传各甲户首一名，同公商议，托柜收抵，传单亦必须前半月到各甲户首门前，至于里长所存差钱，不得过于百千文，既差大亦然，若有犯规者，共同议罚；一议凡抵皇差，里长并十甲户首坐柜，限三日内要收齐，坐柜一切使费，准在软差事内出账，皇差不准多收分文，每一柜准里长二人、户首十人、里书一人、里差一人、房主一人，每人每日出盘费钱一百文，至于水烟、火纸、茶叶，准柜上公买，若里差传不到，以及传到不来者，俱准里长、户首同公禀官究治；一议凡收软差，准十甲户首共拈执事，准十人公办，后季仍准原十人公办，不得争论；一议凡收软差俱限三日内抵齐，坐柜准里长二人、户首十人，每人每日出盘费钱一百文，至于水烟、火纸、茶叶，准其公买，若有传到不来，以及来不抵齐者，公同议罚；一议凡遇合里公事使费，准值年里长先垫钱文，然后在软差内摊派，每遇公事一次，或里长或户首，每人每日准盘费钱一百文，不得争论；一议凡抵软差，每户首一名与黄酒五壶，不得争论；一议凡抵皇差、软差，不准里差拨兑、捎取钱文，里书、房主按上，亦不得拨兑钱文，违者，同公议罚；一议里差满年，号草、席皮、钉夫、门公、茶叶、催头、总催等项，出银五十两，受比出钱五十千文，公食银二两，热席出钱二十千文，合里并里长毡二条，出银二两，催差每出传单一张，出盘费钱三百文，每遇托柜，一天出钱一百文，满年公食钱四千文；一议房主满年出钱三十千文，按上出钱四千文，公食出钱二千文；一议里书满年大计常行册礼钱五十千文，逢全书册，出银十两，公食银二两；一议完粮大势，完过十里，即传十甲户首定完粮之期，至期一名不到者，合里公完，完过准一正二荒，再照粮石大小议罚，不遵者禀究；一议凡抵软差，完后，坐柜者需要清算账项，开出使费清单，以备大众观览，不得推诿；一议户房收粮礼银六两，吊单礼银四钱，口儿钱八千文，里长户首认名钱四百五十文；一议北城门钱四百文；一议值年里长在功德祠坐柜，若有私情私弊，查出，合里罚戏三天，不遵者禀。[1]

从其中的内容可以看到，《里规》中除了敬神等公共事务的管理，当差、纳粮等具有行政属性的事务，也被纳入公共事务的范围，对这些事务的进行程序、拒不完成之后的处罚都有明确的规定。处罚的方式是公私相结合，私的手段其实主要体现了自治空间内部的处罚权，"共同议罚""合里罚戏三天"，"罚戏"即出资搭台唱戏，将不端行为昭告天下。而如果公了，则是要送官处治了。《里规》作为乡村自治制度，体现了其社会功能的实现。但是可以看到比如当差、纳粮此类的行政事务成了公共事务中的主流，因此虽然是自治制度，却具有了更多的官方行政色彩。

---

〔1〕　汪世荣："'枫桥经验'视野下的基层社会治理制度供给研究"，载《中国法学》2018 年第 6 期。

（二）乡约民规的功能

1. 乡约民规的政治功能

以《吕氏乡约》为代表的乡约在中国传统基层社会治理方面发挥了重要的作用。除《吕氏乡约》的倡办者是儒生之外，《泰泉乡约》也是民办乡约。其提倡者黄佐认为，倡导兴办者不应由官府担任，而应交由士大夫；从百姓的角度，应以百姓自愿为前提；在与官府的关系中，应该保持一定的距离；而在领袖的推举程序中，均不能交由官员担任约正、约副。此外，在运行过程中，官府和官员也不能对组织的任何事项进行插手，不得阻碍运行的正常秩序。[1]"约正、约副，则乡人自推聪明诚信、为众所服者为之，有司不与。……盖在官则易为吏胥所持。"[2]

而在宋明之后，正是看到乡约在基层社会治理方面的作用，国家开始试图利用乡约作为道德教化以及社会控制的工具，民办乡约开始向官办乡约转变。[3]而一些著名乡约的倡办人也由民间儒生变为了地方官吏，比如王阳明的《南赣乡约》、吕坤的《乡甲约》，他们对乡约更多地寄予地方治理的希望。

首先，乡约和保甲制度发生了融合。乡约制度作为乡民的自治制度，和作为带有军事管理性质的户籍制度——保甲制度，具有不同的运行轨迹。从《吕氏乡约》的内容可以看到，乡约的约束主要依靠的是柔性的道德教化，而保甲制度的目的是对百姓的控制，但是却一直不够成功。[4]但是，在明初，明太祖朱元璋颁布"圣谕六条"，开始鼓励和扶持乡约发展。而国家权力也通过保甲制度开始嵌入乡约制度，具体表现在，明代大儒吕坤在其治下的山西境内推行《乡甲约》，保留了乡约组织中的约正和约副，将值约改为约史和约讲各一人，特设了由每约百家中选出的保正一人、百五十家选出的保副一人，

---

〔1〕 吴倩："宋明基层乡约治理的特点与启示"，载《政治思想史》2019 年第 2 期。

〔2〕 "乡礼纲领"，载（明）黄佐：《泰泉乡礼》（卷一），文津阁四库全书影印本，商务印刷馆 2008 年版。

〔3〕 罗冠男："中国传统社会基层治理的法律机制与经验"，载《政法论坛》2021 年第 2 期。

〔4〕 清代保甲制度在其实施过程中，皇帝想加强自己的安全感，地方官、衙门书役、保甲长等各有打算，地方百姓未受其利却先受其害，从而始终难以形成推动保甲制度正常运转的凝聚力，最终导致了这一制度的流变。参见张德美："清代保甲制度的困境"，载《政法论坛》2010 年第 6 期。

负责约内之治安。〔1〕虽然约正仍然存在，但是代表着国家权力的保正明确负责乡间的治安维持，意味着国家权力在乡间的运行。而且，对于违反乡约的百姓和没有正确履行职权的约正，地方官具有处罚权，这也体现了国家权力在乡约制度中的体现，即"良民分理于下，有司总理于上"。〔2〕

其次，国家利用乡约制度实行道德教化的功能。这一功能体现为圣谕宣讲。萧公权在研究封建专制国家实施的乡村社会控制形态时指出，帝国在思想上要控制基层社会，其主要手段就是圣谕宣讲。朱元璋的"圣谕六条"，其内容就是实行教民安乡的钦定内容。在明之后发展起来的乡约，都将宣讲圣谕作为一项重要内容和首要功能。在明代大儒吕坤所做的"乡甲绘图"中，摆在约正、约副、约史、约讲及各约众面前的，就是体现着"天地神明纪纲法度"的"圣谕六言"。按照它的运行程式要求，每当集会之时，"凡处断本约事情，将和事牌移置圣谕前，约正副先在牌前焚香"，〔3〕后分成数班，相互作揖，礼毕，约正副讲史就座，十甲长出班，朝圣谕牌下跪，说明本甲某人某日行某善事、某人见证等。这些仪式已经是将圣谕置于至高无上的地位，将统治者的意志作为首要的信条，成为传达圣谕教条的一条直达基层的通路，而偏离了其最初作为乡民自治组织和自治制度的初衷。

国家权力在乡约中的嵌入，使得乡约的自治功能减弱，国家试图把乡约当作道德教化以及社会控制的工具，民办乡约开始转变为官办乡约。明清乡约中，都有官方参与乡约的制定和推行，辅助乡村治理。比如《南赣乡约》的创制者王守仁，时任朝廷命官。他公布的《南赣乡约》开篇就是"咨尔民！""故今特为乡约，以协和尔民"，与宋乡绅自发制定有所不同。其重要职能也由最初的乡民自治转为治安维护、完粮纳税等。国家权力的介入，使得乡约的官方属性越来越强，其自治价值越来越弱。但是，乡约仍然代表了传统社会中在儒家道德背景下乡间自治的成功尝试。

2. 乡约民规的经济功能

从明清之后，乡约制度发生了变化，一方面国家权力开始介入，使得民

〔1〕　杨亮军："明代乡约与国家权力的整合及其历史的影响"，载《中国科学报》2019年10月16日，第3版。

〔2〕　（明）吕坤："乡甲约"，载（明）吕坤：《实政录》（卷五），中华书局2008年版，第1061页。

〔3〕　（明）吕坤："乡甲事宜"，载（明）吕坤：《实政录》（卷五），中华书局2008年版，第1070页。

办乡约向官办乡约转变，另一方面乡约与其他基层治理手段相结合，开始发挥综合性的治理功能。

在吕坤的《乡甲约》中，乡约的乡村治理也早已超越了道德教化的范围，而是把民间纠纷的化解、奸佞贼盗的惩治、官差钱粮的收缴、经济农桑的种植统统融入其中。吕坤本人十分重视乡约百姓的经济生活，积极劝课农桑、养护民生。他指出："养道，民生先务，有司首政也。……王道有次第，舍养而求治，治胡以成？求教，教胡以行？"在《乡甲约》中首先提出了要根据农时巡行郊野、督农省耕，根据农耕的效果进行奖惩来进行激励。具体的措施包括：每年先由官府在春耕之前张贴告示讲明某日省耕，进而在该日派出相关人员分赴农田监督耕作，发现有荒芜农田、消极怠耕者即施以训诫。夏日谷熟之时也要再次进行监督，同样的土地上如果庄稼长得比他人好可以得到奖赏。希望通过奖励来鼓励百姓尽心农耕，劝课农桑。在乡约中吕坤还大力推广积肥之法，并按积肥数量对约中百姓施以奖惩。他还打算分类收集古今农书，详解各种作物的生长规律，再编为简明易懂的书册以告知乡民。[1]吕坤的《乡甲约》不仅仅是民间的自治制度，而且还体现着国家权力对基层社会的管理，其中就包括地方官对农业生产的管理。

3. 乡约民规的社会功能

除去上文提到的保甲与乡约的结合，使得国家权力嵌入乡约制度，乡约的自治内涵减弱，乡约制度还与社学、社仓等基层社会治理手段相结合，达到基层社会治理的最优效果。社仓制度是为了防范自然灾害造成的荒年而创设的，社学则是民间兴办的教育。在朱熹和王阳明之后，吕坤、刘宗周等儒家知识分子结合乡村自治的综合情况，将保甲、乡约、社学、社仓四种基层治理形式不断相结合，构成了明代乡约与其他治理手段共同发挥效能的乡村综合治理体系。

明代学者章潢曾在其乡治理论最后一章的《保甲乡约社仓社学总论》中强调乡约、保甲、社学、社仓之间相辅相成、相互配合的关系："保甲故足以弭盗矣，然富者得以保其财，而贫乏何能以自给也。莫若如一保之中，共立社仓，以待乎凶荒之赈，则衣食有籍，庶乎礼义其可兴矣"，"乡约固足以息

---

〔1〕 吴倩："宋明基层乡约治理的特点与启示"，载《政治思想史》2019 年第 2 期。

争矣，然长者得以读其法，而子弟不可以无教也，莫若于一约之内，共立社学以豫乎童蒙之训，则礼教相向，庶乎道德共可一矣"。[1]

吕坤也注重在举办乡约的同时兴办社学，认为"王道莫急于教民，而养正莫先于童子"，所以倡导"兴复社学以端蒙养"。[2]吕坤的社学方案具体细致且操作性强。具体措施如下："在城市四关各设社学一处。甲中子弟凡年龄在 8 岁以上、16 岁以下，由甲长查明，上报约正，送社学就读。每年十月上学，三月放学，夏秋即在家帮忙。学习三年后，如果成才无望，可结束学业回家。社师需选年四十以上，良心未丧，志向颇端之士二十余人，不论是否入学过，集中培训一年，经考察合格，分派各社学任教。其束脩由学童家庭自备，多者每年 20 石，少者不低于 12 石，视其学问与教学效果而定。如学童家道贫难，由约正具名，报官府补助。"[3]此时，乡约制度与社学制度联系在一起，起到了兴办教育的功能。

另外，化解民间纠纷、息讼罢争的功能也在吕坤的《乡甲约》中有所体现。吕坤在《乡甲约》中解决基层百姓民间纠纷的办法是和薄与和事牌。《乡甲约》规定："凡有婚姻不明、土地不明、骂詈斗殴等九种情形，当事人可以向约正副禀告。乡约集会时，……由约正副负责调解处断，并将事情原委和处理结果记入和薄。若事态严重或不服处断，当事人可再告于官。"[4]在吕坤为山西百姓撰写的《乡甲劝语》中，他专门讲明推行《乡甲约》的首要好处是："一则些小事情，本约和处，记于和簿，省得衙门告状，受怕耽惊，打点使用，吃打问罪，坐仓讨保，破了家业，误了营生。"《南赣乡约》中也专门规定："今后一应斗殴不平之事，鸣之约长等公论是非。"[5]就是如果有了纠纷，首先在乡间进行处理。而明代始建的"申明亭"则是乡间处理纠纷的固定场所，具有纠纷解决的实际功能和和谐无讼的象征意义。乡间的纠纷解决

---

[1] 董建辉：《明清乡约：理论演进与实践发展》，厦门大学出版社 2008 年版，第 127~128 页。

[2] （明）吕坤："兴复社学"，载（明）吕坤：《实政录》（卷三），中华书局 2008 年版，第 991 页。

[3] （明）章潢："保甲乡约社仓社学总序"，载（明）章潢撰：《图书编》（卷九十二），上海古籍出版社 1992 年版，第 775 页。

[4] 董建辉：《明清乡约：理论演进与实践发展》，厦门大学出版社 2008 年版，第 125~126 页。

[5] （明）王守仁："南赣乡约"，载（明）王守仁撰：《王阳明全集》（上），吴光等编校，上海古籍出版社 1992 年版，第 599~600 页。

与传统社会"无讼"的理念和道德教化的手段相契合，在家族内部的调处解决之外，进一步实现基层社会矛盾的解决。

（三）支持乡约民规功能的法律机制

乡约从宋代开始，最初作为乡间自发的自治制度，后来国家权力介入，通过与社学等其他基层社会治理手段相结合，实现综合治理的功能。而国家对乡约的态度，无疑是认可甚至将一些功能委托给乡约的，以朱元璋的"圣谕六条"为典型体现，随着乡约承担着完粮纳税、宣讲圣谕的功能，乡约成为国家法的一部分，国家有意识地利用乡约来进行基层治理，但在一定程度上减弱了其最初的自治功能。

当时的乡约制度至今仍具有现实意义，乡约制度一定程度上体现了基层社会的自治，其中柔性的道德教化和对民间矛盾纠纷的调处解决，对我们今天的基层社会治理仍然具有积极的意义。传统的乡约从家的血缘亲情出发，认为邻里乡间的仁爱是由对家人的亲情推广而来，使得邻里之情具有了宗法的正当性；强调乡间百姓的道德良知，希望依靠培养乡约百姓的道德理性，实现乡间的秩序。

在解决乡间纠纷的时候也注重道德修养的作用和道德感化；另外，在处理乡间公共事务的时候，通过程序详备的制度，一定程度上实现了基层的民主协商和自治，而与其他基层治理手段的结合则体现出了基层综合治理的早期理念和实践。

事实上，乡约在近现代仍然发挥着作用，比如陕甘宁边区政府重视发挥村规民约的作用，并取得了积极成效。在抗日战争时期，陕甘宁边区政府曾经鼓励村民通过制定村规民约提升乡村文化氛围，改善乡村人际关系。谢觉哉在其日记中摘录了《张家圪崂村民公约》〔1〕，体现了当时人们通过村规民约对乡间生活的自发治理。

---

〔1〕 谢觉哉：《谢觉哉日记》（上），人民出版社1984年版，第471页。转引自汪世荣："'枫桥经验'视野下的基层社会治理制度供给研究"，载《中国法学》2018年第1期。全村人，勤生产，丰衣足食，生活美满；不抽烟、不赌钱，人人务正，没个懒汉；不吵嘴、不撕斗，邻里和睦，互相亲善；多上粪，仔细搂，人畜变工，大家方便；秋地翻，锄四遍，龙口夺食，抢收夏田；婆姨们，多纺线，不买布匹，自织自穿；多栽树，多植棉，禾苗树木，不准糟践；识字班，好好办，不误生产，又把书念；抗工属，优待遍，吃得又饱，穿得又暖；公家事，认真干，公粮公款，交纳在先；生产事，议员管，服从检查，接受意见；好公约，要实现，谁不遵守，大家惩办。

而在当代，乡规民约依托乡间熟人社会中的信任和依赖，以及道德的柔性约束，仍然广泛存在并且发挥着积极的基层治理作用，"村规民约使礼法规范通过乡村民间社会践行转化为社会风俗，逐渐形成被村民群体内部共约、共信共行的乡村社区的公共行为规范"。〔1〕而违反之人常会受到村民舆论的排斥和道德的谴责。因为其传统和柔性的特征，所以与国家强制法存在着功能发挥上的区别："村规民约是在这样一种'熟人社会'中形成和推行的、以信任为基础的治理制度，作为一种传统，其本身就是生活的寄托、情感、准则和参照，它强调村民之间以礼相待、和谐共处，在很大程度上满足了村民对传统的依恋，给人一种社会安定感和相互亲近感，从而形成了一种自然地甚至本能地遵从，并竭力加以维护。"〔2〕陈寒非、高其才教授在对东中西部的45 个行政村的乡规民约进行了实证研究后得出结论："乡规民约能够较好地实现国家法对乡村的治理，满足村民的法律需求，教育和推动村民履行法律规定的义务，又能吸收保留传统习惯法中的有益内容，实现村治在传统与现实之间的赓续。"〔3〕

二、乡绅治理

（一）乡绅的构成与功能

与乡间治理联系在一起还有乡绅治理。所谓乡绅，是在乡间具有一定威望的人，他们包括赋闲在家或者休假在家的现任官员、退休官员、即将"入仕"但尚未获得官员身份的人等，他们在基层治理中往往发挥着重要的作用。乡约的推行也依靠乡绅。〔4〕

乡绅的主要组成是现任或者退休的官员，以及当地饱读诗书之人。清代官员陈宏谋在《咨询地方利弊谕》一文中有说，"境内士习如何，生监好讼、多寡如何，乡绅内大者某家、小者某家，或现任、或原任、或在城、或

---

〔1〕　高艳芳、黄永林："论村规民约的德治功能及其当代价值——以建立'三治结合'的乡村治理体系为视角"，载《社会主义研究》2019 年第 2 期。

〔2〕　高艳芳、黄永林："论村规民约的德治功能及其当代价值——以建立'三治结合'的乡村治理体系为视角"，载《社会主义研究》2019 年第 2 期。

〔3〕　陈寒非、高其才："乡规民约在乡村治理中的积极作用实证研究"，载《清华法学》2018 年第 1 期。

〔4〕　罗冠男："中国传统社会基层治理的法律机制与经验"，载《政法论坛》2021 年第 2 期。

居乡"。[1]具体来说，可以分为以下两类：第一类是现任、曾经任职或者即将任职的官员。现任的官员在家休假的时候，因为其官员的身份，可以成为乡间的权威；更多的是退休致仕回乡的官员，他们本身有为官的经历，年龄较大、具有学识和威望，并且具有空余时间和丰富的经验，他们构成了乡绅中的主体。还有已经具有一定的功名，但是尚未入仕做官的知识分子，比如举人和进士，他们因为饱读诗书，具有文化修养，也能够得到乡间百姓的认可和尊重。第二类则与官员没有关系，而是在乡间并未取得功名的读书人，或者重要家族的族长等，因为其学识修养或者实际上的影响力而成为乡绅。

乡绅在乡间的自治中发挥着不容忽视的作用，以至于费孝通先生将传统社会的权力轨迹总结为"自上而下的皇权"和"自下而上的绅权和族权"构成的双轨制，"这（自下而上的政治）轨道并不在政府之内，但是其效力却很大的，就是中国政治中极重要的人物——绅士。"[2]乡绅在乡间自治中主要发挥着维护地方秩序稳定、决定公共事务、协助保证完粮纳税、进行纠纷解决和道德教化的作用。

一方面，基层社会的稳定是乡绅首先要关注的问题，尤其在乡绅的主体是退休官员的情况下，乡绅会关注基层社会的治安稳定。对于可能存在的治安隐患和民间矛盾，乡绅出面进行整顿、解决，维持乡间的安宁。

另一方面，乡绅与乡约制度常常联系在一起，乡约的推行依靠乡绅。比如《吕氏乡约》中就规定了约正的产生、任职条件、职责等。[3]《南赣乡约》中也规定了乡约负责人的产生，要求"同约中推年高有德为众所敬服者一人为约长，二人为约副，又推公直果断者四人为约正，通达明察者四人为约史，精健廉干者四人为知约，礼仪习熟者二人为约赞"。

在乡约中规定的约正常由乡绅担任，他们通过特定程序的会议召开，对乡间公共设施的兴建、救灾济贫等公共事务和公益事务作出决定。另外，本属于行政任务的完粮纳税成为乡约中，特别是明清之后的官办乡约中的重要

---

[1] 徐迪："非正式关系与国家权力的互动——从明清乡绅自治到当代基层治理的演变及启示"，载《领导科学》2019年第24期。

[2] 费孝通：《乡土重建》，华东师范大学出版社2019年版，第38页。

[3] "约正一人或二人，众推正直不阿者为之，专主平决赏罚当否。值月一人，同约中不以高下，依长少轮次为之，一月一更，主约中杂事。"

任务。另外，在乡间如果发生一些轻微的犯罪或者民事纠纷，也由乡绅主持进行调解。在"无讼"的追求下，乡绅可以根据"乡约"中的内容以及儒家的道德准则主持纠纷的调处，上文提到的《吕氏乡约》中就明确规定了乡约之内对纠纷进行调处的方式：[1]费孝通先生在观察乡村中的纠纷调解过程时发现："在乡村里所谓调解，其实是一种教育过程。我之被邀，在乡民看来是极自然的，因为我是在学校里教书的，读书知礼，是权威。其他负有调解责任的是一乡的长老。最有意思的是保长从不发言，因为他在乡里并没有社会地位，他只是个干事。差不多每次都由一位很会说话的乡绅开口。"[2]这种纠纷调处的方式也引起了学者的关注，在黄宗智先生那里，民间的调解惯习，形成了庞大的"非正式"正义体系，与官方司法体系中执行的正义体系并存并形成了介于这之间的"第三领域"。[3]

此外，乡绅还承担着国家与乡间的传递纽带作用，起到"上传下达"的通道作用，在帮助督促完成完粮纳税、解决基层社会纠纷、维护基层社会稳定的功能之外，在一定程度上也可以把乡间的需求和问题传达给国家，虽然有学者认为，这一纽带的功能在一定程度上是为国家服务，是为自己谋求利益的。[4]

（二）乡绅治理的社会逻辑与法律机制

在传统社会，乡绅处于国家行政力量之外，却在乡村的自治制度中发挥了实际的重要作用，成为基层社会治理的重要元素，实际上具有着内在的社会逻辑。

首先，在小农经济的背景下，中国的农村社会形成相对封闭的"熟人社会"，使得人们在经济生活上可以自给自足，但是在人际关系上却形成了费孝通先生所说的"差序格局"，在乡间邻里之间也模拟家族中的血缘关系，同时相互信任和依赖。在这种情况下，乡绅才可能具有乡间的权威和威望，而人们因为对舆论和道德谴责的惧怕，自愿受到柔性机制的约束。

其次，主流的儒家道德伦理融入了乡绅治理，不管是对乡间公共事务或

---

[1]　罗冠男："中国传统社会基层治理的法律机制与经验"，载《政法论坛》2021年第2期。

[2]　费孝通：《乡土中国》，人民出版社2008年版，第68页。

[3]　黄宗智："中国的正义体系的过去、现在与未来"，载《社会科学文摘》2018年第6期。

[4]　徐迪："非正式关系与国家权力的互动——从明清乡绅自治到当代基层治理的演变及启示"，载《领导科学》2019年第24期。

者公益事务的解决，还是对乡间纠纷的调处，乡绅本身就依靠其道德的优势获得权威，在事务处理的过程中也依靠道德教化的约束，在解决纠纷时对各方进行道德上的教育，将其贯穿于乡间事务的方方面面。

再次，从成本上看，传统社会广袤的农村和天高皇帝远的格局，导致行政力量无法到达基层社会的每一个角落。而国家允许县以下的基层社会的自治，包括家族的自治和乡间的自治，也包括乡绅的治理，大大降低了国家的行政成本。而基层社会自发形成的自治制度，可以在最低的成本之下顺利运行，甚至达到了和谐稳定的局面，因此国家对于乡绅治理也持认可和鼓励的态度。当然在明清之后，出现了国家试图通过乡约和乡绅治理加强对基层的控制的趋势。

最后，乡绅治理的成功依赖于人们对科举制度的认同。[1]在乡绅的组成中，占大部分的是退休的、休假的，或者已有功名等待入仕的官员。乡民一方面因为血缘和地缘的关系，另一方面出于对科举制度的尊崇，以及对于科举制度本身代表的道德和文化的尊重，认可他们的权威，愿意接受他们的调停和处理。

因此，在这种内在的社会逻辑下，国家对于乡绅处理一般都采取的是认可的态度，并且将乡约和乡绅一起作为基层治理的重要途径。上文提到乡约制度一度成为国家对基层社会进行治理的手段。但是乡绅的"绅权"与家族中的"族权"确实构成了民间社会非常重要的力量，并且依靠他们，也的确达到了基层社会稳定自治运行的效果。乡绅的身份并非官僚，但是与普通百姓相比，他们又具有一定思想道德和文化身份方面的权威，拥有吴晗和费孝通先生所说的"绅权"。乡绅常以保护和增进本乡利益为己任，承担了解决纠纷、征粮纳税的承办、公共工程的修筑等事务的重要责任，成为国家与百姓之间的纽带和重要力量，为乡村秩序的稳定做了不少贡献。

以基层纠纷解决为例，一些朝代的国家法明确规定将"户婚田土钱债"一类民事类案件交给族长或乡绅处理。比如明代在各州县设立申明亭，民间有纠纷，必须先经过耆老里长在申明亭的调解之后才能起诉，否则算作越诉。[2]

---

〔1〕 徐迪："非正式关系与国家权力的互动——从明清乡绅自治到当代基层治理的演变及启示"，载《领导科学》2019 年第 24 期。

〔2〕 罗冠男："中国传统社会基层治理的法律机制与经验"，载《政法论坛》2021 年第 2 期。

清道光十年（1830 年）诏中明确了族长和乡绅的调解权力："凡遇族姓大小事件，均听族长绅士判断。"[1]

而由家族和乡间自治中的基层纠纷调处和官方司法的关系，基层纠纷的调处看似与国家的司法相互排斥，实际上却具有同质性。在黄宗智先生看来，政府主动将这一空间让与民间，让这些琐细的民事纠纷由社会本身的民事调解系统来处理，而无需动用官方的司法制度。但是，民间调解并非独立于官方制度，也不能认为它是自律的。[2]甚至家族被看作初级的司法机构，家族内的纠纷先由族长进行裁决，可以省去司法机关的很多麻烦，结果也比司法机关的裁决来得更加调和，"每一家族能维持其单位内之秩序而对国家负责，整个社会的秩序自可维持"。[3]所以，在纠纷解决问题上，民间调解和国家司法具有功能和目的上的一致性，二者相互配合。乡绅一方面具有血缘和地缘上的优势，另一方面具有官职、道德和文化的优势，是基层社会的精英，在很多时候是地方文化的传承者和承载者，与国家司法的处理相比拟，在基层纠纷的调处方面更加具有柔性，在调处时注重强调血缘、亲情与人情，对乡民进行道德教化，能够起到很好的化解基层矛盾的作用。[4]当然，在明代之后，由于上文提到的乡约与保甲制度的结合，国家行政权力的介入一定程度上削弱了乡绅的权威和话语权，影响了他们在乡村自治中的作用发挥。

三、乡约民规与乡绅治理的当代价值

中国传统基层社会在家族这一基本的自治单元之外，还存在着更大范围的地缘性的乡村和乡村共同体的自治空间和制度，其典型体现特征就是乡约制度和乡绅治理。尽管乡约制度和乡绅治理在明清之后发生了一系列流变，其自治的意蕴减弱，但是仍然在基层社会治理中发挥着不可替代的作用。而乡约制度和乡绅治理体现出来的以下特征，对我们今天的乡村治理社会实践也具有意义。

乡约制度中体现出了乡民自治、民主协商的因素，乡民可以自愿入约，而乡约中对议事的规则和程序、奖惩的范围和内容都有详细的规定，强调同

---

〔1〕《宣宗成皇帝实录》，道光十年十二月戊戌。

〔2〕黄宗智：《清代的法律、社会与文化：民法的表达与实践》，上海书店出版社 2001 年版，第 215 页。

〔3〕瞿同祖：《中国社会与中国法律》，商务印书馆 2010 年版，第 30 页。

〔4〕罗冠男："中国传统社会基层治理的法律机制与经验"，载《政法论坛》2021 年第 2 期。

约之人之间的相互扶助和支持义务，对违反之人主要也是以柔性的道德教化为主，有约内的惩处乃至出约的惩罚结束乡约的约束，依靠乡民之间相互信任和依赖的亲缘和地缘关系，以及舆论和道德谴责来保证实施。

乡绅制度也具有明显的柔性，因为乡绅群体本身在乡间具有权威，并不依靠行政强制力来管理事务和解决问题。在公共事务的处理和纠纷的调处过程中，也注重伦理道德的感化和教育，起到乡民自我约束和自愿维护的目的。而乡绅本身作为基层社会的精英，是地方文化的传承者，其本身的道德修养和所作所为引领着乡间的社会风气，关系到传统美德和文化的传承。

在当代农村社会，乡规民约或者乡村公约作为乡民的自治制度在各地普遍出现，比如浙江省诸暨市 467 个行政村全部制定有村规民约，其制定和修订遵循严格的民主程序，比如《枫源村村规民约》共 7 条，并有《枫源村村规民约实施细则》共 28 项，村规民约及实施细则的修订有严格的程序：首先，村干部要挨家挨户征求意见；然后由村干部拟定草案，再向全体村民征求意见，需要遵循"三上三下"民主决策机制；如果方案要重新修订，经民主恳谈会讨论、完善，再经党员会议审议，最后由村民代表投票表决通过才能实施。[1]其内容涉及乡村生活的方方面面，并得到政府的提倡、鼓励和乡民的积极自愿遵守，对乡村社会的治理起到了积极的作用。"当前乡规民约在乡村治理中的积极作用集中表现在发扬基层民主、管理公共事务、分配保护资产、保护利用资源、保护环境卫生、促进团结互助、推进移风易俗、传承良善文化、维护乡村治安、解决民间纠纷等方面。"[2]虽然乡规民约不具有国家的强制执行能力，但是"那些不遵奉村规民约的个人，必将受到习惯力量制约、道德舆论谴责乃至经济制裁，从而形成了弘扬正气与惩罚邪恶相结合的治理模式特征"。[3]

---

〔1〕 "三上三下"是枫源村创立的全民参与民主决策的一项制度。何超群："村公共事务村民说了算——枫源村推行'三上三下'全民决策机制"，载《绍兴日报》2014 年 10 月 30 日，第 1 版；周天晓等："'枫桥经验'历久弥新——诸暨枫桥镇提升基层社会治理水平纪实"，载《浙江日报》2017 年 9 月 11 日，第 4 版。

〔2〕 陈寒非、高其才："乡规民约在乡村治理中的积极作用实证研究"，载《清华法学》2018 年第 1 期。

〔3〕 高艳芳、黄永林："论村规民约的德治功能及其当代价值——以建立'三治结合'的乡村治理体系为视角"，载《社会主义研究》2019 年第 2 期。

而当代乡村中开始实践的"新乡贤"制度可以说脱胎于传统社会的乡绅治理。"乡贤",或者说"乡绅""士绅",曾是传统中国乡村治理的重要基础。当代乡村因为城镇化出现的"空心化"的局面,乡村治理和经济、文化建设的难度也越来越大,"在这种情况下,要重建将农民组织起来的社会网络,除发挥既有农村组织的作用之外,也需要强调农村精英在乡村自治过程中的带头作用"。[1]在 2016 年的"十三五"规划纲要中,培育新乡贤文化被正式提出。在随后的 2018 年中央一号文件中,党和国家全面部署实施乡村振兴战略,将"积极发挥新乡贤作用"写入其中。

所谓"新乡贤"制度,其"新"在于当代的社会背景为传统社会的乡贤注入了新的内涵。[2]而"乡贤"依然是与乡村具有深切的亲缘和地缘情感,具有高尚的品德和能力责任担当,得到乡民认可和尊重的人。这些人既包括从小离乡在外,事业有成后,带着各种资源回到乡村带领乡民振兴乡村的人,也包括土生土长,愿意为农村的脱贫和农业振兴事业贡献自己的力量的人。"新乡贤是指处于新时代背景下,基于自我知觉和社会知觉,一切愿意为农村脱贫和农业振兴贡献自己力量,积极投身乡村治理和乡村事业的贤能之人,有品德、有才能、有学识,而且被村民所认可和尊崇之人。"[3]他们能够得到乡民的认可的尊重,能够引领乡间见贤思齐、崇德向善的道德风尚,并且带领乡民脱贫致富,振兴乡村。目前,浙江等地的"新乡贤"制度已经在乡村治理和振兴中发挥了不容忽视的作用。[4]

---

〔1〕 吴铭:"新乡贤的制度基础",载《21 世纪经济报道》2014 年 9 月 18 日,第 4 版。

〔2〕 严旭:"协同治理视域下新乡贤参与乡村治理研究",载《湖南省社会主义学院学报》2021年第 1 期。"新"是指:一是时代背景"新",即处于乡村面临凋零,工业化发展到以工补农、以城哺乡的历史性新时期。二是涵盖了新的多元主体。

〔3〕 严旭:"协同治理视域下新乡贤参与乡村治理研究",载《湖南省社会主义学院学报》2021年第 1 期。

〔4〕 沈吟:"四十万名新乡贤活跃浙江乡村——追梦新时代,情系'浙'方热土",载《浙江日报》2020 年 8 月 7 日,第 4 版。据不完全统计,目前浙江各地已联系新乡贤达 40 万名。他们热衷公益事业,热心家乡经济社会发展,积极参与乡村振兴和基层治理。2019 年金华市金东区将新乡贤工作与招商平台、引智平台有机结合后由乡贤直接或牵线投资约占全区招商引资总额的 65%以上。他们热心公益事业,传递正能量。诸暨市新乡贤杨洪康为家乡捐款上亿元,用于建设公路、学校、文体中心等;长兴县募集乡贤慈善帮扶资金 7700 余万元用于社会事业。

第四章

新中国成立后的基层社会治理单元与法律机制

一、社会变革与单位成为基层社会治理单元

新中国成立之后，中国结束了长达百年的动荡，开始发展以"国家—单位—个人"为基础的"单位社会"。走向"单位社会"的原因，学界探讨颇深、众说纷纭。有的学者认为，"单位社会"是民主革命时期"根据地建设经验"的移植。[1]有的学者认为社会思想的变化与选择在"单位社会"的起源过程中起到了重要的作用。[2]

在西方相关研究中，"单位"有时带有意识形态色彩，例如哈佛教授华尔德1986年的《共产党社会的新传统主义》中的观点就具有强烈的意识形态色彩。华尔德教授在其书中虽然并没有使用"单位"这一概念，但是其从组织性依附的角度对中国的企业进行剖析，特别将视角集中在"国有企业"这一单位组织。但是事实上，我国的单位形式多种多样，国有企业只是其中最具有典型代表意义的一种，其承担了经济职能、血缘功能等多种社会职能。当然，华尔德教授的研究对于"单位"作为社会基层治理单元的研究仍有一定的意义，特别是国有企业作为单位的典型代表，在经济职能的发挥上所显示出的独特优势。华尔德教授认为，"共产党社会的新传统主义是工业权力结构中的一种现代类型"。[3]一方面，单位职工和工人在经济上表现出对国有企业的强烈依附，在政治上表现出对国有企业的上级权力机关和党政领导的强烈依附，这体现了一种单位成员对于单位的制度性依附。另一方面，单位内部

---

[1] 参见路风："中国单位体制的起源和形成"，载中国社会科学院社会学研究所编：《中国社会学》（第二卷），上海人民出版社2003年版，第92~93页。

[2] 田毅鹏、刘杰："'单位社会'起源之社会思想寻踪"，载《社会科学战线》2010年第6期。

[3] ［美］华尔德：《共产党社会的新传统主义》，龚小夏译，牛津大学出版社1996年版，第11页。

的制度文化具有鲜明时代特色，特别是在领导与下属、工人与工人之间的关系方面，呈现出了独特的新传统主义制度文化。[1]

我国学界对于"单位"的研究主要遵循组织研究、制度研究、统治与控制研究、单位与社区研究等路径。至今，以"单位"为研究对象的研究成果中，似乎一致认为"单位"已经成为研究新中国成立后至改革开放前的重要社会组织。单位制度具有明显的时代特色，是中国社会主义初期阶段的产物，是中国走向现代化过程中的制度设计，其发展与时代社会变革息息相关。这一系列对于单位的研究，对于本章的研究内容具有重要的启发意义，也为本章的形成提供了丰富的史料文献。本章将单位作为基层社会治理单元的典型代表，从社会治理的角度开展研究，挖掘特殊时代背景下，单位作为基层社会治理单元的特殊形态，其成为基层社会治理单元是多重因素共同作用的结果，为新中国成立后的基层社会治理起到了承前启后的重要作用。

（一）激进思潮与社会重组

自传统社会以来，社会治理的基本格局已经基本形成，虽然偶有波动及变化，但是尚未经历根本性的挑战和变革。直到西方列强用炮火打开国门，丧权辱国的历史开启之时，中国社会治理传统模式的变革才正式开启。然而，要想变革上千年的传统社会，唯一的道路就是与过去实行"最为彻底的决裂"。[2]在传统社会的危机背景之下，中国社会思潮逐渐走向激进，并在19世纪20年代左右达到高潮，其中包括对传统社会的激烈否定、对乌托邦思想与非资本主义倾向的追求、对全民主义取向群学思潮的认同，等等。[3]在非资本主义的思潮影响下，社会治理新模式的构建过程一定是遵循"非资本主义"逻辑的。这就意味着，与私有制、资本主义相关的社会治理模式和组织形式绝不是新中国治理模式的答案。

与传统中国朝代更迭不同，新中国是对传统社会的真正革命，是对社会价值观念、政治制度、社会结构、领导体系、政治活动和政策等方面进行的

---

〔1〕　[美]华尔德：《共产党社会的新传统主义》，龚小夏译，牛津大学出版社1996年版，第14~15页。

〔2〕　汪晖：《现代中国思想的兴起》（上卷第一部），生活·读书·新知三联书店2004年版，第11页。

〔3〕　田毅鹏、刘杰："'单位社会'起源之社会思想寻踪"，载《社会科学战线》2010年第6期。

一场急速的、根本性的、暴烈的全方位国内变革。[1]在这样一场翻天覆地的变革之中，民众的力量是实现彻底改革的必然动力，而全民主义的参与是通过高度组织化的"社会动员"完成的。毛泽东认为，旧中国长期处于"散漫无组织的状态"，这是封建农业时代的必然结果，也是传统自然经济社会的弊端所在。[2]整个传统社会自给自足、封闭，力量零散，犹如一滩散沙，无法形成坚强壁垒抵抗资本主义的炮火攻击。只有调动起群众的积极性，才能最终实现革命的目标。

那么，解决群众力量零散分布的唯一方式就是"集体化"。[3]通过集体化的组织形式，聚合分散力量达到目标。集体化的组织形式被运用到革命的方方面面。而军队、工厂正是"单位"社会的基本模块，形成了单位社会治理模式的基础。新中国成立后的社会动员思想不再是鼓励人民战争，而是按照"集体化"的组织模式，对传统社会治理模式进行了根本性的改造。

新中国成立以后，党和国家的工作重点开始从农村向城市转移。随着经济和政治制度发生了巨大的变化，基层社会治理单元也发生了非常明显的变化。当时的国有企事业单位覆盖了社会上绝大多数的社会成员，为其成员提供社会资源和服务、进行基层社会管理，解决一部分基层纠纷，也形成了单位的内部团体行为准则，完全符合基层社会治理单元的概念。而单位作为当时的基层社会治理单元，一方面在儒家思想的抽离之后，以集体主义为核心的共产主义道德作为其内在的文化价值支持，另一方面也有国家计划下的政治组织体系和法律制度作为外在的制度支撑，有效地发挥了基层社会治理的作用。

新中国成立之后，面对松散的以农业和小手工为主的社会基础，党和国家提出完成生产资料社会化的改造、建设工业化的任务，无疑是一个巨大的挑战。在这种情况下，只能进行大规模的社会重组。正如毛泽东所说，我们应当进一步组织起来，我们应当将全中国绝大多数人组织在政治、军事、经济、文化及其他各种组织里，克服旧中国散漫无组织的状态……[4]家族作为

〔1〕〔美〕塞缪尔·P.亨廷顿：《变化社会中的政治秩序》，王冠华等译，三联书店1989年版，第241页。

〔2〕《建国以来毛泽东文稿》（第一册），中央文献出版社1987年版，第11页。

〔3〕《毛泽东选集》（第三卷），人民出版社1991年版，第931页。

〔4〕《毛泽东选集》（第五卷），人民出版社1977年版，第9~10页。

农业社会中的基本生产单位已经退出，为了实现社会的重组，当时人民所了解的社会重组的目标就是苏联模式。在松散的农业社会的基础上，依靠的是自上而下的行政力量和群众运动的方式来推动社会的重组。单位就成为城市里社会重组的基本单元。

这里的单位特指国有企业事业单位，以国有企业最为重要。计划经济时期的传统国有企业事业单位，既是生产经营的单位，同时也是行政和党的组织，学者对单位制的基本内涵和特点进行了总结："一切微观社会组织都是'单位'，即它们与处于中枢位置的党和国家结构紧密结合，构成了控制和调节整个社会运转的体系。具体而言，单位职工完全依赖于单位组织；而单位组织是单位职员进入政治生活的主要领域；单位中的党组织和行政机构不仅是生产过程中的管理机构，同时也在政治上和法律上代表着党和政府。这些特征决定了单位具有功能合一性、非契约性、资源的不可流动性等内在性质。"[1]

（二）单位制的形成与发展

单位制度，是我国各种社会组织所普遍采取的一种特殊的组织形式，是我国政治、经济和社会体制的基础。[2]在社会变革的历史阶段下，单位扮演着控制和调节整个社会运转的中枢功能。从具体类型角度出发，党政机关、事业单位，国企工厂、厂办大集体，甚至是农村，都可以归属于单位。总之，单位是控制和调节整个社会运转的中枢系统，由与组织系统密切相结合的行政组织构成。[3]作为国家与个人的中介组织形式，在新中国成立前后的一段时期内，党和国家对于这种中介组织的确定仍在摸索阶段。

无论是革命根据地起源说，还是苏联模式起源说，单位的形成都指向中国共产党在特殊历史时期所作出的种种探索，这是对旧中国的社会治理制度的改革，也是对新中国社会治理的新尝试。学者认为，虽然革命根据地的经验对单位制度的形成有所启示，但是农村与城市具有天然的差异，农村经验是带有战时共产主义色彩的，因此不能简单直接地将其移植到城市社会

---

〔1〕　路风："中国单位体制的起源和形成"，载《中国社会科学季刊》1993 年第 5 期。

〔2〕　路风："单位：一种特殊的社会组织形式"，载《中国社会科学》1989 年第 1 期。

〔3〕　路风："中国单位体制的起源和形成"，载《中国社会科学季刊》1993 年第 5 期。

中。[1]于是，对于农村经验向城市的移植就需要一个"典型示范"和"中介"作为转化试验基地。东北解放区作为中国率先解放的城市之一，毗邻苏联，交通便利，当共产党人在接收管理城市时，率先采取了根据基地经验与苏联模式结合的办法，形成了"国家—单位—个人"的社会结构体系。

作为单位制的试点，东北地区具有得天独厚的历史条件，东北地区是中国获得解放较早的地区。1946 年 4 月 23 日，苏联红军驻哈部队从哈尔滨撤离。4 月 28 日，东北民主联军向哈尔滨市区发起进攻，很快便全部占领哈尔滨市，受到了 70 万人民的热烈欢迎。同年 5 月 3 日，哈尔滨市人民政府正式成立。随后，东北许多大、中、小城市相继解放，对于城市的接管成为中国共产党的当务之急。1948 年 6 月 21 日《人民日报》刊载了中共东北中央局于 6 月 10 日发布的《中共东北中央局　关于保护新收复城市的指示》，指出"过去在我军游击战争时代，我们基本上是依靠广大农村，占领的城市不但比较少，而且常常不能保住这些城市"。但是，现在的形势已经发生了根本变化，城市已经为人民所有，在大规模集中作战的时代背景下，农村和城市都需要依靠，提出了要改革旧观点的指示。"在内战时期，抗战时期，我们长期没有城市，感受没有城市的痛苦。现在我们有了城市，就应当爱护城市，发挥城市的作用，使城市产生更多的军需品和日用品来支援战争，来繁荣解放区的经济。现在的战争没有城市的支援，没有铁路的运输，是不能取得最后胜利的。"同年 6 月 16 日，中共黑龙江省委在《关于目前城市工作的指示》中提出，当前城市工作的方针应围绕发展生产、繁荣经济开展，黑龙江全省应积极为解放战争服务、为农村服务。

根据《关于保护新收复城市的指示》，在新占领城市实行短期的军事管理制度。军事管理委员会是临时性的最高领导机关，在肃清反动残余势力方面发挥了重要作用，在保障国家和人民生命财产安全的同时，打碎了国民政府的城市治理机构，建立革命的新秩序。[2]据哈尔滨市档案馆资料显示，哈尔滨解放之初的情况十分复杂，社会上匪特潜伏，时局并不稳定。在基层社会治理单元的建设中，哈尔滨市政府仍然保留了国民党时期的基层组织——保

---

〔1〕 田毅鹏等：《"单位共同体"的变迁与城市社区重建》，中央编译出版社 2014 年版，第 59 页。

〔2〕 李格："新中国成立前后的城市军事管制"，载《当代中国史研究》2010 年第 5 期。

甲制。[1]但是，城市的街道工作由贫民会代替。

1947 年 5 月，《哈尔滨特别市街政权组织暂行条例》发布，共计 13 条，第 2 条规定："本市政权之基层组织为街，街政权行政管辖区域，以人口多少和街道大小来划分，人口一般规定为二千人至五千人，街道为二条或三条，过于长的街道得酌量划分为两个行政区。"第 3 条则对街政权的任务进行了详细规定，包括对施政纲领及市政府法令与指示的执行；建立人民自卫武装、清除盗匪特务、维持社会治安；调解市民纠纷；评定房租，并调查公共及应没收之敌伪房产；卫生教育水电等与人民生活有关的公益建设事项；街内人口、人民生活和其他社会调查登记等事项。[2]这一系列的任务体现了当时将街道作为基层社会治理基本行政单元的尝试，街政委员会下设秘书、民事委员、公安委员和公益委员，对街道内部日常工作进行处理。

同年 7 月，中共哈尔滨市委通过《中共哈尔滨市委关于哈尔滨市的工作方针》，决定彻底改造旧政权，自下而上地改造和健全基层政权，决定以"街"为单位，通过各种形式组织与发动群众清算汉奸、特务、反动保甲长，在斗争中摧毁区、街敌伪残余统治，建立街公所。[3]1948 年，哈尔滨市委制定《关于建立街政权的决定》，开始了普遍建立街政权的道路，要求各街区按照实际情况开展街长和街政委员的选举。[4]虽然街区制在中国共产党接收城市的过程中发挥了重要的作用，特别是在肃清国民党城市治理机构方面起到了关键作用，但是街区制的问题也较为明显。

新中国成立初期，经过一段时间的实践，街区制在社会基层治理方面的问题开始显现。1950 年 1 月 7 日《东北日报》在《坚决改变城市政权的旧的组织形式与工作方法》一文（以下简称《东北日报》社论）中提出，以市、

---

[1] 李伟中："南京国民政府的保甲制新探——20 世纪三四十年代中国乡村制度的变迁"，载《社会科学研究》2002 年第 4 期。国民政府在不同历史背景下推行了两种保甲体制，分别为"剿共"保甲和"新县制"保甲。

[2] 黑龙江省档案馆，革命历史档案全宗第 3 号，转引自姜珺伟："1947—1948 年哈尔滨解放区的法制建设"，黑龙江大学 2012 年硕士学位论文。孙光妍、郭海霞："哈尔滨解放区法制建设中的苏联法影响"，载《法学研究》2009 年第 2 期。

[3] COPSR、Harbin City："中国共产党解放的第一个大城市组织机构设置与政权建设"，载《中国机构改革与管理》2021 年第 8 期。

[4] COPSR、Harbin City："中国共产党解放的第一个大城市组织机构设置与政权建设"，载《中国机构改革与管理》2021 年第 8 期。

区、街三级政权进行工作，并以街政府为城市中的基层组织，把一切工作推到街政府去做，如是就把集中的城市划成许多豆腐块，大量的干部被纠缠于街道，成天在贫民中打圈子。而市内大量的工厂企业、机关学校却天天吵着缺干部而没有集中注意去管。在区街工作的干部，则各搞一套，使得政策的执行，一个区甚至一个街一个样子，难于统一掌握，混乱时生。同时把市政府吊在空中，与人民群众缺乏直接联系，而人民则苦于机构重叠，手续麻烦，办事深感不便。

为了解决街区制带来的国家与群众脱节的问题，东北局总结了东北地区安东市、吉林市的经验做法，将传统的街区治理模式转变为由市政府统一进行政策法令和工作的布置与贯彻执行。在较大城市仍然保留区人民政府一级，对于较小城市则不再设立区和街两级，而是通过各行各业的人民团体与群众进行联系。[1]1950 年 1 月 7 日，《东北日报》在 "安东市区街组织改变的经验" 一文中指出："除郊区仍然保留区街（或村）的基层社会治理单元之外，东北的一切城市均按照上述方法进行基层社会治理单元的变革，并取得了积极的成果。" 在这样的改变之下，单位作为人民团体开始组织群众，逐渐成为基层社会治理单元。虽然街道制随后也曾在东北城市地区恢复，但是始终属于城市的辅助治理单元。

对于如何加强与人民群众的直接联系，《东北日报》社论指出，不仅要加强城市的人民代表会议制度，还要加强 "各种产业行业与职业工会以及各种同业公会的工作"。"同时尽量把各种不同产业、行业、职业的职工，组织到各种工会中去，把各种不同的工商业者组织到各种同业公会中去，不属于各行各业的街道居民，则分别组织在合作社、文化馆中，妇女应分别组织到上述各种组织或妇女代表会中，这样就将城市的人民群众，按其不同的生产与生活的需要分别组织起来了，市与区的机关，就通过这些组织联系群众。而过去通过街的一揽子的组织是无法直接联系这样多方面的群众的。为了加强政府与人民的联系，在两次人民代表会议之间，市政府则按工作需要分别召开各行各业的代表会或座谈会，解决有关各该行业的问题，以便经常密切联系各方面的群众，了解情况，布置工作，并及时反映问题与解决问题。"

---

〔1〕 田毅鹏等：《 "单位共同体" 的变迁与城市社区重建》，中央编译出版社 2014 年版，第 60~61 页。

总之，在新中国成立前期的局势动荡的年代，街居制虽然起到了肃清反动势力的重要作用，但是对于新中国的基层社会治理的进一步发展也造成了阻碍，割裂了国家与人民的联系。以街道为一揽子组织只能单一线性联动群众，无法做到全方位的立体化组织群众，这在新中国成立初期，一定程度上形成了脱离群众的弊端。而单位可以很好地解决线性联系群众模式的问题，通过行业组织、产业组织等工商业组织，根据群众的不同生活、生产需求，将群众"分门别类"地组织起来，形成了立体化的网格结构，而市（区）政府可以通过这一个个基层社会治理单元，对群众建立起直接的联系，单位社会的雏形也在东北解放区的尝试与摸索中逐渐成型。

二、单位作为基层社会治理单元的功能

单位构成了基层社会的基本治理单元，具有地理上的聚集性，覆盖了社会的绝大多数成员。当时的社会成员绝大多数都属于各个国有单位，在单位制下，大部分的法律法规和政策都是在国家层面制定，该过程中逐渐发展起来的单位团体行为准则就成为以惯例形式来维持单位组织秩序的规范，并影响到单位与国家的关系。比如，在单位内部领导和积极分子之间建立起来的关系，既有情感因素，也有道德因素，在单位内部形成了惯常的行为模式；[1]也有学者提出单位内部的"德治"再分配制度，使得单位内部资源的分配形成了"一致性政治学"和"幕后解决"并存的基本特征。[2]

（一）单位的经济功能

单位的雏形起源于东北地区，1948 年 9 月至 11 月的辽沈战役，解放了整个东北地区。1948 年 11 月 23 日，东北局作出《关于东北解放后形势和任务的决议》，认为东北"已经开始了新的时代，即是在新的条件新的基础上进行经济建设的时代"。11 月 28 日，陈云又在东北局、辽北省委、沈阳军管会干部大会上作了题为"关于东北、沈阳情况与任务及沈阳当前工作重心"的报告，提出东北地区应将工业放在首位，尤其是重工业和军事工业，单元任务

---

[1]　参见［美］华尔德：《共产党社会的新传统主义》，龚小夏译，牛津大学出版社 1996 年版，第 23 页，第 167~170 页。

[2]　李猛、周飞舟、李康："单位：制度化组织的内部机制"，载《中国社会科学季刊》（香港）1996 年总第 16 期。

是支援全国的解放战争。

在陈云的经济思想指导下，东北地区曾经的重工业基地陆续恢复。鞍山、本溪等重工业基地在战火的摧残下已经无力生产，残存的设备和破败的厂房无法正常运转。在陈云的领导下，东北地区将经济建设工作从"不次于军事或仅次于军事的重要位置"转为"以财经工作为重心"，大批重工业恢复生产，而这些超大型国有企业成了"单位"的雏形。1947年重建通化发电厂，1947年8月金矿全部改为国营，1947年6月恢复鸭绿江、安东造纸厂，到1947年3月，先后建立军工厂13处，1948年哈尔滨水泥厂恢复生产等。新中国成立前，东北解放区已经形成了兵工厂、有色金属冶炼厂、重型机械厂、铁路机车厂、铁路车辆厂、化工厂、造纸厂等战略性工厂。[1]以上超大型国有企业的成立开启了我国单位制度的发展，成为新中国成立初期中国社会治理的基层单元，单位制度天然具有经济功能，通过对生产经营活动的管理，达到基层治理的作用和目的。

单位在新中国推动工业化，特别是在重工业生产的过程中扮演着基层社会治理单元的重要角色，单位将社会大部分成员集合在一起，开展生产活动，实现经济发展。不可否认，国有企业作为单位的典型代表，其经济功能的发挥得益于单位组织力量做大事的优势。

（二）单位的血缘功能

从"单位"的空间来看，单位基层社会治理单元具有较强的封闭性。特别是在重工业、大型工业的单位社区"大院"，其单位地理位置占据面积大，单位成员工作生活较为集中，在空间上具有封闭性，成员之间互相依附性强，产生了"远亲不如近邻"的生活互助模式。

从"单位"的制度模式来看，单位基层社会治理单元具有较为完整的福利制度，成员关系紧密。例如，福利分房制度将单位成员的住所紧密连接在一起，特别是在"大院"中的福利分房制度，使得单位成员间不仅存在工作关系，更存在一种生活上的互助关系；子女接班制度加强了代际关系的紧密程度，使得家庭成员间除了生活情感联结，还增添了一种传帮带的工作关系。

---

〔1〕 赵士刚："陈云东北解放战争时期经济实践及其意义"，载人民网，http://cpc.people.com.cn/GB/69112/83035/83318/5857788.html，最后访问日期：2021年10月24日。

单位为社会成员提供从摇篮到坟墓所需的社会资源和服务，社会成员的婚假、生育、疾病、殡葬等都由单位管理与负担，各种公共福利也都由单位支持和供给，这一系列管理模式形成了具有时代特色的生活功能。

虽然封闭性"大院"一定程度上限制了单位成员与外部社会的联系，但是其特有的空间因素、制度因素，加强了单位成员之间的情感关系，也绑定了单位成员从摇篮到坟墓的大部分生活，不仅人与人之间关系紧密，人与单位之间的情感联结也越发浓厚。有学者将单位称为"父爱主义"下的单位组织，它不再是单纯的经济组织或行政事业单元，而是为成员提供全方位看护和照料的组织。虽然在社会主义初期阶段，这种福利水平相对较低，但是单位福利功能曾一度膨胀，不仅照顾到单位成员的福利，甚至要负责家属的利益。[1]这种父爱共同体的模式，体现在单位的日常运行中，形成了强烈的血缘功能。

无论是从文化还是从制度的解释角度，家族与单位之间都具有千丝万缕的联系。[2]新中国成立之后，党中央将单位的组织结构适用到党政机关、商店、学校、医院等国有企事业组织和机构之中，单位的血缘功能也基本上遍布于国有企事业单位。各单位陆续建立了各自内部相对独立、相对公平的分配原则，并颁布了一定的福利工资制度，单位内部的相对封闭管理促进了血缘功能的发挥。单位面向其成员、成员与成员之间形成了较为紧密的生活互助模式和情感支撑，实际上已经代替了传统家族式社会的治理模式，成为新中国成立后的基层社会治理单元。

需要注意的是，单位制在一定程度上是对传统社会家庭家长制的延续。虽然传统的家族和单位产生的时代背景和表面形态存在很大的差异，但仍然可以看到单位在基层社会治理中具有与传统家族相似的单元作用。不止一位学者认为单位制中有着传统家族制的特点："即使在单位组织成为最典型社会群体的时期，传统文化的记忆也没有消失，家长制的权力结构仍然以一定形式得以保留。"[3]路风就认为在城市中的家庭已经丧失其社会功能后，单位逐

---

[1]　田毅鹏等：《"单位共同体"的变迁与城市社区重建》，中央编译出版社 2014 年版，第 48 页。

[2]　林兵、滕飞："传统单位制中的家族识别方式——基于制度与文化的解释"，载《吉林大学社会科学学报》2014 年第 3 期。

[3]　林兵、滕飞："传统单位制中的家族识别方式——基于制度与文化的解释"，载《吉林大学社会科学学报》2014 年第 3 期。

渐演化为家族式的团体，在重视人际关系、平均主义和服从权威方面，都与传统社会的家族有着相同之处，二者对其内部个体都具有家长式的权威，相比于个体权利更加重视个体对集体的责任和义务，但同时集体也需要承担对个体进行全面照顾的责任。[1]家族与单位组织都十分注重群体价值与集体活动的相互印证。家族与单位组织均通过对其成员身份的规定以实现其控制功能。集体活动及领导的权威被合法化。[2]

所以，单位制看似对以往社会组织的彻底重组，却隐秘地保留着家族制度的传统，这又与我国传统文化价值中的集体主义倾向有着内在的联系。但是，与传统的家族制相比较，单位是生产、行政和党组织合一的社会组织，其自治的特色相对弱，而党和国家的行政和组织力量相对强。可以说，如果家族治理是对国家行政管理的重要补充，那么单位制就是生产、行政、党组织的合一，这是与新中国成立后的革命形势和无产阶级的文化价值联系在一起的。

（三）单位的社会功能

单位不仅是生产及工作组织，实际上也是处理各种社会事务和完成社会治理任务的基层单位。20世纪50年代初，城市中就已经形成了两条社会整合管道：国家—单位—个人和国家—街居—个人。[3]这种"组织起来"的社会治理模式是我国早期革命建设年代的重要制度。在早期，社会上尚且存在两种模式，在单位所主导的"社会"中，街居制作为补充性制度，将没有单位归属的社会成员纳入街道组织。根据1954年《城市街道办事处组织条例》和《城市居民委员会组织条例》，"街居制"是指街道办事处和居委会联合建立起来的基层社会治理体制，在单位制的背景下仅起到社会治理的辅助作用。根据1954年《城市街道办事处组织条例》规定，街道办事处的职责仅有三项：（1）办理市、市辖区的人民委员会有关居民工作的交办事项；（2）指导居民委员会的工作；（3）反映居民的意见和要求。在街道主导的地区，特别是依靠街道系统兴办小工厂的地区，其单位制特色并不明显，因此街道就成了

---

〔1〕 路风："单位：一种特殊的社会组织形式"，载《中国社会科学》1989年第1期。

〔2〕 林兵、滕飞："传统单位制中的家族识别方式——基于制度与文化的解释"，载《吉林大学社会科学学报》2014年第3期。

〔3〕 田毅鹏等：《"单位共同体"的变迁与城市社区重建》，中央编译出版社2014年版，第44页。

社会功能的主要实现者，但是从社会整体层面上看，单位制仍然是这个阶段最为重要的基层治理单元，"街居制"在单位制退出之后则承担了主要的基层社会治理工作。

但是随着社会的发展，社会治理双轨管道趋向于单一制。据统计，直到1980年，99.2%的社会成员都属于国有企事业单位的成员。[1]单位已经覆盖了社会的绝大部分成员，单位的社会功能越发凸显。单位负责其内部和与单位成员有关的社会秩序维持，对单位成员之间的矛盾进行调处，对单位成员的不当行为进行行政上的惩处，以维护单位内部和基层社会的秩序。这些单位的职责深刻地反映了其社会功能。此外，虽然国家层面制定了一系列法律法规和政策，使得社会治理有章可循，但是在单位内部，单位的团体行为准则通常以惯例的形式发挥其维护单位内部秩序的作用，作为调解单位成员间矛盾的准则。

单位集合经济资源、政治资源、文化资源、社会资源，是计划经济时期履行经济功能、血缘功能、社会功能的基层组织。单位将分散的个人"组织"起来，形成介于国家与个人之间的中间层，达到了国家服务社会成员、统合社会个体的基层社会治理目标，形成了基层社会的基本组织，即具有地理上的聚集性、覆盖成员的广泛性、情感因素和行政管理因素双重特性的基层社会治理单元。

值得注意的是，在1958年之后，我国农村开始实行人民公社制，人民公社是"一个既有农业合作又有工业合作的基层组织单位，实际上是农业和工业相结合的人民公社"。[2]随后迅速实现了农村社会的人民公社化，即全国总农户的99%以上都参加了公社。人民公社，在很大程度上与城市的单位在组织形式和实际功能上具有相似性，实际上成为当时农村的基层社会治理单元。但是，限于篇幅，本书无法再对人民公社展开论述。而以城市的单位制为论述的主体，毕竟现代化进程伴随着城市化的进程，社会的重心逐步向城市转移。

三、单位制的法文化背景

（一）传统儒家思想的抽离

中国传统社会一直以来倡导儒家文化，但是在"五四运动"的"科学"

---

〔1〕　李路路："'单位制'的变迁与研究"，载《吉林大学社会科学学报》2013年第1期。

〔2〕　陈伯达："全新的社会，全新的人"，载《红旗》1958年第3期。

与"民主"的新文化运动大旗下，儒家文化的纲常观念和仁义道德信条遭到了抨击。陈独秀曾提出，"愚之非难孔子之动机，非因孔子之道之不适于今世，乃以今之妄人强欲以不适今世之孔道，支配今世之社会国家，将为文明进化之大阻力也，故不能已于一言"。[1]甚至有废除孔学的观念，"二千年来所谓学问，所谓道德，所谓政治，无非推演孔二先生一家之说……欲祛除三纲五常之奴隶道德，当然以废孔学为唯一之办法"。[2]

对于儒家思想的严厉批判和否定，虽然带有一定的偏激性，但是仍然具有一定的时代意义。在与旧文化、旧传统进行决裂的关键历史阶段，旧文化所倡导的儒家文化与新文化所提倡的自由和平等观念具有难以调和的冲突。而破除长时期捆绑在中国民众身上的传统旧文化，作出彻底的决裂不失为有效的方式之一。正如胡适认为，"新文化运动的一件大事业就是思想解放。我们当日批评孔孟，弹劾程朱，反对孔教，否认上帝，为的是打倒一尊的门户，解放中国的思想，提倡怀疑的态度和批评的精神而已"。[3]对传统孔教的批判，是为了更广泛、更深刻地解放思想。但是不可否认的是，虽然这种激进的批评方式对于新旧交接时期具有里程碑式的意义，社会主流的文化价值在一段时期内对儒家思想进行了抨击，儒家思想也在社会文化大背景下日渐边缘化。

代表民主与科学的"德先生与赛先生"将西方个人主义思想也引入了中国，而个人主义思想也促使了以家庭为本体的社会治理模式的变革。1918 年6 月出版的《新青年》曾设《易卜生专号》，介绍挪威戏剧家亨利克·易卜生的戏剧《玩偶之家》。虽然这部戏剧围绕女性主人公娜拉的觉醒展开，讲述娜拉与她的丈夫从相爱到决裂的过程，探讨了男权社会与妇女解放的矛盾冲突，激励妇女摆脱传统观念，为自由平等而斗争。但是这部以妇女为主角的戏剧也间接激励了广大人民为挣脱传统观念束缚而战斗，像娜拉一样打破家庭的藩篱，逃出傀儡家庭，走到社会上，做一个真正的人。这种经济上的独立和人格上的独立，是以人从家族式社会里的"家"中逃离出来为前提的，从家庭结构剥离是个人找寻自我的前提，这也是人们逃离家庭式治理模式的文化

---

〔1〕 "复辟与尊孔"，载陈独秀：《陈独秀文集》（第一卷），人民出版社 2013 年版，第 267 页。

〔2〕 钱玄同："中国今后之文字问题"，载《新青年》1918 年 4 月 15 日，第 4 卷第 4 号。

〔3〕 胡适："新文化运动与国民党"，载胡适：《胡适文集》（第五册），北京大学出版社 1998 年版，第 579 页。

背景之一。

（二）共产主义道德的嵌入

对于单位的历史起源，学界看法不一。有一种普遍性的观点认为，单位源于"革命根据地"经验。在新民主主义革命时期，中国共产党在农村建立革命根据地，进而成为日后城市基层社会治理单元的范本。[1]也有一些观点认为，单位源于革命后的社会统合与联结，为了实现现代化选择了有组织的现代化方式，将资源和力量先集中，再通过集权的再分配体系，实现快速的现代化。[2]

但是关于单位制度起源的法文化背景，学者认为是中国在苏联社会主义实践的影响下，中国共产党以根据地的治理经验为范本发展出的一种符合共产主义事业利益的法文化背景。共产主义道德包含集体主义、爱国主义和国际主义，热爱劳动和爱护公共财产，勤俭节约、艰苦朴素，忠诚老实、大公无私，以及维护社会公德，等等。[3]共产主义的核心就是集体主义，个人与集体的关系是主要的、最基本的问题。

一方面，新中国的建设需要以无产阶级道德来感召和教育人民。我国在短短的十几年里取得的工业化成就，与无产阶级道德和集体主义精神密不可分。不仅出现了雷锋、孟泰、王进喜、焦裕禄、时传祥等典型的时代榜样，在普通老百姓中也出现放弃海外优越条件回国投身社会主义建设、或者到边远地区去从事艰苦劳动的现象。需要注意的是，我国传统的儒家文化价值中就包含强烈的集体主义倾向，个人不是独立的个体，而是依附于各种团体，特别是家族，不管是"孝"还是"忠"，都强调相对于个人利益，家族和国家利益的优先性。正是这种一贯的集体主义的倾向，贯穿了从"家族"到"单位"的基层治理单元模式。

另一方面，正统的社会主义集体主义原则坚持国家、集体和个人利益相结合，倾向于将国家、集体利益置于首位，兼顾对个人正当利益的尊重和保

---

〔1〕 路风："中国单位体制的起源和形成"，载中国社会科学院社会学研究所编：《中国社会学》（第二卷），上海人民出版社 2003 年版，第 94 页。

〔2〕 刘建军：《单位中国——社会调控体系重构中的个人、组织与国家》，天津人民出版社 2000 年版，第 130 页。

〔3〕 王金鲁："努力培养共产主义的道德观"，载《前线》1964 年第 1 期。

护。1955 年，毛泽东对《中国农村的社会主义高潮》一书进行编辑时，对其中与"社会主义精神"有关的定义式释义进行了较大幅度的修改。将原书中"提倡以集体利益为一切言论行动的最高标准的社会主义精神"修改为"提倡以集体利益和个人利益相结合的原则为一切言论行动的标准的社会主义精神"。在随后的《论十大关系》一文中，毛泽东又反复强调"不能只顾一头，必须兼顾国家、集体、个人三个方面，也就是我们过去常说的'军民兼顾''公私兼顾'"。[1]

而新中国成立之后一段时间在社会改造和实践宣传中的"集体主义"却偏离了这种正统的集体主义原则，一方面糅合了传统的"集体主义"伦理取向、公私观念。我国传统的"集体主义"价值倾向重视群体的单元地位，个体依附于整体而存在，个人应当舍己从人，遵循严格的等级秩序。另一方面还吸收了马克思、恩格斯所批判的那种"抽象的"或者说"虚假的"集体观念，即把集体看作是一种脱离并且高于具体个体成员的抽象物，把"人民"看作是脱离于具体社会成员个体的抽象物，进而要求其中的个体为这个抽象物牺牲自己的利益。[2]这种对个人利益的忽视和否认曾经一度造成了消极的影响。

综上所述，新中国成立后至改革开放前，我国文化领域经历了对传统文化的激烈批判和否定，无产阶级的共产主义所提倡的集体主义看似与传统儒家文化有所不同，表面上看全新的文化价值在新文化运动的浪潮中被引入，但实际上形成的是以无产阶级道德为指导的集体主义，实则是对传统文化集体主义倾向的吸收和革新，而非完全的摒弃。这样一种新的集体利益，通过组织个人的形式，形成了集体相对于个人利益的优越性，组织成员围绕在一起共同促进了集体的发展。这种文化背景体现在社会治理中，表现为社会成员对于单位的依附，即传统文化延续下的集体主义倾向，反过来单位也需要个人的奋斗促进集体的共同进步。

四、单位作为基层社会治理单元的法律机制

从政治组织制度上看，有学者认为，单位制是新中国依靠政权力量从极

---

[1]《毛泽东选集》（第五卷），人民出版社 1977 年版，第 272 页。

[2] 王小章、冯婷："集体主义时代和个体化时代的集体行动"，载《山东社会科学》2014 年第5 期。

端落后的状态中推进社会主义工业化在组织上的反应。[1]在当时整体的政治和经济制度下，社会成员按照国家的计划进入特定的单位，几乎一切城镇地区的就业人员都是由国家按照计划分配至"单位组织"成为其成员。[2]单位身份与工作和生活紧密而稳定地联系在一起，不仅生活收入和福利保障来源于单位，社会生活也有赖于单位出具证明，个人只有依附于单位才有完全的行为能力，而单位本身要对个人负有家长式的连带责任。而且单位具有行政等级，出现了"处级工厂""局级公司"的概念，使得单位中的领导职务与国家行政职务序列中的公职存在重合，并按这种关系分别隶属于政府的行政机构，同时，单位组织中普遍设立党组织，在政治上和法律上代表党和政府。党的组织系统沿着这种行政组织系统延伸到单位中，使得国家权力也顺着这一组织延伸到社会基层。党和国家的政策规定、计划指标以及行政命令，按照行政隶属关系下达到各个单位，再通过各单位的具体执行而贯彻于全社会。[3]在这种情况下，单位自然而然地成为基层社会治理单元，且单位自身带着行政和党组织的性质，其社会功能深入单位成员生活的方方面面。

从法律制度上看，在新中国成立后到改革开放前，中国的法律制度建设经历了曲折和反复。新中国成立初期，是基层社会治理组织的法律机制创设初期。这一时期的法律制度表现在模仿、学习苏联等社会主义国家法制建设的经验和路径，以我国国情为基础，围绕新中国成立时的政治需要，是构建中国社会主义法制体系的摸索阶段。新中国成立初期的《中国人民政治协商会议共同纲领》和《中央人民政府组织法》初步搭建了中央行政组织，为了稳定社会秩序、巩固新生政权，进行了大规模的快速立法，被认为是"需求—供给模式"的"应激式立法"。[4]并用大量的行政法规来适应社会的需要，如条例、办法等。例如当时的《惩治反革命条例》《管制反革命暂行办法》《惩治土匪暂行条例》《城市治安条例》《农村治安条例》等。直到"五四宪法"出台，才逐步走上社会主义法律体系化的道路。但是遗憾的是，从 20 世

---

〔1〕　路风："单位：一种特殊的社会组织形式"，载《中国社会科学》1989 年第 1 期。

〔2〕　李路路、苗大雷、王修晓："市场转型与'单位'变迁——再论'单位'研究"，载《社会（社会学丛刊）》2009 年第 4 期。

〔3〕　路风："单位：一种特殊的社会组织形式"，载《中国社会科学》1989 年第 1 期。

〔4〕　王理万："中国法典编纂的初心与线索"，载《财经法学》2019 年第 1 期。

纪 50 年代后期开始，宪法和法律的作用没有得到应有的重视，法制建设经历了政策偏差阶段，处于法律的休眠期和停滞期。直到 1978 年改革开放开始，社会主义法律制度才日益恢复。因此，这一时期与基层社会治理单元相关的政策法规主要集中在 1949 年至 1965 年。

虽然这一时期我国拥有若干关于基层社会治理单元的法律机制，但是在具体的实践中，这些法律机制以党和国家的政策文件为表现形式。除了国家层面的法律机制角度，单位内部的相关制度也具有一定的类似法律的对内效力。在单位内部，其成员与单位的劳动关系具有行政管理性质，属于行政关系而非雇用关系，单位主要是通过上级机构颁布的规章制度对成员加以管理。

总之，在新中国成立后到改革开放前，从国家层面来看，有关基层社会治理单元的法律法规具有分散性特征，其表现形式主要以政策文件为主，涉及的内容广泛，涵盖了单位组织结构下的生产经营制度、人事劳资制度、纠纷解决制度，等等。

（一）经济面向的法律机制

单位的主要功能之一是经济功能，以单位为主体完成工业生产等经济目标。在社会主义初级阶段，有关单位的经济制度主要体现在国家的政策文件之中，与国家宏观经济制度息息相关。

在整体安排上，通过国家层面的宏观经济政策，指引单位，特别是企业单位的经济发展。《中央人民政府政务院关于 1951 年国营工业生产建设的决定》[1]批准制定了 1951 年国营工业生产控制数字，提出以单位为组织形式的国营地方工业的经营方向，建立经济核算制的初步基础，并指出企业中要开展生产竞赛的目标。这一系列促进经济发展的措施，支持了以单位为基层社会治理单元的经济功能的发挥。

在组织结构上，通过建立党委领导下的民主化管理机构，支持单位的经济功能。1950 年 2 月 28 日，《政务院财政经济委员会关于国营、公营工厂建立工厂管理委员会的指示》提出，改革企业单位遗留的官僚资本主义时代的不合理制度，建立工厂管理委员会，实行工厂管理民主化，通过对组织结构的民主化调整，激发单位成员—工人的积极性和创造性，从而恢复和发展经

---

[1]《中央人民政府政务院政务会议文件汇辑》（第四册），中央人民政府政务院秘书厅 1954 年印。

济生产活动。1951 年 5 月 16 日,《关于在国营工厂中建立党委的问题》提出党委在工厂中的统一领导地位,促进了党委领导下的国营企业单位的经济发展。

在单位名称上,以经济活动为主的单位统一命名为"国营企业",体现了政府对企业单位的统一管理。1952 年 9 月 2 日,《政务院对"国营企业"等名称用法的规定》中规定,鉴于当时企业单位名称不统一的情况,有称"国营企业"的,有称"公营企业"的,政务院作出了特别规定,凡中央及大行政区各部门投资经营的企业(包括大行政区委托省市代管的),称"国营企业";凡省以下地方政府投资经营的企业,称"地方国营企业";政府与私人资本合资,政府参加经营管理的企业,称"公私合营企业"。通过名称的统一,将各种分散的基层社会治理单元明确分类。

在人事劳资问题上,通过合理的人力分配、劳动付酬等标准,加强单位成员的人力财力保障,促进单位生产经营活动的发展。1955 年 5 月 20 日,《重工业部关于当前劳动工资工作几个问题的指示》中指出,制定和修改工人的技术等级标准,合理地解决升级问题,为进一步改善劳动工资工作打下基础;稳步推进计件工资制度,使之进一步符合按劳付酬的原则;合理使用工资基金。通过合理的劳资分配,促进企业经济功能的实现。同年 6 月 22 日,《燃料工业部关于对大学、专科、中等技术学校毕业生分配、使用与培养工作的指示》中明确提出,发挥毕业生的积极性,贯彻"集中使用、重点配备"的方针和"学用一致"的分配原则,应首先满足重点建设的需要,适当地补充现有生产厂矿,对工科学生不可留在机关工作,对分配给新建厂矿的名额应与现有厂矿有经验的技术人员适当地调换一部分,各新建单位尚未开始建设或移交生产时,其所分配的学生暂时尚无工作,可派往其他厂矿实习。

在单位内部管理规程方面,针对一些事关国家经济和基本建设安全的单位,国家层面对其内部管理规程进行了明确的规定。1952 年 1 月 9 日,政务院财经委员会公布《基本建设工作暂行办法》,对涉及建筑工程、安装工程、机器设备及属于固定资产的工具等用品的购置,涉及勘探及与之有关的地质调查和技术研究工作等基本建设工作的企业或非企业的独立工程单位,该办法制定了详细的组织机构,以及明确了各个机构的职责和分工,并将建设单位分为甲乙丙丁四类,针对四类建设单位加以不同的要求,见表 4-1。

此外,在厂矿等单位的安全生产方面,重工业部于 1953 年 5 月 28 日颁发

《重工业部关于在生产厂矿建立责任制的指示》，提出建立严格的责任制，强调安全生产，改善企业管理工作，促进单位生产功能的实现。随后，各项涉及安全的文件陆续颁布，例如1956年5月25日《工厂安全卫生规程》《建筑安装工程安全技术规程》《工人职员伤亡事故报告规程》等，要求各单位严格执行安全规定，确保安全生产，改善劳动者的劳动条件。这一系列涉及生产安全的规章制度，一方面保障了劳动者的安全，另一方面保证了生产的稳步发展，其最终服务的是整个单位的生产经营发展。

对于单位的利润分成，国务院曾颁布一系列规定，对单位的利润分成制度予以规范，实行利润留成制。例如1957年11月15日公布的《国务院关于改进工业管理体制的规定》，国家和企业实行利润分成，改进企业的财务管理制度。企业的利润，由国家和企业实行全额分成。分成的基数根据各工业部门第一个五年计划期间领取的四项费用（技术组织措施费用、新种类产品试制费用、劳动保护费用、零星购置费用），加上企业奖励基金，再加上百分之四十的超计划利润，把各部所领取的这三笔收入与工业部门在同一时期所实现的全部上缴利润，以部为单位，分别算出比例。1958年5月，为了增强企业的能动性和积极性，促进企业增产节约，加强经济核算，提高财务管理水平，国务院颁布《关于实行企业利润留成制度的几项规定》，其中确定企业实行利润留成制度，企业可以存留一定比例的利润，在规定的范围内，拥有自由处置权。

表4-1 1952年政务院财经委员会《基本建设工作暂行办法》设计文件之审核及批准程序

建设对象			计划任务书	初步设计	技术设计	施工详图
限额以上的建设单位	甲类建设单位	全部投资在1000亿元人民币以上	1. 中央主管部提出；或大行政区提出、中央主管部提审核意见书	1. 中央主管部提审核意见书。 2. 中财委批准	1. 中央主管部或以下机关批准；或大行政区批准送中央主管部备案。 2. 其中布置总图及预算部分送中财委备案	1. 施工详图之质量应由设计部门负完全责任。 2. 在施工中如发现施工详图有不合技术设计之要求时，应随时通知设计部门修正

续表

	建设对象	计划任务书	初步设计	技术设计	施工详图
	乙类建设单位	全部投资在限额以上但在1000亿元人民币以下	1. 中央主管部提出；或大行政区提出中央主管部提审核意见书。 2. 中财委批准	1. 中央主管部批准；或大行政区批准，送中央主管部备案。 2. 中财委批准	1. 中央主管部或以下机关批准；或大行政区批准送中央主管部备案。 2. 其中布置总图及预算部分送中财委备案	1. 施工详图之质量应由设计部门负完全责任。 2. 在施工中如发现施工详图有不合技术设计之要求时，应随时通知设计部门修正
限额以下的建设单位	丙类建设单位	全部投资在限额以上但在20亿元以上	由中央主管部或大行政区或其指定的机关批准	1. 中央主管部批准；或大行政区批准，送中央主管部备案。 2. 其中概算部分应送中财委备案	中央主管部或大行政区批准或其以下机关批准	1. 施工详图之质量应由设计部门负完全责任。 2. 在施工中如发现施工详图有不合技术设计之要求时，应随时通知设计部门修正
	丁类建设单位	全部投资在限额以上但在20亿元以下	不做	不做	批准机关由中央主管部或大行政区决定	1. 施工详图之质量应由设计部门负完全责任。 2. 在施工中如发现施工详图有不合技术设计之要求时，应随时通知设计部门修正

除上述规定之外，为了支持国营单位的生产活动，党和国家领导人也作出了批示。例如，周恩来总理于1955年作出了《国务院关于国营企业新建或扩建附属工厂（车间）的时候应充分利用原有地方工业生产能力的指示》，明确提出建立自己的附属工厂（车间）或修理厂（车间），是完全必要的。并指出建立这样的工厂、车间的几项原则，即尽可能利用已有资源，实在无法利用的时候，才可迁出、新建或扩建，既要节约国家投资，又要有利于生产。此外，还要避免重复建设，地方要统筹安排生产，以地方平衡为主，综合考量是否需要建立、建立多大规模等问题。

总之，国家不仅对单位（特别是企业单位）的整体组织安排和组织架构予以宏观指导，还对单位名称、单位内部人事劳资和管理规范、单位的利润分成和工厂扩建等具体问题也给予了原则性引领。通过一系列或宏观或具体的政策文件，对国有企业单位的生产活动进行全方位的规定，促进单位的经济功能得以良好实现，达到经济层面上的治理效果。

（二）血缘面向的法律机制

从表面形态上看，以家庭为主的传统社会的基层治理单元与新中国成立后的单位治理单元相比，二者存在巨大的差异。但是，在发挥基层社会治理功能方面，二者仍然具有一定的内在相似性，单位与传统家族的内部惯例在某种程度上功能暗合。普遍观点认为，单位兼具多重职能，"很容易让人联想到自然经济条件下的家庭"。[1]在传统的自然经济条件背景下，家庭承担了多种社会功能，其功能与当时的社会分工程度、生产力发展水平相适应。国有企业单位作为综合性的社会实体，是在计划经济背景下产生的组织，承接了传统社会家庭的某些职能。在改革开放前后，单位已经开始成为我国社会上最为典型的基层社会治理单元，但是传统文化的印记仍然烙印在这种新型的社会组织模式上，家长制的权力结构仍然以一定形式得以保留。[2]单位，仍然保持了传统家庭社会的父爱主义，是一种父爱共同体。[3]

从成文规定、政策文件的层面上看，没有过多的证据显示单位作为基层社会治理单元的血缘功能，而更多的依据存在于单位内部多年形成的不成文的规范和制度——惯例。例如，单位对于职工一生"从摇篮到坟墓"等许多重要问题的关心，包括单位成员的婚恋嫁娶、职工家庭内部矛盾调解和干预、职工的丧葬事务等。此外，特别是在国有企业单位内部，家庭和家族化倾向较为明显，由外调入的家属、企业内部职工之间缔结的姻亲、职工子弟的就业安置等情况较为普遍。[4]而单位职工之间的非正式交往，也体现出明显的泛家族化的"情感支持"和"利他主义"互助。[5]路风教授认为单位在传统

---

〔1〕 李培林、姜晓星、张其仔：《转型中的中国企业——国有企业组织创新化》，山东人民出版社 1992 年版，第 66~67 页。

〔2〕 林兵、滕飞："传统单位制中的家族识别方式——基于制度与文化的解释"，载《吉林大学社会科学学报》2014 年第 3 期。

〔3〕 田毅鹏等：《"单位共同体"的变迁与城市社区重建》，中央编译出版社 2014 年版，第 48 页。

〔4〕 张翼：《国有企业的家族化》，社会科学文献出版社 2002 年版，第 68~90 页。

〔5〕 张翼：《国有企业的家族化》，社会科学文献出版社 2002 年版，第 244 页。

的家族丧失社会治理功能后，逐渐演化为家族式的团体，与传统社会的家族有着相同之处，它们对自己的成员都具有家长式的权威，相对于个人的权利更加强调个人对团体的义务，而团体本身也必须担负起照料其成员的无限责任。[1]

正是因为单位与传统家族的内在延续性和相似性，单位在血缘面向上的"法律"机制更加依赖惯例，而非成文化的强制性规定。单位组织往往被视为成员的"大家庭"，这种认知来源于人们对中华民族传统延续下来的人际关系的认同感和归属感。在对此种传统人际关系的认同感中，人情因素的比重通常超过规范。[2]这进一步导致，有关血缘功能的单位内部规范灵活、多变，而单位成员一旦适应了灵活变通的"惯例"管理模式，刚性规范的实施难免会遭到抵制和反对，进一步加深了以"惯例"维持单位内部组织秩序的治理模式，从而形成了单位内部较为柔性的单位团体行为准则。[3]

总之，单位血缘层面上的"法律"机制并非真正意义上的法律，而是一种柔性的"惯例"制度，主要依靠惯例本身所产生的吸引力，通过激励、奖励等多种形式保障其实施。在管理层面上，主要运用单位权力上层机构在威信和信誉的保障下作出的对单位成员具有事实上的约束力的行为规则，并非运用国家强制力保证实施的法律规范，这样一种类似于"软法"特质的行为规则也影响了单位与国家之间的关系。

(三) 社会面向的法律机制

在新中国成立后到改革开放前，单位作为为实现工业化目的而设立的经济单位，肩负了重要的经济功能，但是单位本身仍然具有行政性，并且占有大量的社会资源，承担了大量的社会功能。于是，以单位为基层社会治理单元的历史阶段，城市"社会管理"问题被最大限度地弱化了。单位，作为具有综合性的集体组织，聚合了政治、经济、社会、文化等诸多要素，构成了资源分配和社会整合的闭合单元，形成了具有时代特色的"单位办社会"现象。

---

[1] 路风："单位：一种特殊的社会组织形式"，载《中国社会科学》1989年第1期。
[2] 林兵、滕飞："传统单位制中的家族识别方式——基于制度与文化的解释"，载《吉林大学社会科学学报》2014年第3期。
[3] 路风："单位：一种特殊的社会组织形式"，载《中国社会科学》1989年第1期。

在"单位办社会"的历史时期下，单位包揽了许多社会事务，具有社会职能。例如，单位在完成自己生产任务的同时，还要处理好单位内部诸如维持治安、社会服务提供甚至纠纷解决等事务。单位就像传统的家族一样，本着"家丑不可外扬"的原则，力求在其内部化解自身问题，尽量不要使问题溢出单位门槛之外。单位会维护治安，尽量解决职工的教育、医疗、住房和文化娱乐需求，单位领导会出面解决和协调单位内部的大小矛盾和纠纷。在单位对社会事务"大包大揽"的封闭性处理空间背景下，国家与普通群众缺少直接接触的机会。无论是国家层面上的资源分配，还是个体层面上的利益表达与诉求，单位是必然的中介，中间都必须通过单位加以传导和解决。[1]

单位社会面向的法律构造主要体现为单位内部形成的有关治安维护、社会资源分配、对职工管理的规范性制度文件，属于单位对于内部的管理规范范畴。当然，一些社会面向的制度也具有全国性，例如单位子女就业的保障制度，即所谓的"顶替"或者"接班"制度。"接班"制度首先出现在1953年1月26日由劳动部颁布的《劳动保险条例细则修正草案》中。[2]后来，在1956年1月14日劳动部发出的《关于年老体衰职工以其子女代替工作问题复轻工业部的函》中，国家进一步放宽了子女顶替工作的基本条件。[3]随后，劳动部于1956年7月2日发布《关于企业单位招用职工家属问题的通知》，对一些部门在招工时吸收一部分符合条件的职工家属的做法表示肯定，并对企业吸收职工家属的条件、比例等规定进行了细化。至此，从国家层面形成了较为完整的宏观与具体并重的单位"接班"政策。

需要注意的是，虽然单位是这个阶段最为主要的基层社会治理单元，但是街居制仍然是基层社会治理模式的一种。街居制的职责较为简单，根据1954年《城市街道办事处组织条例》规定，街道办事处的职责仅有三项：（1）办理市、市辖区的人民委员会有关居民工作的交办事项；（2）指导居民委员会的工作；（3）反映居民的意见和要求。此外，街道委员会的主要负责对象数量也比较有限，主要是单位之外的极少数的社会无工作人员、闲散人

---

〔1〕 田毅鹏等：《"单位共同体"的变迁与城市社区重建》，中央编译出版社2014年版，第250页。

〔2〕 劳动人事部政策研究室编：《劳动人事法规规章文件汇编（1949—1983）》，劳动人事出版社1987年版，第1572页。

〔3〕 李劭南、杨薇薇：《当代北京社会保障史话》，当代中国出版社2011年版，第6页。

员、民政救济和社会优抚对象等。总之，街道委员会承担的基层社会治理任务非常有限，仅是对单位制在基层社会治理上的补充，而真正的社会治理单元在单位。因此，在以单位为主要基层治理单元的历史阶段，关于街道委员会的法律制度构建也较为薄弱。

综上，从基层社会治理单元的相关运行机制可以看出，单位相关法律机制主要体现在不成文的组织制度和国家层面的法律制度两个方面，前者以单位内部"惯例"等组织制度形式保障企业的血缘功能和社会功能的实现，后者以国家"政策文件"的形式促进了单位经济功能的发挥。这种法律机制的表现形式一方面源于单位三种功能的本质要求，另一方面也是历史阶段影响下的产物，法律法规的作用在新中国成立后到改革开放前曾受到一定程度的政策偏差影响，单位只能通过灵活变通的内部制度来构建基层社会治理模式。

第五章

基层社会治理单元的演化与经验

一、基层社会治理单元的功能经验

从中国传统社会和新中国成立之后的基层社会治理经验来看，基层社会治理的有效开展，离不开基层社会治理单元功能的有效发挥。在中央行政力量和官僚队伍不足以到达广袤农村每一个角落的传统社会，县以下的空间基本让渡给了民间的自治空间。在这个自治空间中，由于"家国同构"的基本社会结构，家族作为基层社会治理单位实际上起到了非常重要的稳定功能。每一个家族内部秩序的稳固，意味着政治秩序的稳固。在家族内部形成了以家法族规和家族司法为典型的民间立法和司法系统，并得到了国家力量的认可和鼓励。以家族为基础，又形成了范围更大的以乡村和乡村共同体为代表的地缘性自治单元，并且形成了以乡约民规和乡绅治理为代表的乡间自治。在新中国成立之后，在特定的社会和经济背景下，在城市和乡村分别建立起了单位制和人民公社制，单位制和人民公社制是对家族已经退出的基层社会进行的重组，单位和人民公社成为基层社会的基本单位，国家以它们为基层治理单元来进行经济、社会甚至行政性的治理，在其内部也形成了一系列成文或者不成文的制度，一方面可以大大节省行政力量，另一方面使得基层社会治理可以有效顺利进行。

因此，不论是传统社会的家族，还是新中国成立之后的单位和人民公社，作为基层社会治理单元，都在社会治理中发挥了重要的功能，而且一般都是兼具多种功能，具体来说包括以下几种。

（一）最为重要的社会功能

作为基层社会治理单元，其最重要的功能是社会功能。我们可以看到，不论是家族还是单位和人民公社，都重点实现了包括治安的维持、社会服务的提供、纠纷的解决在内的社会功能。

家族的社会功能包括救灾扶贫、兴建设施、道德教化，甚至完纳课役、催索钱粮以及部分的纠纷解决，等等。传统社会的家族常常主动地承担起族内的救济扶贫责任。宋代之后的家族常常购置族产公田，以其收入来救济贫困、孤寡以及遭遇意外的族人，并且在灾荒等特殊时期组织进行家族成员互助。因为政府对公共设施的投入较少，很多家族还承担了当地小型公共设施的兴建任务。另外，常常通过家法族规的明文规定以及家族内部的约束，帮助国家完成完粮纳税等行政的任务。对拖欠钱粮的，族内可以将其田宅等出卖了来完税甚至将其送交官府处置，在宋代之后，常由族长兼任里正、甲首，实际上把一部分行政功能直接融合到了家族的管理当中。另外，道德教化也是家族的责任，融入日常的家长权威和纠纷调处中。

新中国成立之后，国家通过单位进行社会资源的分配和社会福利的提供，通过"单位办社会"，使得单位成员的生老病死都在单位内完成，个人要依附于单位而在社会上存在。很多单位独立于社区而存在，"如同一个个自给自足的小孤岛"，[1]单位集合各种资源，还常常承担着治安、医疗、教育、住房、文娱，以及纠纷解决等社会功能，出现了"功能泛化"的现象。

在家族和单位成为基层社会治理单元的背景下，形成了家族内和单位内的自治空间。家族内部依靠家长的权威，形成了成文的家法族规和不成文的惯例，得到了国家法律的认可和支持。在家族自治的基础上，形成了地缘上范围更大的乡村和乡村共同体自治，此外还有一些行业协会等自治单元发挥作用。于是，在基层社会形成了一个自治的空间，在这个空间中，国家的行政权力介入不多，但形成了稳定的制度，并且在治安的维持、纠纷的解决、公共设施的兴建等方面都能够积极承担起自治功能，甚至不需要公共财政的支出、司法机关的介入。这种自治空间的形成大大减轻了行政力量的负担，同时因为其基层性、自治性的特征，能够达到更好的基层社会治理的效果。在单位制中，即使单位具有突出的行政特征和行政功能，在单位内部依然形成了稳定的单位团体行为准则，以惯例形式来维持单位内部的组织秩序。比

---

〔1〕　费孝通："一厂两制"，载邱泽奇：《边区企业的发展历程》，天津人民出版社1996年版，第2页。

如，在单位领导和积极分子之间建立起来的关系，既有情感因素，也有道德因素，在单位内部形成了惯常的行为模式；[1]也有社会学者提出单位内部的"德治"再分配制度，使得单位内部资源的分配形成了"一致性政治学"和"幕后解决"并存的基本特征。[2]单位内部的治安维持被视为单位自己的事情，单位有自己的治安维持机构，最好是"家丑不可外扬"，尽量不要溢出单位的边界，只有非常严重和恶劣的问题才可能越出单位的大门，进入国家司法系统。在人民公社中也是如此，有专门的治安维持机构和相应的制度。对于成员之间的民事纠纷和轻微的刑事案件，也在家族、单位和人民公社内部进行调处和解决。这种调处和解决更加顾及熟人社会中的情和理，也依据成员们共同认可和遵守的制度和惯例，因此更加易于得到成员的遵守。

（二）特殊场景的经济功能

家族是在传统社会小农经济背景下的基本生产单位，其具有的经济方面的功能意味着不论是农业生产还是商业交易，都是以家族为单位进行的。在农业生产中，生产资料的占有和农业生产的开展都以"户"为单位进行，因此家族是血缘单位的同时也是生产单位，也成为每一个传统社会成员生产和生活展开的场景。

土地是农业社会最重要的生产资料，家族作为基本生产单位的运行主体，首先需要具有财产的自主权。而土地是最重要的农业生产资料，为此，国家对土地的私有产权进行了保障。特别是在宋代以后，私田与公田并存，并且对其交易流转发展出一整套的制度。同时土地也是家族财产中最重要的部分，家族需要保证将土地这一生产资料尽可能地留在家族内部，有关的交易也必须以家族的名义进行，个人不能私自处分。家长对家中的财产具有处分的主动权，而卑幼未经家长的同意进行的财产处分可能导致无效和处罚，唐律中有"同居卑幼私辄用财"罪，而且在父母尊长健在或其死后服丧期未满的时候分家析产也受到法律的禁止，这类行为会落入"不孝"罪的范围，具体有"别籍异财"的罪名。在财产的代际流动中，也要防止家族的财产，特别是土

---

[1] 参见［美］华尔德：《共产党社会的新传统主义》，龚小夏译，牛津大学出版社1996年版，第23页，第167~170页。

[2] 李猛、周飞舟、李康："单位：制度化组织的内部机制"，载《中国社会科学季刊》（香港）1996年总第16期。

地的流失。为了防止遗产通过女性的婚姻流入其他家族，女性原则上是没有继承权的，只有在"户绝"等特殊的情况下，女儿才有继承权。如果儿子已经去世，则可以由孙子来代位继承，以保证财产留在家族内部。如果儿子还没有男性后代，在妻子愿意守节不再嫁的情形下，可以代儿子进行继承，但这种继承是暂时的，之后妻子要为丈夫立嗣，以便于将财产转交给嗣子，保证遗产最终的归属。如果妻子要改嫁，继承的遗产无疑是不能带走的，以保证遗产，特别是土地这一最重要的生产资料留在父系家族内部。

而单位和人民公社的经济功能，主要在新中国成立之后集中力量将我国从传统的农业国家改造成为工业国家的特定背景下展开。新中国成立之后，党和国家明确提出了完成生产资料社会化的改造、建设工业化国家的任务，提出了从传统农业社会向工业社会的转变，因此需要打破传统社会的组织方式，以经济功能为目的而建立起来的基层社会治理单元，其成立的最初目的就是完成工业和农业的生产，同时将其他社会甚至行政的功能也融入其中。当时的单位同时具有行政功能，具有行政等级，比如有"处级工厂"或者"局级公司"，单位中的领导职务按照国家行政职务序列计算和排列，并按这种序列分别隶属于政府的行政机构。单位组织中普遍设立党组织，在政治上和法律上代表党和政府。党的政策和国家的决定，沿着党组织和行政层级直达社会基层，从而得到全社会的贯彻。人民公社在当时的社会中也确实起到了促进工业和农业生产的作用。但是单位和人民公社只出现在新中国成立之后特定的社会背景下，在改革开放之后，随着经济体制的变化，私营经济的从业人员逐年增加，国有企业已经无法覆盖社会成员的大多数，单位制退出了社会舞台。而企业以经营和盈利为主要的目标，已经没有资源和动力再承担社会甚至行政的功能。因此，企业成为单纯的经济组织，一般不再承担其他的社会治理功能。

（三）逐渐剥离的血缘功能

家族作为传统社会的基层社会治理单元，本就是以血缘为基础建立起来的，因此首先承担的就是家庭中的养老育幼、生活互助和感情支持的功能，同时因为传统社会小农经济和宗法制度的社会背景，兼顾经济和社会方面的功能。

儒家经典的伦理道德和国家、家族的法律制度也对血缘方面的功能进行了充分的支持，特别体现在对"孝"的要求中，也体现在家法族规和历代法典当中。这是因为在传统的父系宗法社会背景下，法律并不专门强调父母对子女的养育责任，认为这是人性中的本能，无需特别强调；而更加强调尊长对子女卑幼的权力，以及子女卑幼对尊长的赡养和顺从。这种赡养不仅仅是生活上和物质上的，还包括精神层面的尊重和服从。通过"孝"的要求和对"不孝"罪的惩罚，树立家长的权威，保障家族内部的伦理秩序，使得家族内部的治理得以在家长权威之下展开。

婚姻的重要功能是生育和祭祀，其目的就是保障家族的延续和血缘的传承，因此家族对成员婚姻的控制意在保证家族血缘的纯正和产生合法的继承人。儒家法律制度中对婚姻有着严格的规定，包括成婚年龄、主婚人、良贱不婚、婚姻六礼等。婚姻成立之要件必须有"父母之命"。家长作为子女的主婚人，来确定子女的婚姻大事，以保证家族的繁衍和延续。结婚的对象一般由家长来决定，同时也由家长对婚姻的违法情形承担法律责任。为了保障嫡长子继承制的实现，首先需要区分妻和妾，同时依法立嫡，是为了支持嫡长子继承制的实施，保证家族中的地位身份和祭祀继承能够有序进行，以实现家族的延续。在没有男性后嗣的情况下，通过收养制度保证家族能够有适格的继承人，为了防止家族中的利益落入外人之手，收养制度也要受到严格的控制，只能收养族内同宗嗣子，而且按照亲疏远近的顺序进行收养，禁止收养卑贱地位之人，如收养杂户、部曲、奴隶，禁止收养异姓人为子孙，以维护族内的伦理秩序，保证家族的合法延续。

在新中国成立之后的单位之中，核心家庭仍然存在，因此养老育小、生活互助和情感支持的功能主要在核心家庭中展开。但是学者认为单位制本身暗含着传统社会家族制的特征，比如单位对成员的无限照料责任，单位内部分配的平均主义以及权威的存在。而一些生活上的服务，比如食堂、教育、医疗和托儿等，成了单位和人民公社提供的社会服务。在单位制和人民公社退出历史舞台后，当代社会仍然是主要由核心家庭来承担基本的血缘功能。当然，随着社会服务的扩大化和社会的老龄化，一些生活养老等功能也可以由社会来承担。

基层社会治理需要基层社会治理单元，基层社会治理单元可以以合适的规模将个人组织起来，成为治理网络中的结点和抓手。从纵向上考虑，基层社会治理单元是国家与个人之间的渠道和中介，这一"中间组织"的缺失，会带来社会的"原子化"，意味着从国家的角度失去了治理的结点和抓手，而无法将行政力量延伸到基层社会的每一个角落和每一个人。一方面行政力量自上而下的传递成本更加高昂，一些惠民政策文件无法下达到每一个人；另一方面在自下而上的渠道上，个人在表达各方诉求、维护个人权利的时候，没有可以依托的组织，以个人的身份进行表达常常会遭遇困境，导致弱势群体的利益无法得到保护。

在改革开放后，单位制逐渐退出社会舞台，此时国家与个人之间的中间组织缺失，"国家—单位—个人"不但是一个纵向的政治体系，而且是一个"生活庇护和理想社会体系"，[1]使得原本的单位人失去了组织性，转身成了社会人，成为"去单位化"社会背景下的原子化人群，出现了一系列诸如人与人之间的疏离，曾经维系人与人之间关系的纽带被割裂，个人与社会之间的联结越发松散等问题。如果紧密的联系不复存在，加之社会规范无法调整人与人之间的关系、人与社会之间的关系，那么道德滑坡也将成为必然，碎片化的社会问题将随之而来。[2]

从传统社会和新中国成立之后的基层社会治理单元来看，其最重要的是社会功能的自治功能，这种自治功能在基层社会中形成了一个民间社会，在民间社会中形成了稳定的制度，因此可以顺利运行，大大节省了行政力量。民间社会和自治制度的存在，一方面使得个体的意志得以体现，基层社会更加和谐稳定，另一方面也使得行政成本得以节省，民间社会可以依靠自己的制度顺利运行，为国家长治久安奠定了社会基础。它们同时具有的经济功能，与传统社会和新中国成立之后的特殊经济背景是分不开的。除了家族本身是以血缘为基础建立起来的，又与传统社会的宗法制相契合，血缘方面的功能在新中国成立之后的基层社会单位中就承担得越来越少，只在单元内部有一些情感和生活上的互助，血缘功能开始逐渐退回到核心家庭中。当然，随着当代社会突出的养老等问题的出现，一部分由家庭承担的血缘功能，也可能

---

〔1〕　田毅鹏："转型期中国城市社会管理之痛——以社会原子化为分析视角"，载《探索与争鸣》2012年第12期。

〔2〕　田毅鹏："转型期中国社会原子化动向及其对社会工作的挑战"，载《社会科学》2009年第7期。

由社会进行一定的分担。

二、基层社会治理的思想经验

(一) 道德规范的支撑作用

不论是传统社会的家族,还是新中国成立后的单位和人民公社,在当时的基层社会治理中都发挥了非常重要的作用,但是其社会治理功能的发挥,都离不开当时主流社会思潮的影响和支持。任何制度功能的发挥,都有相契合的精神和文化的支持。

传统社会的主流道德规范是儒家的伦理道德,儒家的道德规范又集中体现为"礼",其核心是宗法制的"亲亲"和"尊尊"。在中国传统的政治哲学中,国就是一个家,君主和子民,官员和百姓之间,以及在社会中的各种关系,包括师生、江湖甚至宗教关系,都在模拟家中的父子、兄弟等关系。也就是说,家中的关系是一切政治和社会关系的基础和模板。因此就可以理解儒家伦理道德中对家中的关系和秩序的确定和维护。儒家的伦理道德下,家中需要长幼尊卑有序,儒家强调"差异"而非平等,特别是更加强调尊长对子女卑幼的权力,以及子女卑幼对尊长的赡养和顺从,有"不孝"罪的惩罚作为法律上的强制保障,而对妻妾的地位区分,嫡长子继承制,继嗣制度,禁止亲属相奸,以及对夫妻地位和相互关系的规定,无一不是为了维护家族中正常的伦理秩序。而刑事责任制度中的"准五服以治罪"以及"亲亲得相首匿"也是为了体现家族中的亲疏远近以及承认特定亲属关系之间的特权。严惩对尊亲属的人身伤害,以及言语上对尊亲属的尊严权威的伤害,不得对尊亲属有所不敬或者疏忽。在为尊亲属守孝期间,不可以有嫁娶、主婚、坐乐、奸、生子等行为。而尊亲属对卑幼的人身伤害,却能得到减轻的处罚,尊亲属在一定程度上可以对卑幼子女进行惩罚和处置,也可以送官追究。而亲属之间诸如盗窃等财产犯罪,则会以亲属之间的关系由近及远,处罚逐渐减轻,这是将家族看作一个同居共财的共同体。这些制度从本质上来说是对"亲亲""尊尊"这一宗法制的核心的认可和维护,同时因为国就是一个大的家,家族中伦理关系的维持也是对国家政治秩序的保障,在家中的"孝"意味着国中的"忠",整个宗法社会的秩序从而得以维持。

而且传统社会的德治思想基本是历朝的重要政治思想,以道德为标准作为规范君主行为、治理国家社稷和管理庶民百姓的一种政治学说和理论。因此，传统社会也一直强调道德教化的治理作用，并且将"明德慎罚"作为历代政治哲学，将道德教化与刑罚相对起来，即"道之以政，齐之以刑，民免而无耻。道之以德，齐之以礼，有耻且格"。[1]把外在的强制转化为内在的自我约束。并且强调任人唯德、任人唯贤，以道德作为官吏甚至君主的衡量标准，只有"为政以德，譬如北辰，居其所而众星拱之"。[2]

在新中国成立后，个人主义的思潮只经历了短暂的发展，就被共产主义道德所取代。在苏联社会主义实践影响下，即马克思列宁主义下提出了共产主义道德。所谓共产主义道德，即凡是符合共产主义事业利益的，都是道德的，包括集体主义，爱国主义和国际主义，热爱劳动和爱护公共财产，勤俭节约、艰苦朴素，忠诚老实、大公无私，以及维护社会公德，等等。[3]其核心就是以集体主义对抗利己主义和个人主义。共产主义目标是一切道德品质的来源。"我们是从共产主义理想中获得生活、劳动最强烈的动机。"[4]但其中最主要的还是个人和集体的关系问题："个人与公共利益结合的问题是道德上主要的、单元的问题。"[5]当时的主流价值观认为个人利益可以为了公共利益而牺牲，并且支持了单位的组织性和动员性特征。以无产阶级道德来感召和教育人民，我国在短短的十几年里取得的工业化成就，与无产阶级道德和集体主义精神密不可分。不仅涌现了雷锋、孟泰、王进喜、焦玉禄、时传祥等典型的时代模范，在普通老百姓中也出现放弃海外优越条件回国投身社会主义建设，或者到边远地区去从事艰苦劳动的现象。总而言之，就是集体利益优于个人的利益，这与我国传统社会就一以贯之的个人人格为集体所吸收的传统具有内在的一致性。更重要的是，与当时城市的单位制和乡村的人民公社制相契合，个人作为集体中的一员而存在，依托于集体得到社会生活所需要的身份和资源，同时要为了集体利益和公共利益而作出贡献，为集体的牺牲是个人价值的实现，这为单位制提供了有力的思想道德支撑。

可见，不同时期的社会主流道德和价值观，虽然似乎是柔性的东西，却

---

〔1〕　《论语·为政》。

〔2〕　《论语·为政》。

〔3〕　王金鲁："努力培养共产主义的道德观"，载《前线》1964年第1期。

〔4〕　A. J. 济思：《论共产主义道德》，金诗伯、吴富恒译，新华书店1950年版，第24页。

〔5〕　A. J. 济思：《论共产主义道德》，金诗伯、吴富恒译，新华书店1950年版，第24页。

对确实可见的制度起到内在的支撑作用。不论是传统社会的"家国同构"和儒家伦理道德，还是新中国成立之后的共产主义道德，都与当时的经济、政治和社会制度紧密地联系在一起，对家族、单位和人民公社能够在基层社会治理中发挥作用提供了文化逻辑和精神支撑。因此，在当代我们也要注重主流价值观和道德的宣传和教育，发挥道德教育能够起到的"德润人心"的感化作用，也为当代的社会主义法律制度提供道德支持，对于基层社会的凝聚力和整个社会的稳定都起到内在的支撑作用。

（二）纠纷处理的和谐理念

不管是在传统社会，还是在新中国成立之后，基层社会治理单元都具有纠纷调处的功能，能够对基层社会治理中的很多纠纷和矛盾进行化解和处理，使其无需进入国家的司法程序，也实现了基层的和谐稳定。特别是在传统社会，在家族内部形成了稳定的纠纷调处和家族司法制度，并且在家族基础之上，形成了范围更大的地缘性的乡村和乡村共同体的自治制度，也在其中借助乡绅的权威进行纠纷的调处。家族和乡村自治中的纠纷处理制度得到了国家的认可，也明文出现在家法族规和乡约民规之中。在新中国成立之后，在"单位办社会"的情况下，在单位内部也本着"家丑不可外扬"的原则，对单位成员之间的纠纷进行调处和解决，另外，在单位制体现出来的家族制特征之下，甚至对单位成员之间的家庭矛盾也会进行介入和调解。

和谐是中国传统文化中的精髓，意味着对纷争的反对，对安宁有序的追求。和谐首先是一种政治理想，在《易经》中就体现出了和谐的思想观念，比如天人合一、居争得中，都体现出朴素的和谐思想。《尚书》中也体现出关于"执中"的观念。[1] 在先秦文献中，"忠""和"等思想观念遍布诸子著述之中，并且随着时间的推移不断拓展其内涵。在传统社会主流的儒家思想中，和谐是始终贯穿的主题。比如孔子提出的"和而不同"[2]、"和为贵"[3]。儒家的"礼"为家族成员和社会成员设立的各种的秩序规则，是一整套关于地位和行为的规范，对上下、尊卑和长幼进行了明确而严格的规定，每个成员都安于自己的位置、遵守行为的规则，其目的是实现家族和社会的和谐有

---

〔1〕 孙光妍、桑东辉：《法律视野下先秦和谐思想研究》，法律出版社2006年版，第3页。
〔2〕 《论语·子路》。
〔3〕 《论语·学而》。

序。在财产分配上，孔子提出的"不患寡而患不均，不患贫而患不安"，[1]明确提出财产的多寡不是问题，而在于分配的平均，其根本目的还是实现和谐共处，上下相安。在人与人之间的关系上，从儒家的"仁者爱人"的根本出发，要求上与下、人与人之间的相互关爱、和睦相处，最终实现和谐的社会理想。除儒家之外，其他的先秦诸子思想中也有和谐思想。比如在道家思想中，和谐的理念体现在人与自然的关系上。在道家"无为而治"的思想中，反对竞争、反对战争、反对冲突，主张和谐统一。老子提出"不尚贤，使民不争；不贵难得之货，使民不为盗；不见可欲，使民心不乱"，[2]追求的是静态的和谐，并且认为天道是公平的："天之道，损有余而补不足"，[3]而"小国寡民"的理想社会是规模小、自给自足、安静和谐的社会。庄子强调人是自然界的一部分，认为合理状态是保持自然的状态，人与其他生物和谐相处，人人丰衣足食、和平共处。而墨家的"兼爱非攻"的思想，提出爱无差等，要求人们没有分别地爱别人，即是兼爱，而对战争的反对则是和谐思想的典型体现，并且身体力行地反对战争、帮助弱小，以实现和谐。在法家思想中，也有和谐的思想，只不过法家认为实现和谐社会的手段是"法"和"刑"，"法治"可以作为标准和规范，以维持社会秩序。法家反对儒家的"德治"，强调"刑措"的威慑作用，只有加重刑罚，才能"民莫敢为非"。[4]并且强调法律公布后，必须"信赏必罚"，取信于民，"民信其赏，则事功成；信其刑，则奸无端"。[5]树立起法律的权威，起到威慑的作用，百姓都严守法律，则达到社会和谐的目的。前秦诸子思想中的和谐理念，足见我国传统文化中和谐的观念由来已久，并且体现在历代的政治制度中。

和谐除了政治理想，在法律思想上则典型体现在"无讼"观念上。和谐意味着没有纷争，而争讼无疑是和谐所反对和要消灭的现象。于是和谐就与"无讼"联系在一起。早在《易经》中的"讼，有孚，窒惕，中吉，终凶。利见大人，不利涉大川"，"以讼受服，亦不足敬也"，[6]就指出争讼可能会

---

〔1〕《论语·季氏》。

〔2〕《老子》八章。

〔3〕《老子》七十七章。

〔4〕《商君书·画策》。

〔5〕《商君书·修权》。

〔6〕《周易·讼》。

引发灾难。而孔子则明确表达了"无讼"思想："听讼，吾犹人也。必也使无讼乎！"[1]儒家的礼用于确定人与人之间的相互关系和行为准则，其目的就是使人们各得其所，从而实现和谐的社会理想。争讼在一定程度上意味着道德的败坏，争讼多的地方就是"民风浇薄，人心不古"，争讼是个人和家族的耻辱，也是地方官没有尽到道德教化责任的表现。"无讼"意味着民风淳朴、地方官政绩斐然，实现无讼的手段主要是依靠道德教化，这与儒家传统思想中的德治思想一脉相承。唐律就明确了其是一部"德主刑辅"的律典，将儒家的道德伦理融入法律条文，把道德教化作为相对于刑罚更加重要的治理方式。

传统法律中通过一系列的制度来减少诉讼，实现无讼的目标。比如"务限法"是对诉讼受理时间进行限制，即在农忙时节，官府不受理民事案件；清代的"放告日"是官府受理案件的时间，不在特定的日期诉讼不能被受理。另外也有要求百姓要严格遵守逐级诉讼，禁止越诉的规定。而司法官吏也总是想尽办法来减少诉讼的受理，例如在起诉之初，以各种理由拒绝受理案件；即使在诉讼阶段，也会通过拖延等多种手段，劝阻当事人的诉讼进程；甚至在案件的审理阶段，亦通过道德感化等方式，劝当事人放弃或撤销诉讼；在最后的解决争议阶段，也会通过多种的调解方式来达到争议的解决。讼师因为有教唆词讼的嫌疑，因此常被斥为"讼棍"或"好讼之徒"，并且以一种负面的形象出现，甚至受到法律的惩罚。《唐律疏议》中就规定："诸为人作词牒，加增其状，不如所告者，笞五十；若加增罪重，减诬告一等。"明、清律中都有"教唆词讼"罪。他们所掌握和使用的"讼学""讼术"自然也是要被摒弃的，到明清时期出现的各种"讼师秘本"更被视作专事"架词唆讼"的坏书，被律例明文禁止。

正是将争讼与道德直接挂钩的观念，使得除地方官和统治者外，争讼也被家族和乡村视为耻辱。因此在家法族规和乡约民规中，会有反对争讼，将纠纷留在内部处理的规定。比如江西南昌《魏氏宗谱》强调："族中有口角小忿及田土差役账目等项必须先经投族众剖决是非，不得径往府县诳告滋蔓。"[2]明初的申明亭制度则要求乡间的争讼首先要经过申明亭，在当地耆老、里长、乡绅权威的主持下进行调解，严禁私自起诉。《大明律集解附例》中专门记载

---

〔1〕《论语·颜渊》。

〔2〕郑秦：《清代司法审判制度研究》，湖南教育出版社 1988 年版，第 223 页。

说：“各州县设立申明亭，凡民间应有词状，许耆老里长准受于本亭剖理。”康熙《圣谕十六条》中也明确要求“和乡党以息争讼”“明礼让以厚风俗”“敦孝弟以重人伦”“笃宗族以昭雍睦”“息诬告以全良善”“训子弟以禁非为”等。[1] 于是，在这种氛围下，家族和乡间权威主持的纠纷调处有了正当的依据和更大的空间，发展出了多元化的纠纷解决机制，其中道德教化是非常重要的息讼手段。

我国传统文化中的和谐无讼思想源远流长，也与“家丑不可外扬”的观念直接联系。在新中国成立之后，单位制具有家族的内在特征，也主动承担起一部分成员之间纠纷解决的功能。在中国传统文化中的和谐思想影响下，纷争诉讼被作为应当避免的负面情况，在这一思想下，产生了多元化的纠纷解决方式。和谐“无讼”的思想为基层社会治理单元的纠纷解决功能和解决制度提供了有力的思想支持。多元化的纠纷解决方式，可以有效地化解基层矛盾，将纠纷解决在司法机构之外，一方面减轻了司法机关的负担，另一方面也更加有利于基层的和谐稳定。

三、基层社会治理的结构经验

（一）纵向上：行政力量与民间自治的配合

国家为了对广大的领域进行有效的治理，一般都会将所辖领土划分为不同层次的行政区域，设置相应的地方行政机构，配置相应的地方行政权力，形成政府公共管理的层级网络。这就是我们所说的纵向的治理体系，由行政区域、行政机构建制和相应的行政权力组成。行政力量顺着行政层级进行自上而下的贯穿和自下而上的反映。不同行政机构具有上下级的隶属关系，不同层级之间的行政机构配备的行政权力也不同。行政力量随着这一纵向的系统自上而下运行的时候，必然会出现层级递减的效应，而且流经的层级越多，则递减效应可能越严重。这种行政层级的系统关系，与中央与地方、整体与部分之间的关系联系在一起，即国家的结构形式联系在一起。从行政机构上看，一个国家一般有一个中央政府、中间层级的政府以及基层的地方政府。其中，基层政府是直接面对民众的基层社会治理的主体之一。但是，如果基

---

[1] 康熙《圣谕十六条》，载《圣祖实录》，康熙九年十月癸巳。

层社会的治理仅仅依靠行政力量，当力量顺着垂直行政系统向下延伸至基层社会时，常常发生行政效力的层级递减。

同时，在中央和地方的关系上，还存在着地方分权和自治的理论。关于相对于中央的地方权力的来源和形式，有着不同的学说，1789 年列托提出的"地方权"理论，认为地方的自治权力并非来自于中央的赋权，而是地方公共组织固有的权力。地方自治并非国家承认之后具有的权力，而是居民和地方团体具有的基本人权和固有的团体基本权的体现。另外，在西方的"多元主义"理论下，政治体制内的所有利益者都有权利组织起来影响决策者，国家中应当存在着代表不同利益的相互作用的社会组织。国家权力应当分配给各种社会组织和自治区域。中央政府权力不是唯一的权力单元，国家可能由"一系列其目的可能极其不同的合作团体组成"。[1] 因此，在政治制度和社会治理的范畴内，行政权力和行政层级的划分是必然的模式，同时在中央和地方的关系上，即使是在西方，也一直存在着地方自治的理论。

在中国传统社会，因为官僚队伍的单薄和行政疆域的广袤，行政权力无法到达领土的每一个角落，于是国家采取了纵向的行政系统和横向的基层社会自治相结合的模式。中央政府以及县级以上的官吏由国家直接任命，进行重点区域以及较高层级的治理。但在"皇权不下县"的状况下，国家对县以下的行政控制就大大减弱和松弛，而依靠基层社会的自治来进行治理。这种治理首先就依托于家族进行，家族内部形成的自治空间已经在上文进行了论述，在家长的权威下，在家族内部形成了一系列成文和不成文的制度，以家法族规为典型的体现，对家族内部从道德教化到行为规范，以及禁止的行为和相应的惩罚都进行了明确的规定。在这一空间内，通过对家庭成员以"礼"为核心的行为规范对家族内部伦理秩序进行维护，通过对家庭成员的婚姻控制来保证家族的延续，通过道德教化来进行家族文化的传承，同时通过对财产的交易以及家族内的继承来保证家族的财产权利，以保障家族农业生产经营的顺利进行，并且帮助政府起到完粮纳税等行政功能以及族内成员纠纷解决的司法功能。此外，家族还拥有族田，依靠这一族田的收益，来为族内的成员提供赈灾、扶贫等公共服务。在基于血缘的家族自治基础上，还存在基

---

〔1〕 金太军："当代西方多元民主论评析"，载《中国青年政治学院学报》1996 年第 3 期。

于地缘的乡村自治，这一自治空间的范围更大，依托于乡绅的绅权和乡约民规的存在，在乡间进行道德教化、行为规范、治安维持和纠纷解决。这种自治一方面依赖于乡绅的权威，另一方面依赖于乡民的自我约束和乡间的舆论制约，成为传统社会基层社会自治的典型。而乡约制度在明代之后，因其治理功能的显著，在国家的主导下从"民办乡约"向"官办乡约"转变，其自治特征大大减弱，但是仍然起到了一定的治理功能。而且这一转变本就是国家对其治理功能的认可和利用，希望在其中实现行政权力与自治的融合，以达到对基层社会的教化和管理功能。

同时在传统社会，除家族自治和乡间自治之外，在民间社会中自治主体具有多元性。因为传统社会政府在公共投入上的较少，民间社会的很多自治主体承担起很多基层社会公共设施的兴建和公共服务的提供任务。除了已经论述的家族和乡村、乡村共同体，还存在着民间的公益法人组织，这些组织拥有自己的财产和独特的公开透明的管理模式，运用其财产收益为当地进行桥梁、道路、水利等公共设施的建设，供民众使用。山西洪洞、赵城、霍州三地交界处 15 个村自发组成的"四社五村"用水体系，由明清延续自当代，四社轮流主办水利工程、财务与祭祀活动。[1]民间兴办私塾、书院等教育系统；另外行会、会馆、商会等工商业协会组织，在订立行业规范、争取行业利益和解决行业内的纠纷等方面，都起到了非常重要的作用。民间力量组织起来进行团练和治安维护，在特定的社会背景下进行自卫自救，甚至出现了地方团练帮助国家政权渡过危机的情况。这些多元化主体在基层社会的治理功能，也得到了国家的尊重和认可。民间自治组织体系是一种普遍、全方位的存在，而且源远流长。各层面、各领域的民间组织相辅相成，彼此配合，推动着基层的自我管理与自我运行。[2]

在黄宗智先生看来，至少在司法系统中，民间的司法系统的自治空间是国家主动让与的。民间的调解惯习是一种"非正式"正义体系，与司法体系所代表的"正义体系"并存，形成了具有自治性的"第三领域"，琐碎繁杂的民事纠纷可以通过其自身的民事调解系统来解决，而无需官方正义体系的

---

〔1〕　祁建民：《自治与他治：近代华北农村的社会和水利秩序》，商务印书馆 2020 年版，第 115 页。
〔2〕　龙登高、王明、陈月圆："论传统中国的基层自治与国家能力"，载《山东大学学报（哲学社会科学版）》2021 年第 1 期。

司法制度介入。[1]于是，民间社会获得了宽阔的发展空间，这种自治空间的让与是当时状态下的必然选择，也是传统社会时期基层社会治理的特征之一。因此，传统家族自治和地缘性的民间自治承担了基层社会治理的很多功能，其通过自治空间的搭建，利用自行形成和运行的制度，有效进行治理，适应了传统社会行政系统，避免了行政层级过多带来的行政效力递减的弊端，与国家治理相配合，形成了经济且有效的社会治理模式。

在新中国成立之后，在建立工业国家和社会组织重组的背景下，在城市形成了单位制，在乡村建立起了人民公社制。与中国传统社会不同的是，单位制本身具有行政性质，将行政层级和党组织层级融入其中。但是在单位发挥其治安维护、资源分配、服务提供和纠纷解决等一系列治理功能的时候，其内部也有一定的自治制度。这些制度往往以惯例的形式存在，在一定程度上规范单位成员的行为，并且形成了利益分配等一系列制度模式。虽然与传统社会的基层自治具有相当的差别，因为单位制本身的行政属性，使得行政权力的传达更加畅通和有效。但是在其内部也形成了一定的自治空间，与沿着行政管道上传下达的行政权力相配合，在当时起到了积极的基层社会治理功能。

（二）横向上：基层治理的综合性

在传统社会和新中国成立之后基层社会治理单元，包括家族和单位、人民公社，其功能多是以一种功能为主，兼具其他功能。比如家族作为建立在血缘基础上的社会组织，其首要的功能就是血缘方面的养老育幼、延续血缘、传承文化，但是同时也兼具组织和进行农业生产的经济功能以及救灾扶贫、完粮纳税和纠纷调处的社会功能。新中国成立之后的单位和人民公社，则是以进行工业生产和农业生产为最重要功能的基层社会治理单元，同时也兼具治安维持、社会服务提供、纠纷解决等社会功能，甚至兼具一定的血缘方面的功能。这就意味着，在基层社会，很多具体的功能并不需要具体的区分，最重要的是对基层民众需求的满足。

专业化是现代化的需求，专业化意味着严格的部门划分、专业的人员和资源配备。但是对基层的民众来说，并不需要专业化的区分，过分的专业划

---

[1] 黄宗智："中国的正义体系的过去、现在与未来"，载《社会科学文摘》2018 年第 6 期。

分反而会带来程序的繁琐和效率的低下。对他们来说，最重要的是生产和生活各项需求的及时满足，即便利性的需求大于专业性的需求。同时，基层社会在人员资源方面也具有有限性，无法进行精细的专业区分。

在传统社会，县以下的自治空间中，所有的事务集中在以家族以及更大的乡村、乡村共同体中，此时家族和乡村对基层治理中的各项事务，都是综合处理，并不做细致区分。以家长和乡绅的权威以及稳定的制度为依托，综合处理基层的各项事务。甚至在县一级的行政机关，其功能也是综合的，包括治安、税收、考试、监督、考核各项事务，不仅在行政上不区分专门的事务和部门，还包括行政与司法功能的合一。在新中国成立后，在单位内部，各方面的功能也是综合的，单位不仅仅解决生产问题，还解决生活问题，同时兼具行政以及纠纷解决的功能。人民公社也不仅仅承担生产组织方面的事务，也对成员的生活、教育提供所需的服务。

事实证明，不论是家族还是单位、人民公社都遵循了基层社会治理的综合性特征，也确实满足了基层民众的各项生产和生活需求，在当时很好地发挥了基层治理的功能。在当代的基层社会治理中，也应当遵循综合性的原则，以民众的需求满足和便利性为导向。面对基层事务的纷繁复杂，注重综合性和协同性。当代"综合治理"概念的提出，以及在基层"一站式"办事大厅的应用，都是综合性的体现。

四、基层社会治理的制度经验

（一）立法上：民间法与国家法相融合

在传统社会中，除国家法之外，上文已经对基层社会治理中的家法族规和乡约民规进行了论述，它们成为家族和乡间自治的制度依据，起到了非常重要的治理作用。

家法族规是在传统社会"家国同构"的宗法制度，以及家族作为基层社会治理单元的社会背景下发挥作用。在《唐律疏议》中，就有"刑罚不可弛于国，笞捶不得废于家"的表述。流传至今的家法族规中，会从道德伦理、日常行为规范、鼓励和禁止的行为，以及相应的奖励和惩罚各个方面进行明确的规定，且常常文字优美，对仗工整，体现出儒家传统的家族文化。而且家法族规也经常得到国家的认可，得到官府的批准，官府在要求家族对一些族内纠纷进行处理的时候，也明确适用家法作为处理的依据。

乡间的乡约民规以宋代以后的"乡约"为典型体现，也是乡间的习惯法传统成文化的体现。以蓝田《吕氏乡约》为例，其内容"德业相劝、过失相规、礼俗相交、患难相恤"，对乡民的思想行为和日常生活礼仪都提出了要求，并且有相应的惩罚措施。后来朱熹、王阳明等官员都对"乡约"的功能给予积极的认可，民办乡约向官办乡约转变，其自治的性质有所减弱，但是"乡约"制度本身仍然是传统社会基层治理中的重要制度。传统乡规民约立约目的在于"正风厚俗、以禁非为、以全良善、和息止讼、以儆愚顽、亲爱和睦、消除怨恨、守望相助、相劝相规、相交相恤、互为扶持、以讲律法、不违法律，呈现出中华德礼法制文化的独特精神气质"。[1]

梁治平教授认为，民间法具有"极其多样的形态"：既是"家族的"，也是"民族的"；其表现形态既是文字的，也可以是口述的；其生成模式既可能是人为创造的，也可能是自然而生的；其具体规则包括明确的规则，也有灵活弹性的规范；民间法的实施有时依靠特定的一些人，有时依赖于"公共舆论和某种微妙的心理机制"。[2]于是，根据民间法的表现形式、功能用途、生成模式和效力范围等多种因素，民间法大致可以包含"民族法、宗族法、宗教法、行会法、帮会法和习惯法"。[3]不管是家法族规还是乡约民规，都是传统民间法的组成部分，当然除此之外，行业内的规范、宗教的规则，也都属于民间法的范围。民间法与国家法相对，在效力的来源和保证实施的措施上存在显著的差别，但是在社会治理中都发挥着重要的作用。

民间法的内容更多来自约定俗成的传统和日常生活中的关系，常常经过长期的磨合、总结和沉淀，在长期的交往中自发地形成，然后可能被成文化。因此其效力更加依赖于相关成员的自觉遵守，当然，如果禁止性规定被违反，也存在着一定的惩罚措施，但是这种惩罚措施与国家强制力惩罚有所区别，被舆论谴责和团体的孤立在一定程度上也构成对成员的约束。同时民间法一般只在特定的区域内有效，这一区域一般基于血缘、地缘或者行业，比如家族、乡村或者某一行业。这一区域一般都是熟人社会，人与人之间关系的处

---

〔1〕 胡仁智："'乡规民约'的独特法律文化价值"，载《光明日报》2018年11月6日，第16版。
〔2〕 梁治平：《清代习惯法：社会与国家》，中国政法大学出版社1996年版，第36页。
〔3〕 梁治平：《清代习惯法：社会与国家》，中国政法大学出版社1996年版，第36页。

理还要注重人情衡量以及关系的维护。

在内容和实施上，民间法与国家法之间在内容上具有一致性也具有差异性。传统社会的民间法和国家法都强调儒家道德伦理下社会成员的行为规范，于是在尊卑有别、礼法规范，甚至在完粮纳税等行政责任上都具有一致性。于是，大部分情况下国家法对民间法的态度是认可和委托。比如官府对家法族规的认可和批准，并且委托家族依据家法族规对成员的纠纷和轻微刑事犯罪进行处理。但是也有民间法与国家法不一致的地方，比如对一些违反儒家伦理道德、扰乱基层社会秩序的行为，民间法的惩罚可能更加严厉，而对一些触犯了国家法律的行为，可能在家族中或者乡间处罚就较国家更轻。家族中可能会因为成员违反家法族规的行为而将其处死。虽然理论上违背了国家法，但是国家通常并不反对。例如，在清代末年，李鸿章所在的合肥李氏曾在家族中规定："族间子弟倘有违反父兄教令，不孝不悌，或任性妄为，唆讼搭台，讹诈强夺，以及窝引匪类，偷窃行凶，谋害家庭等事"，并又屡教不改、情罪严重者，应"免其送官，有伤颜面"，而是"应即从严公同处死"。[1]

在朱勇教授看来，传统社会的国家法与民间法形成了"二元结构"，[2]实际上，虽然国家法和民间法在形成的方式、强制力的来源和具体内容轻重方面都有所差异，但是却具有社会治理的一致目标，在大部分情况下也能够相互配合，共同作用。国家法通过对民间法的认可，充分发挥民间法的柔性调和功能，起到基层社会稳定和谐的作用。

传统家族已经基本退出了历史的舞台，家法族规的规范作用几乎不复存在。但是近年来，在基层社会治理中，乡约民规的功能受到了重视，由政府牵头进行乡约民规的建设，各地都将乡约民规的制定提上日程；而城市社区中也注重居民公约等软法的适用和功能发挥。让民间法与国家法相配合，软法与硬法相结合，实现基层社会治理制度上的配合与互补。

（二）司法上：民间调处与国家司法相配合

与民间社会的自治制度联系在一起的，是民间社会中的治安维持和纠纷调处。这种纠纷的调处和解决，使得一部分基层社会的纠纷在司法机关之外

---

〔1〕《合肥李氏宗谱》，1925年本，卷二，《家苑》。参见费成康主编：《中国的家法族规》，上海社会科学院出版社2002年版，第198页。

〔2〕朱勇：《清代宗族法研究》，法律出版社2017年版，第206页。

就得到了解决，一部分严重的刑事犯罪和纠纷在经过民间调处之后仍然进入国家的司法机关。民间调处和国家司法的配合，在基层社会纠纷解决上达到了解决矛盾、稳定社会的效果。民间社会的纠纷调处包括家族司法、乡间调处以及行会等自治团体的调处。

一方面，民间社会的调处是在传统社会和谐"无讼"的思想背景下展开的，诉讼在儒家的伦理道德观念中意味着道德的败坏和地方官吏的无能，因此家族和乡间本身就要求对于一般的民事纠纷，即所谓户婚、田宅、钱债等案件以及轻微的刑事案件，如邻里纠纷导致的轻伤害等，家族、宗族、乡绅及其地方乡间的基层治理单元可以直接居中调处，这样的规定出现在成文的家法族规和乡约民规中，也出现在不成文的惯例中。另一方面，国家也要求基层社会的这些纠纷首先经过家族和乡间的调处，才有可能进入国家的司法系统，比如明代的"申明亭"制度。另外，为了减少诉讼，国家和地方官府还采取了一系列的具体措施，比如要求诉讼逐级进行，禁止越诉。《唐律疏议》中有："凡诸辞诉，皆从下始。从下至上，令有明文。谓应经县而越向州、府、省之类，其越诉及官司受者，各笞四十。"[1]没有经过家族和乡间的调处而直接向官府起诉，不但会违反家族和乡间的规约，而且也会被官府发回处理。官府应当处理严重的刑事犯罪，而将民间细故留于民间社会自行处理，即"特田野小居舌细故，此等讼州县无日无之，即非盗贼杀伤公事之比，而乃至差人，便至亲出，便至亲执其兄弟，便至惊散其邻里，若事有大于此者，则凶声气焰又当如何?"[2]到了清代"申明亭"制度废弛，造成了司法机关的案件增多，"狱讼之繁，皆由于此"。

同时，民间社会调处的进行也是在传统社会"先教后刑"的思想背景下展开的。儒家思想认为相对于刑罚，道德教化是优先的治理手段。民间调处本身就是一个道德教化的过程，只有民间调处无法解决的刑事犯罪，才进入国家的司法系统进行惩罚。因此民间调处的重要内容就是道德教化，如费孝通先生所言："在乡村里所谓调解，其实是一种教育过程。"[3]民间调处对纠

---

〔1〕 《唐律疏议·斗讼》"越诉"条。

〔2〕 《名公书判清明集》，中国社会科学院历史研究所唐五代宋辽金元史研究室点校，中华书局1987年版，第27~28页。

〔3〕 费孝通：《乡土中国》，人民出版社2008年版，第68页。

纷的解决，追求的不是绝对的公正和对成文规则的严格遵守，而是更加注重情与理的平衡，注重人与人之间关系和秩序的维持。

民间调处与国家司法看似不同，实际上具有同质性，二者相互配合达到纠纷解决，维护社会和谐稳定的目的。首先，田土、户婚、钱债等民事纠纷主要是通过家族和民间的途径解决，这些明确规定在家族族规和乡约民规中，如果当事人越过这一程序直接上告，官府很多时候也不予受理；于是，很大一部分的民事纠纷和一部分的轻微刑事案件就在民间进行了解决，无需去官府诉讼；对于在家族和乡间无法调处解决的严重纠纷，当事人可以上告官府处理；对于一些严重的具有重要影响的纠纷事务，官府也可以不经过民间的调处就自行解决。有时在官府审理的过程中，也可以由地方乡绅或者官府主持调解结案，当事人订立相关的"服约"，表示接受调处的结果，不再就本案滋事生诉。民间调处不仅减轻国家的讼累，而且其调处的结果因为更加注重人情和风俗，并且有道德观念和熟人社会的舆论作为约束，更加易于得到当事人的自发遵守。可见，民间调处与国家司法相互配合，共同维护着基层社会的稳定和和谐。日本学者寺田浩明就认为，在纠纷处理上，民间调解与官府审判具有同质性。官府的审判和民间调解不表示国家与社会的对立，而在于情理判断的高低及判断者的权威及影响力的大小。[1]

传统社会的调解传统一直存在，在新中国成立前，在陕甘宁边区就有调解的传统。且在1943年通过了《陕甘宁边区民事调解条例》，不但明确了调解的范围，而且具体的调解方式和过程也与传统社会的调解存在着不谋而合之处。比如"由双方当事人各自邀请地邻、亲友……从场评议曲直，就事件情节之轻重利害提出调解方案，劝导双方息争"。[2]此外，还存在着社会团体、政府、法院的调解。

新中国成立以后，在单位制下，单位会对其成员之间的各种纠纷，包括家庭内部的婚姻、继承纠纷进行调解，一方面是单位家族特征的体现，家族对单位成员负有无限的家长责任，自然包括对成员之间的纠纷解决，且有着

---

〔1〕〔日〕寺田浩明等："日本的清代司法制度研究与对'法'的理解"，载王亚新、梁治平编：《明清时期的民事审判与民间契约》，法律出版社1998年版。

〔2〕《陕甘宁边区政策条例汇集》，转引自韩延龙："我国人民调解制度的历史发展"，载《法律史论丛》（二），中国社会科学出版社1982年版，第99页。

"家丑不可外扬"的观念；另一方面也确实起到了维持单位内部秩序的效果。家族的解体和社会的重组带来了家族内部调处机制的弱化，但是在乡间的熟人社会，由当地权威主持的纠纷调处仍然可以起到重要的作用，浙江"枫桥经验"的特点就是"小事不出村，大事不出镇，矛盾不上交"，把一些基层的矛盾纠纷都通过调处、道德教化的方式解决在基层。

当代也依然重视民间调解的纠纷解决方式，比如 1984 年《司法部关于加强人民调解工作积极推进社会治安综合治理的意见》，其中明确规定了人民调解委员会的职能，主要处理因民事权益受到侵犯或发生争议而引起的纠纷。其中包括恋爱、婚姻、家务、赡养、扶养、抚养、继承、债务、房屋、宅基地、损害赔偿等，也包括因上述纠纷而引起的轻微伤害赔偿纠纷，也处理一些公民之间的生产经营性纠纷。再如，1989 年国务院发布的《人民调解委员会组织条例》，其规定了人民调解委员会是调解民间纠纷的群众性组织。次年，司法部在《关于企业、事业单位建立、健全人民调解组织的几点意见》的规定中，对企业、事业单位人民调解委员会的性质进行了明确说明，认为它是内部选举产生的群众性组织，主要是为了调解民间纠纷。2002 年，司法部《人民调解工作若干规定》规定了人民调解委员会根据纠纷当事人的申请，受理调解纠纷：当事人没有申请的，可以主动调解，但当事人表示异议的除外。当事人申请调解纠纷，可以书面申请，也可以口头申请，受理调解纠纷，应当进行登记，同时对受理、回避、调解的原则、调解人员、调解的时限、调解书的制作均有规定。

虽然基于血缘的家族调解在当代社会功能弱化，但是在乡间的熟人社会，道德观念和乡间舆论依然能够起到重要的约束作用，因此，在乡间的权威的主持下，依然可以对纠纷进行调解。

同时，法院的诉讼形成了诉前、诉中的调解机制。并且，法院诉讼与人民调解也是可以相结合和相衔接的。2002 年，最高人民法院公布《关于审理涉及人民调解协议的民事案件的若干规定》，明确指出调解协议具有民事合同的性质，当事人不得擅自变更或解除调解协议。[1]在当代社会，因为个人意

---

〔1〕《关于审理涉及人民调解协议的民事案件的若干规定》第 1 条："经人民调解委员会调解达成的、有民事权利义务内容，并由双方当事人签字或者盖章的调解协议，具有民事合同性质。当事人应当按照约定履行自己的义务，不得擅自变更或者解除调解协议。"

识和权利意识的发展以及社会的变化，社会矛盾激增，也导致了法院的诉讼案件激增。因此需要发展多元化的纠纷解决机制，以解决社会矛盾，稳定社会秩序。随着当代核心家庭对传统家族的替代，家族的调处机制功能已经大大弱化，乡间的调处机制却依然存在，并且在"枫桥经验"下得到了认可和推广。而以行政和司法力量为基础的调解在当代社会作用大大增强，在诉讼中也可以随时进行调解。民间调处与国家司法相配合的经验，同样适用于当代社会，二者具有目的的同质性，通过相互配合补充，可以发挥稳定社会秩序，实现和谐社会的功能。

第六章

当代城市基层社会治理单元的培育与法律机制

一、当代城市基层社会治理展开的背景

从改革开放至今，我国社会的政治、经济和文化已经发生了很大的变化。改革开放之后，计划经济体制退出，市场要素发挥作用，使得单位制退出历史舞台。特别是在始于20世纪80年代的民营经济快速发展和始于20世纪90年代的国有企业改革的双重背景之下，计划就业体制被就业的市场化替代。单位层面的"转型"和个人层面的"转身"，给基层社会治理带来了新的挑战。具体来说，现代化本身就蕴含着"个体化"的含义，而城市基层社会主体更加呈现出"原子化"的特征，这些都是当代城市基层社会治理展开的背景。

（一）经济结构的变化与单位制的退出

改革开放以来，我国计划经济向市场经济转变。随着多种经济形势的活跃，传统国有经济单位的比重开始下降。据数据表明，1980年国有和集体单位人员数量占城镇全体就业人员比重为99.2%，仅仅三十年间，2009年骤降至20.5%。[1]单位制本身产生和发挥作用是为了应对新中国成立后社会重整的需求，契合了当时政治、经济和社会的需求，可以说单位制的产生的发挥作用依托于计划经济制度。但是改革开放之后，计划经济向市场经济的转变意味着从集体利益导向向个人利益导向的转变，单位制所依托的经济体制已不再存在。而市场经济下多种经济形势的存在、城镇化的进程和流动人口的增多，都注定单位作为基层社会治理单元不再现实，而在单位制时期处于辅

---

〔1〕 李路路："'单位制'的变迁与研究"，载《吉林大学社会科学学报》2013年第1期。

助地位的街居制逐步发挥了更大的作用。

与此相互呼应的是社会治理理念的变化，随着"管理"的概念向"治理"转变，以及十八大提出的国家治理现代化的治理方略，治理体系和治理能力的现代化成为社会治理的新目标。这意味着以管控为主要目标的基层社会治理制度也要面临深刻的变革。

而事实上，从上文国有和集体单位就业的人员占城镇全体就业人员的比重来看，城镇地区的大部分就业人员不再是国有单位的成员，国有单位已经无法覆盖社会的绝大多数成员。从功能上看，企业的政治和治理功能不断弱化，而经济功能却日益强化。传统而言，单位制集生产与行政功能于一身，而在个体和民营经济的飞跃发展阶段，经济组织的功能越发专业、单一。那么，获取经济利益成了企业最重要的功能和目的，对企业成员的管理下降到非常不重要的位置，特别是在当代以来个人意识发展的增长的背景下，企业包括国有企业都没有充分的动力和资源对员工工作以外的事务进行管理，失去了相当大一部分管理其工作人员的功能；而对于非共有制经济主体来说，企业规模小，流动性大，几乎完全放弃了运行盈利之外的其他所有功能。企业现在只是生产和经营组织，失去了其行政组织和党组织的功能。至此，单位完全失去了作为基层社会治理单元的功能和地位。

（二）现代社会的"个体化"与城市基层社会的"原子化"

1. 现代社会的"个体化"

为了更好地理解当前城市基层社会治理展开的背景，不可回避的是现代化本身带来的社会的"个体化"。经典的西方社会学家，比如托克维尔、涂尔干都对现代化给社会带来的"个体化"特征进行过论述。托克维尔在《论美国的民主》中预见了社会的个体化倾向，马克思、韦伯也都有类似的论述。

20世纪以来，学者们开始探讨"社会的个体化"或"个体化社会"。[1]涂尔干在其著述中反复提及"个体化""个人主义"等概念，在涂尔干的学说体系中，个体化还依托于核心家庭，在当时的背景下，每一个"个体化"

---

〔1〕〔英〕齐格蒙特·鲍曼：《个体化社会》，范祥涛译，上海三联书店2002年版；〔英〕安东尼·吉登斯：《现代性的后果》，田禾译，译林出版社2000版；〔德〕乌尔里希·贝克、伊丽莎白·贝克—格恩斯海姆：《个体化》，李荣山、范譞、张惠强译，北京大学出版社2011年版。

的单位是以男性家长为人格化代表的核心家庭。[1]此时，已经与被家族吸收个人的人格相区别。但是随着现代化的进程和国家权力的介入，父权作为制度遗产已经慢慢退出了历史舞台。在贝克和吉登斯看来，在现代化的初期阶段，个人需要争取生活机会，于是人们在阶级和种族等结构划分之下，形成一个个集体来行动。但是，在晚期阶段，个人已不再追求生活机会，而是找寻实现生活的方式，于是呈现出个体化趋势。[2]促进个体化发展的根本动力源于教育、流动和竞争，这三个维度的劳动力市场为个体摆脱地域和传统束缚提供了空间，促进了个体追求个人发展，最终达到了个体化。[3]随着女性就业和福利国家的发展，核心家庭的标准模式也开始解体，而网络和信息化的发展，更是使得人们之间的沟通和交流更加便利，进一步加剧了地域和社会关系的分离。社会的个体化也是贝克所描述的"风险社会"中"风险"的来源，即不管是劳动力市场上劳动者与雇用者之间稳定关系的打破，还是个人生活中家庭模式和婚姻关系确定性的消失，这都将带来社会、身世、文化三个层面的风险和不安全感。[4]当然，这个情况也可以被理解为是一种彻底的个体化，既是生计单位意义上的个体化，也是行为与规范层面上的。[5]这也给社会治理带来了新的挑战，正如吉登斯和鲍曼等学者所总结的，个体化社会与传统社会相区别的重要特征在于，传统公共领域的社会结构不再对个人和群体决策提供明确指引，也不再对个人和群体决策施加强制约束力，因此也无法对复杂的社会矛盾和变化进行全面的解释。[6]

自 20 世纪 90 年代以来，贝克风险社会理论和个体化理论在国内逐渐获得学者认同。国内学者认为个体化"其内涵主要是指个体行为的框架以及制约条件的社会结构逐步松动，以致失效，个体从诸如阶级、阶层、性别、家庭的结构性束缚力量中相对解放出来。同时，个体对传统的思想意识和传统的

---

[1] 钟晓慧："个体化理论下的中国家庭研究：转向与启示"，载《中国研究》2020 年第 1 期。

[2] ［德］乌尔里希·贝克：《风险社会》，何博闻译，译林出版社 2004 年版；［英］安东尼·吉登斯：《超越左与右：激进政治的未来》，李惠斌、杨雪冬译，社会科学文献出版社 2009 年版。

[3] ［德］乌尔里希·贝克：《风险社会》，何博闻译，译林出版社 2004 年版，第 113~116 页。

[4] ［德］乌尔里希·贝克：《风险社会》，何博闻译，译林出版社 2004 年版，第 105 页。

[5] 钟晓慧："个体化理论下的中国家庭研究：转向与启示"，载《中国研究》2020 年第 1 期。

[6] ［英］齐格蒙特·鲍曼：《个体化社会》，范祥涛译，上海三联书店 2002 年版；［英］安东尼·吉登斯：《现代性的后果》，田禾译，译林出版社 2000 版。

行为方式越来越持怀疑与批判的态度"。[1]"个体化"虽然在一定意义上可能带来人际关系的远离和冷漠，但是从本质上来说，是伴随着现代化的进程而产生的人与社会的解放和进步，意味着个人不必依赖于家庭等任何组织而实现自我的发展，意味着个体的解放。

在现代社会里，个体逐步摆脱家庭和血缘关系，从传统共同体的束缚中脱离。此外，社会上产生了"个体化推动力"，在医疗保险或失业救济等制度方面，"个人"逐渐成为现代社会制度设计的基本执行单位。在消费、道德、教育、培训等多个生活层面的制度设计和意识形态方面，已经呈现出"个人"化的发展方向。在法律制度和法律责任上，个人已经成为承担法律责任的主要主体，取代了以家为单位的责任承担形式。个人逐渐成为权利和责任的最终承载者，也是待遇与风险最基本的承担者。当然，个体化也会进一步引发以自我为单元的利己主义，即托克维尔所称"只顾自己而又心安理得的"。[2]

而我国社会也已经不可避免地表现出社会的个体化趋势。根据统计，到2019 年年底，全国个体私营经济从业人员增加至 4.04 亿人。[3]这些社会成员流动性强，政治需求不高，但是经济需求、文化需求和社会需求日益增加。与此同时，满足经济需求、文化需求、社会需求的渠道日趋多元化、社会化。于是，在社会结构个体化趋势的影响下，国家层面的相关社会管理和社会政策也越发个体化，家庭不再是国家社会保障、就业、福利、救济和教育政策的服务对象。家族和单位都从基层社会治理单元的位置上退出，城市基层社会治理在"个体化社会"面临新的挑战。

2. 城市基层社会的"原子化"

在现代化带来的"个体化"背景下，出现了城市基层社会的"原子化"。所谓"原子化"的概念，指的是社会成员之间缺乏有力的联结，这些彼此孤立生活的个体被学者称为"原子化个体"。[4]有学者指出，需要区别"个体

---

〔1〕　田毅鹏："转型期中国城市社会管理之痛——以社会原子化为分析视角"，载《探索与争鸣》2012 年第 12 期。

〔2〕　[法]托克维尔：《论美国的民主》（下卷），董国良译，商务印书馆 2009 年版，第 625 页。

〔3〕　宗局："个体私营经济有了更大舞台"，载《人民日报》2019 年 12 月 26 日，第 15 版。

〔4〕　[美]汉娜·阿伦特：《极权主义的起源》，林骧华译，生活·读书·新知三联书店 2008 年版，第 420 页。

化"和"原子化",因为"个体化"伴随着现代化的进程出现,并且给社会治理带来了挑战,但是归根结底意味着人类的解放和进步,是现代化演进的必然结果。而社会"原子化"则主要是从问题的视角,关注转型社会出现的社会联结遭到破坏,进而呈现出社会解组的种种动向。[1]

在涂尔干看来,社会原子化是一种社会危机,由社会分工以及个体主义兴起而产生,进而导致社会组织和道德困境。《社会分工论》第二版序言提出,通过职业团体确立个体间社会联结,构建"国家—职业团体—个人"社会宏观结构体系,为道德重建奠定基础。[2]而托克维尔在著作中明确地提出,随着身份平等而扩大的个人主义或者利己主义,"利己主义是对自己的一种偏激的和过分的爱,它使人们只关心自己和爱自己胜于一切,个人主义是一种只顾自己而又心安理得的情感,它使每个公民同其同胞大众隔离,同亲戚和朋友疏远,利己主义来自一种盲目的本能,而个人主义与其说来自不良的感情,不如说来自错误的判断",这将势必带来混乱和暴政,特别是在个体公民日益软弱无力的状态下,公民既无法维护自己的自由,也无法联合同胞保护自由,那么"暴政必将随着平等的扩大而加强"。[3]

而随着新技术的导入和社会的变化,"沉重的资本主义"向"轻灵的资本主义"转变,资本与劳动力之间的关系不再具有稳定性和确定性,而具有高度的流动性和不确定性,社会原子化被认为是人类社会在社会转型时期最重要的社会联结机制——中间组织的解体或缺失而产生的个体孤独、无序互动状态和道德解组、社会失范等社会危机。[4]社会原子化一方面意味着个人和国家之间的关系因为缺乏中间组织而出现个人直接面对国家,由此引起个人对国家的弱势以及国家对个人的政策失灵;另一方面体现为个体之间社会联系薄弱,缺乏有力的社会联结,导致个体的孤独和社会的解构。同时个人与公共领域的疏离,导致个人在表达个人利益诉求的时候相对于

---

〔1〕 田毅鹏:"转型期中国城市社会管理之痛——以社会原子化为分析视角",载《探索与争鸣》2012年第12期。

〔2〕 田毅鹏、吕方:"社会原子化:理论谱系及其问题表达",载《天津社会科学》2010年第5期。

〔3〕 [法]托克维尔:《论美国的民主》(下卷),董果良译,商务印书馆1988年版,第625页、第635页。

〔4〕 田毅鹏:"转型期中国城市社会管理之痛——以社会原子化为分析视角",载《探索与争鸣》2012年第12期。

政府处于弱势地位；因为集体意识的衰亡，会进一步出现规范的失灵和社会结构的解构，并且因为共同理念的缺乏，导致道德感的模糊和公益事业的困难。

我国社会自改革开放以来也呈现出了社会原子化的倾向，这种倾向以社会的个体化为背景，与单位制度的退出有直接联系。甚至有学者认为我国的社会原子化就是单位制度变迁的过程，社会联结发生变化的过程。[1]单位制脱胎于新中国成立之后的社会重组，单位成为基层社会治理的基本单元，承担了经济、血缘、社会甚至一部分行政方面的功能，使得城市社会在集体主义的思想背景下构建出一个高度组织化的社会，通过"国家—单位—个人"这一体系，绝大部分的城市社会成员都依托于单位而被紧密地组织起来。但在改革开放之后，单位制的退出实际上可以理解为上文提出的个人与国家之间的中间组织的缺失，而新的基层社会中间组织还在培育的过程中，使得基层社会一定程度上呈现出原子化的趋势。同时，随着城镇化的进程，城乡二元结构的消解进一步加剧了社会原子化的趋势。改革开放后，城乡二元体制松动与消解，城乡之间的流动性凸显出来，以往安土重迁的农民开始加入城市，形成了城乡之间和城市与城市之间的流动大潮。而远离故土的农民工呈现出来的工作不稳定性和高度流动性，使得农民工，以及在城市出生的农民工的子女，更易成为原子化的个体。

可见，随着家族和单位都已经从基层社会治理单元的位置上退出，现代化的进程和城镇化的进程带来了社会原子化的危机，这给基层社会治理也带来了挑战。首先，由于单位制的退出，高度组织的社会解构，而新的基层社会治理单元尚未形成并发挥作用，基层社会管理的行政成本增加，更重要的是行政化的街居辖区式单元无法承接大量社会流动人员带来的职能压力，社会服务的效能不断弱化。其次，由于中间组织的缺失，使得单个的社会成员在面对政府和国家提出自己的利益诉求时，往往处于弱势的地位，而对于基层民众的需求，也缺少上传下达的畅通渠道。再次，社会成员本身作为社会主体的积极性并未被调动起来，而对行政力量的单纯依靠，并不符合治理主体多元化和治理现代化的命题。最后，原子化的社会个体更多地关注自己的

---

[1]　田毅鹏："转型期中国社会原子化动向及其对社会工作的挑战"，载《社会科学》2009年第7期。

利益，而缺乏集体意识和道德观念体系，进一步形成利己主义的意识形态，给社会带来整体的道德危机和规范失灵；而原子化的个人在情感上的疏离和归属感的缺失，也会带来人际关系的弱化和个人情感的孤独，随着社会走向原子化轨道，人与人之间的联结纽带断裂，自私自利的自我单元主义、利己主义和唯我主义盛行，那么社会制约因素将会日益消解，社会也会走向无序治理的危险境地。[1]

二、新的城市基层社会治理单元：社区

（一）社区的含义与功能定位

中国传统社会的家族曾经以血缘面向为基础，同时承担起经济、社会的功能，成为传统社会基层治理的单元。但是，传统家族在当代社会已经基本解体，以父母子女两代为主的核心家庭成为社会的主流，只剩下了血缘面向的功能，包括对子女的抚养、对老人的赡养、生活上的互助和情感支持等，并且其规模小、人数少，已经不再是基层社会治理的单元。新中国成立之后的单位制，曾经以经济面向为基础，承担起政治、社会甚至血缘的功能，成为当时基层社会治理的单元。而随着改革开放后多元化经济形势的发展，企业包括国有企业只剩下经济面向的功能，国有单位再无动力和资源成为基层社会治理的单元。而现代化带来的社会个体化和基层社会的原子化，因为基层社会治理单元的缺失，给当代社会治理带来了新的问题和挑战。新的基层社会治理单元的培育，是解决当前基层社会治理问题的现实途径。而社区作为社会面向的地理聚集性组织，可能成为新的基层社会治理的单元。习近平同志在 2014 年 3 月参加十二届全国人大二次会议上海代表团审议时就明确指出："社会治理的重心必须落到城乡社区，社区服务和管理能力强了，社会治理的基础就实了。"并且于 2020 年 7 月在吉林省考察时强调"推进国家治理体系和治理能力现代化，社区治理只能加强、不能削弱"。这是对社区作为基层社会治理单元的可能性和重要性的肯定。

---

[1] 田毅鹏："转型期中国城市社会管理之痛——以社会原子化为分析视角"，载《探索与争鸣》2012 年第 12 期。

1. 社区含义的演进

我国社区的含义，经历了一个从学术概念到制度概念，并且其内涵与外延不断调整变化的演进过程，终于成为当代具有特定含义的概念。从学术概念层面，"社区"是一个社会学术语，一般认为最早源于 1887 年德国社会学家滕尼斯的 *Gemeinschaft and Gesellschaft*，[1]美国学者罗密斯（C. P Loomis）后来将该书标题英译为"Community and Society"。在德语中，Gemeinschaft 有共同生活之意，滕尼斯将它解释为由本质的意志所导致的、建立在自然情感一致的基础上、紧密联系、排他的社会联系，它产生关系亲密、守望相助、富有人情味的生活共同体。[2]一些学者认为，滕尼斯使用德文"Gemeinschaft"一词时并没有注重地域性含义，而是强调了它作为社会联结形态的内涵。[3]但是，在随后的英译过程中，这个词汇的翻译受到芝加哥学派对于城市区位的人文生态学研究的影响，产生了与"地域"的紧密联系。从德文的 Gemeinschaft 到英文的 Community，这一概念已经完成了内涵的变化。

中文"社区"一词始于 20 世纪 30 年代，由费孝通先生翻译引入中国。在费孝通、吴文藻等燕京学派的研究中，社区研究方法主要适用在我国乡村社会的调查研究中，成为研究中国、理解中国的最小单位。[4]根据费孝通先生的回忆，我国学界一直将"Community"和"Society"均译为"社会"。1933 年帕克访华后，在"Community is Not Society"的压力之下，才将"Community"新创为"社区"。换句话说，"社区"一词在引入中国时对应的研究是关于乡村和村庄的研究，这个概念是相对模糊的，并没有特指城市中的生活共同体。

1952 年院系调整取消社会学后，社区以及社区发展也就不再被人提及，使中国在其后几十年中与这方面的世界潮流完全隔绝。[5]1955 年联合国在《通过社区发展促进社会进步》报告中提出"社区发展运动十原则"，社区发展成为调动民间各方力量参与公共事务、促进社会协调发展的全球性课题和

〔1〕　[德] 斐迪南·滕尼斯：《共同体与社会》，张巍卓译，商务印书馆 2019 年版。

〔2〕　张雪霖："'找回'城市与'祛魅'的居民自治"，华中科技大学 2018 年博士学位论文。

〔3〕　王小章："何谓社区与社区何为"，载《浙江学刊》2002 年第 2 期。

〔4〕　费孝通：《学术自述与反思》，生活·读书·新知三联书店 1996 年版。

〔5〕　华伟："单位制向社区制的回归——中国城市基层管理体制 50 年变迁"，载《战略与管理》2000 年第 1 期。

世界性运动，受到世界各国的重视与推广。[1]在改革开放之后，特别是 1979 年中国社会学恢复后，在费孝通先生等人的推动下，关于社区的概念再次被提及，相关的研究再次展开。其概念逐渐明确，指的正是在基层政府指导下的基层自治单元，同时随着城市的发展，实现了社区的实体性与社区居委会科层性的密切结合。[2]

而在政策制度的层面上，对于"社区"的使用起源于 1986 年。在当时，民政部为了推进城市社会福利工作改革，应对消费性短缺经济的困境，提出"社会福利社会办"的口号，与单位制时"社会福利单位办"模式分道扬镳。[3] 1991 年，民政部提出了"社区建设"概念。1992 年 10 月，中国基层政权建设研究会召开"全国城市社区建设理论研讨会"。1999 年，民政部将 26 座城市作为"城市社区建设试验区"，民政部基层政权建设司也改名为基层政权建设和社区建设司。[4]2000 年，中共中央办公厅和国务院办公厅转发《民政部关于在全国推进城市社区建设的意见》，明确提出"加强社区居民自治组织建设的前提是科学合理地划分社区。要以改革创新精神，按照便于职务管理、便于开发社区资源、便于补区居民自治的原则，并考虑地域性、认同感等社区构成要素，对原有街道办事处、居民委员会所辖区域作适当调整，以调整后的居民委员会辖区作为社区地域，并冠名社区。"由此，以往的"街道—居委会"制转变为"街道—社区"制，居委会也随之转变为"社区居委会"。该意见对城市社区进行了政策制度层面的定义："社区是指聚居在一定地域范围内的人们所组成的社会生活共同体。目前城区社区的范围，一般是指经过社区体制改革后作了规模调整的居民委员会辖区。"2017 年 6 月，中共中央、国务院印发城乡社区治理的纲领性文件《关于加强和完善城乡社区治理的意见》。这是随着城市化的进程，在乡镇中已经城市化并且设有居委会的部分，

---

[1]　程同顺、魏莉："城市基层社会治理单元转换的逻辑解析"，载《江苏行政学院学报》2019 年第 3 期。

[2]　张翼："全面建成小康社会视野下的社区转型与社区治理效能改进"，载《社会学研究》2020 年第 6 期。

[3]　华伟："单位制向社区制的回归——中国城市基层管理体制 50 年变迁"，载《战略与管理》2000 年第 1 期。

[4]　汪波："城市社区管理体制创新探索——行政、统筹、自治之三元复合体制"，载《新视野》2010 年第 2 期。

也被视为社区，社区政策由城市空间延展至乡村领域，社区更成为一个具有统摄力的制度概念。

至此，社区在学术和政策制度层面已经具有了明确的含义，其在社会治理中的作用日益得到重视，党的十九届四中全会《决定》把构建基层社会治理新格局摆在了重要位置。习近平总书记反复强调"提高社区治理效能"，2020 年 7 月 23 日，他在吉林省长春市考察的时候强调："一个国家治理体系和治理能力的现代化水平很大程度上体现在基层。基础不牢，地动山摇。要不断夯实基层社会治理这个根基。"而正在修订的《城市居民委员会组织法》也拟将名称改为《城市社区居民委员会组织法》，社区将正式成为一个法律概念。

2. 社区作为基层社会治理单元的可能性

如同上文所述，基层社会治理单元需要满足地理上的聚集性，能够覆盖到绝大多数的社会成员；社会服务的功能性，能够完成提供社会服务、维持社会秩序、解决一部分社会纠纷的任务；空间内的自治性，能够形成相对稳定的自治制度，并常常采用柔性的手段来进行治理。中国在传统社会和新中国成立后，在当时的社会背景和法律机制的支持下，都培育出了各自的基层社会治理单元，而且两者虽然外在迥异，内在却有暗合之处。

在单位制退出之后，同时在现代社会个体化的背景下，基层社会治理单元的缺失一定程度上加剧了社会原子化的状态，给基层社会治理带来了问题和挑战。而随着社区概念的发展，以及国家政策制度的支持，社区有可能成为新的基层社会治理单元。

首先，社区是社会成员的集中居住地，可以覆盖城市绝大多数的居民。2000 年，中共中央办公厅和国务院办公厅转发的《民政部关于在全国推进城市社区建设的意见》中，明确指出"社区是指聚居在一定地域范围内的人们所组成的社会生活共同体"。我国社区的地理边界并不像美国那样是自然形成的，也不需要经由辖区居民投票决定，而是由政府基于行政区划而调整。社区的行政边界是变动的，地方政府会根据实践的需要作出调整。也就是说，我们的社区是以地理上的聚集性和行政区划为基础的，具有地理上的聚集性。同时又与居住小区密切相关，一般一个社区会包含几个在地理上临近的居住小区，这样就以居住地为依托最大范围地覆盖社会成员。另外，社区现在已经不局限于在城市地区，一些农村地区也开始了"村改居"、社区化的探索，这也是城镇化进程和打破城乡二元结构的题中应有之义。

其次，随着改革开放之后经济体制的变化，经济面向的功能归属于企业等经济组织，血缘面向的功能归属于当代核心家庭，社区主要能够提供社会面向的功能，包括治安、医疗、文化以及纠纷解决等，比如对社区内低收入家庭提供社会保障和救助，帮助残疾人进行就业安置，构建社区内部安全防范设施，对家庭纠纷或者社区居民间的纠纷进行调停处理，开展社区内的文体服务，开展面对社会居民的公益活动等。这些社会服务与居民的日常生活密切相关，在一定程度上影响着基层社会的稳定和发展。同时这些服务的内容也并非一成不变，而是随着社会的发展而发展，比如可以承担起一些原本血缘面向的功能，比如托儿、养老等。[1]

最后，非常重要的一点，也是符合基层社会治理单元含义的是：在社区内部可以形成自治空间。有学者指出，社区本身就是一个自治组织，它不仅是一种网络结构，也是社区共同体的机制与能力。社区是一个地域性的社会生活共同体，也是一个利益和文化心理共同体。在社区构成要素、特征和联结纽带之间的相互作用之下，社区逐渐产生一种自组织能力和机制，可以无需外部强制力干预就获得"自我整合、自我协调、自我维系"的能力和机制，从而达到社区公共生活的有序化。[2]我们已经意识到了社会自治和基层协商民主的重要性，伴随着居民权利和自治意识的发展，居委会发挥民意吸纳功能，社区完全可以形成稳定的自治空间和相对柔性的自治制度，社区居民无需外界指令就可以通过主动协商自发合作形成一种自治理机制，进行自我管理、自我服务和自我教育。或者在基层行政组织必要的引导和支持下，承担起为社区成员提供社会服务、维持基层社会秩序和纠纷解决等功能。地理上的聚集也可能给柔性的制度和舆论道德约束提供发挥作用的空间。

（二）社区功能发挥的现状与法律机制的缺失

1. "街道—社区"制存在的问题

在社区的概念成为一个政策制度概念之后，社区可能成为新的基层社会

---

[1] 比如上海市社区在改革探索中，成立了社区卫生服务单元、社区文化活动单元、社区事务受理服务单元，以及养老订餐送餐服务单元、少儿幼儿照看服务单元、矛盾调解单元等。

[2] 杨贵华等：《自组织：社区能力建设的新视域——城市社区自组织能力研究》，社会科学文献出版社 2010 年版，第 5 页。

治理单元，社区的运行主要依靠居民委员会，一种社区居民的自治单元。在《城市居民委员会组织法》中，明确了居民委员会居民自治组织的性质。但是在基层治理的实践中，"街道—社区"制度的运行却存在着很多问题，居民委员会和街道办事处的关系没有理顺，社区居民委员会的自治功能没有充分发挥，此外还存在基层社会治理过分依赖行政力量，社会力量发挥不足等问题，导致社区基层社会治理单元的功能并未完全发挥出来。

（1）社区居民自治组织行政化

目前我国行政组织体系相对完善，根据2015年人社部发布的《2015年度人力资源和社会保障事业发展统计公报》数据显示，截至2012年底，我国公务员总人数为708.9万，同时期大陆人口总数约为13.5亿，"官民比"达1∶191。[1]2015年底，全国公务员人数为708.9万，2016年底上升为719万。[2]公务员总人数稳中有升，超过一半（约为60%）为基层公务员，一定程度上显示出我国行政系统的日益完善。[3]而基层政府和其派出机构，在基层治理中发挥了非常重要的提供公共服务、维护社会治安、实施城市基层治理，以及指导基层群众自治的作用。在此次新冠肺炎疫情的抗疫中，基层的行政组织和党组织，都发挥了非常重要的作用。

但是目前在基层社会治理中主要依靠行政力量，却带来了居民自治组织行政化的问题，这集中体现在街道办事处和居民委员会之间的关系上。街道办事处是基层政府的派出机关，同时也是城市基层社会管理服务的最基本行政单元，它是连接政府和社区的桥梁和纽带。

但是目前街道办事处存在着严重的问题，面临着尴尬的局面。总的来说有两方面，第一，街道办事处的性质和定位缺乏法律依据，第二，街道办事处的权力与职责不相称。从法律的角度来看，就目前现有的法律法规与规章制度而言，仅有《地方各级人民代表大会和地方各级人民政府组织法》的第85条作出了相关规定。该条第3款规定，市辖区、不设区的市的人民政府，

---

〔1〕　人力资源和社会保障部："2015年度人力资源和社会保障事业发展统计公报"，载 http://www.mohrss.gov.cn/SYrlzyhshbzb/zwgk/szrs/tjgb/201805/t20180521_294285.html，最后访问日期：2021年10月26日。

〔2〕　参见人力资源和社会保障部网站，http://www.mohrss.gov.cn/SYrlzyhshbzb/zwgk/szrs/，最后访问日期：2021年10月25日。其中，2017年以后公报并未提供公务员总人数。

〔3〕　胡颖、廉叶岚："大数据解读真实基层公务员"，载《理论参考》2015年第8期。

经上一级人民政府批准，可以设立若干街道办事处，作为它的派出机关。1954 年的《城市街道办事处组织条例》，对街道办事处的性质、任务、作用以及组织机构等都作出了规定，但是这一条例已经在 2009 年被废除。虽然现在有近二十个城市出台了自己的街道办事处条例。也就是说，目前只有一部法律将街道办事处定位为政府的派出机关，其他涉及街道办事处的 10 部法律，20 余部行政法规和 30 余部国务院部门规章，都关注于给街道办事处布置任务，并没有提供其性质和定位的依据。

而在实际工作中，街道办事处面临着权小责大的尴尬境地。在基层治理过程中，街道办事处承担着包括发展经济、城市管理、社区服务、优抚救济、社会治安、文教卫生、计划生育、司法调解、群众生活等在内的数十大类任务，其中有一些任务是其自身难以应对的，比如社区规划、信访维稳、文明创建等，很多地区将经济发展也作为街道办事处的任务。[1]街道办事处还要应付各种考核检查，职责很多；但同时权力小，没有完整的权力，可支配的资源也非常有限，很多时候不足以支持其职权。很多时候政府各部门还会给街道办事处摊派任务，使得街道不仅是政府的派出机关，还成为一些部门的派出机构。

在这种情况下，很多地方的街道办事处实际上已经变成了准一级政府，基层政府中的所有部门和功能，几乎都能在街道办事处找到相对应的机构，可以说它是"派出机关的性质、一级政权的任务"。正是因为街道办事处的权责不相称，在实际工作中不堪重负，只得将很多具体任务交给居委会去落实，并进行全程的监督和考核，这就使得居委会本身作为自治组织，却疲于应付行政任务，其大部分的时间和精力在完成政府交办的任务和应付各种创建评比，成为行政机关的附庸。

事实上，虽然现行的《城市居民委员会组织法》已经明确了居民委员会群众性自治组织的性质，但 2010 年印发的《关于加强和改进城市社区居民委员会建设工作的意见》却进一步强调了行政机关在基础设施建设、工作部署、经费保障、绩效考核等方面对居委会的主导关系，居委会在协助基层政府或

---

〔1〕《长春市街道办事处工作条例》规定街道职能包括"制定街道经济发展规划，管理街道经济工作"；《苏州市街道办事处工作规定》要求，街道"建立街道资产经营公司，负责街道集体经营性资产的增值保值"。

派出机关开展的社会管理与社会服务工作事项数量也有所增加，从以往《城市居民委员会组织法》规定的 6 项变为 16 项。[1]街道办事处与居民委员会之间指导和被指导的关系变味，居委会实际上成了街道办事处的延伸机构，也造成了居委会本身的行政化和官僚化。居民委员会的工作人员认为自己是准政府工作人员，处于是管理者而不是服务者的位置。居民委员会在功能设施、自治章程、工作制度、人事决定、经费收支、运行方式、考核机制等多方面都呈现出行政化的特征。[2]

在基层社会治理中单靠行政力量，会受到财力、人力等多方面的限制，一方面基层行政机关不堪重负，另一方面居民自治组织行政化严重，而基层民主协商和自治难以真正建立。

（2）社会其他力量功能发挥不足

社会治理的含义本身就意味着治理主体的多元化，因为"街道—社区"制度主要依靠行政力量来运行，居民委员会存在行政化的问题，所以基层的民主协商和自治并没有发展起来。大部分居民对参与社区治理并没有积极性，很多居民都并不参与居民委员会的选举，对于居民委员会的职责、居民委员会的组成、居民代表的产生并不了解、也不关心。从日常参与社区活动的主体上看，主要参加者以老年人居多，组织活动的发起者仍以党员和社区工作人员为主。此外，举办社区活动的目的也多为上级考核和迎接检查，活动的内容多以宣传教育和文体活动为主。换句话说，社会组织和志愿者等一些社会力量并非社区活动的重要主体，而居民真正关心的问题也并非社区活动的主要内容。

党的十九届四中全会提出："社会治理是国家治理的重要方面。必须加强和创新社会治理，完善党委领导、政府负责、民主协商、社会协同、公众参与、法治保障、科技支撑的社会治理体系，建设人人有责、人人尽责、人人享有的社会治理共同体，确保人民安居乐业、社会安定有序，建设更高水平的平安中国。"坚持共建共治共享的社会治理制度，建设社会治理共同体，形成"人人有责、人人尽责、人人享有"的社会治理新局面。多元的治理共同

---

〔1〕 程同顺、魏莉："微治理：城市社区双维治理困境的回应路径"，载《江海学刊》2017 年第 6 期。

〔2〕 向德平："社区组织行政化：表现、原因及对策分析"，载《学海》2006 年第 3 期。

体包括党委的领导、政府的引导、公众的参与，也包括人民团体和社会组织，市场主体也可以被纳入社区的治理共同体。此外，在信息化发展的趋势下，也可以建立各种居民参与治理平台，例如对社区代表会议进行完善，构建议事协商会和民主评议等各种制度，从而确保居民知情权、参与权、表达权、监督权的有效行使。

2. 思想观念上的平衡与博弈

社区建设在全球的起源，依托于治理理念的引入和个人主义的兴起。随着 20 世纪 90 年代以来的全球化公民运动发展，在发达国家政府管理危机的背景下，全球治理委员会于 1995 年正式提出将治理定义为"各种公共和私人的机构及个人管理其共同事务的诸多方式的总和"。同样，中国也经历了管理走向治理的变化，确定了协同治理、合作治理的方向。在十八届三中全会提出社会治理的历史阶段下，社会管理体制已经开始向社会治理体制转变，这标志着在政策顶层设计层面，我国开始认同治理理念，并进一步提出了治理体系和治理能力现代化的目标。十九届四中全会则提出共建共治共享的社会治理目标，确认了从管理到社会多元力量共治的方向。而近代以来西方引入和本土萌发的个人主义思潮，使得个人从家族或者单位中脱离，开始追求个人发展。此外，基于产权关系所萌生的"业主"身份，也促进了公民个体民主意识、自我意识和权利意识的觉醒。基层利益诉求的多样化，使得以往粗放型的管理模式已经无法回应基层社会中日益精细和复杂的多样化诉求，以服务居民需求为核心的多元化社会治理才能回应精细化的需求。而今天我国在社区发展问题上的思想背景，主要是两组思潮上的博弈和平衡：集体主义与个人主义，以及他治与自治。

（1）集体主义与个人主义

在英国法学家梅因看来，现代化的特点，在于家族依附的逐渐消失以及代之而起的个人义务的增长。[1]梅因这一被誉为"全部英国法律文献中最著名的"现代性命题，被亚伦诠释为："个人自决的原则，把个人从家庭和集团束缚的罗网中分离开来；或者，用最简单的话来说，即从集体走向个人的运动。"[2]正如上文所说，改革开放之后，我国与现代世界各国一样，在改革开

---

〔1〕 ［英］梅因：《古代法》，沈景一译，商务印书馆 1959 年版，第 18 页。
〔2〕 ［加拿大］查尔斯·泰勒：《黑格尔》，张国清、朱进东译，译林出版社 2002 年版，第 616 页。

放之后呈现出来社会个体化的趋势，个人开始从关注集体和阶级斗争的"单位人"到关心自身经济利益的"社会人"。与此同时，在社会心理和文化价值观念上，原先的"集体主义"日益让位于"个人主义"的价值取向，也即个人的权益或要求越来越取代集体的利益或事务而成为人们的首要关切。在"五四"运动后没有发展起来的个人主义，在改革开放之后发展了起来。"中国个人主义的发育是伴随着改革开放的深入而展开的，个人开始超越集体和家庭，成为人们行动时考虑的首要目标。"

与"个体主义"替代"集体主义"的价值取向相伴的，是权利观念的萌生。同样来源于西方思想家卢梭、洛克、霍布斯，开始强调个人作为独立的主体拥有的生存权利和经济权利。"人们既然都是平等和独立的，任何人就不得侵害他人的生命、健康、自由或财产。"[1]强调个人的平等和独立以及个人价值的实现。

"中国个人主义的发育是伴随着改革开放的深入而展开的，个人开始超越集体和家庭，成为人们行动时考虑的首要目标，利益开始取代理想甚至道德，成为指导人们行为的统一标准。"认为个人利益是决定行为的最主要因素，强调个人自由和个人权利非常重要，同时也认为自我独立和人人平等是个人最基本的美德。"个体主义"的实质是权利本位，这是社会的个体化在社会心理和文化价值上的体现。虽然在"五四"运动之前我国已经在西方思潮的影响下有了个人主义的萌芽。[2]但是，真正个人主义的启蒙还是从"五四"运动开始。"五四"运动最突出的一点就是要告诉人们：个人是独立的存在。这与传统社会中依附于君主、家长和家族的个人是不同的，把个人从群体关系中分离出来。胡适在发表在《新青年》中的《美国的妇人》一文中明确说道："美国的妇女大概以'自立'为目的。'自立'的意义只是发展个人的才性。""五四"运动所提倡的个人主义、个性主义，是以自身的人格独立、人格尊严为前提的。

但是由于新中国成立之后独特的政治和经济环境，个人主义并没有发展

---

〔1〕　［英］洛克：《政府论》（下篇），叶启芳、瞿菊农译，商务印书馆1982年版，第6页。

〔2〕　康有为在《大同书》中就已经提出了"求乐免苦"的类似于西方个人主义的"幸福论"，梁启超也提出"知有爱他的利己"，就是西方"合理的利己主义"，梁启超在《新民说》的《论自尊》中，把"自尊之道"归结为"自爱""自治""自立""自牧"和"自任"五件事，与传统儒家思想中的"克己"已经有了明显的区别。

起来，我国很快就走入了以集体主义为最强音的革命战争年代，马克思主义很快就夺取了西方其他各种思潮的地位。在单位制之下，起到主导作用的文化价值是以集体主义为核心的共产主义道德，个人主义并没有合适的土壤。直到改革开放之后，个人主义连同权利意识才成为重要的思想潮流。

随着法治社会的进程和个人意识的发展，当代社会的权利观念发展更加迅速，一定程度上体现在诉讼的增多。个人主义的实质是权利本位，这是社会的个体化在社会心理和文化价值上的体现。需要注意的是，个人主义进入中国后，在一定程度上被片面强调权利的部分，而故意忽略其义务的部分，来为许多人追求私利、逃避社会责任正名。这其实是自私和功利的自我中心主义，忽视了西方个人主义中的自主、平等、合作、自立等因素，使得中国个人观念发育的道德批判更加难以控制。

不管是集体主义还是个人主义，都在一定程度上将个人利益和集体以及社会的利益二元对立起来。在集体主义中，强调的是为了集体的利益可以牺牲个人的利益。而改革开放之后迅速发展起来的个人主义在当代的发展，在一定程度上又过分追求个人的利益。我们已经提出了社会主义核心价值观，提出了建设人人有责、人人尽责、人人享有的社会治理共同体，但是将个人与集体有机统一在一起的合作、自治的文化精神发展却显不足，尚不足以在内在的文化价值上支撑社区自治的培育和发展。

（2）对权威的依赖与"自治"传统的缺乏

所谓自治，即"自我为治"或"自我统治"之意，指个人或由个人组成的共同体按照自己的意愿决定并处理与自己有关的事务。如果与村落、乡镇、州县等地理空间相结合时，便具有了另一层含义，即"以地方之人办地方之事"之"地方自治"。我国的"自治"一词最早出现在《三国志·魏志·毛玠传》当中，"用人如此，使天下人自治，吾复何为哉？"指的是民众自己处理，或者民众自己推选出官吏来进行治理。但是在整个传统社会中央集权的政治背景下，这样的设想并没有真正实现过。

到了清末，在西学传入之后，康有为等人在西方思想的影响下也产生了关于自治的思想。康有为提出了"公民自治"和"地方自治"。在康有为的《公民自治篇》中，"公民"同时具有参与政治事务的权利和国家责任，权利和义务相一致，他详细设计了"公民"资格的取得以及参与国家公共事务的程序和条件。[1]关于"地方自治"，康有为则认为中央集权和地方自治是可以相容的，"两者实际上是互补的"，在中央层面实行中央集权，在地方则实行地方自治，特指的是县以下的乡行政区应当实现地方自治，在地方形成强大的民间资源，有利于中央的治理。至于具体的地方自治形式，康有为在考察了西方的自治实践之后，认为德国的"乡邑自治""于中国俗相近"，[2]可以适用于中国，并且对具体"邑"的划定、自治的事务范围、自治议院制度进行了阐述，特别涉及了"绅议员"制度，保障传统社会的士绅阶层的地位和他们在基层自治中发挥的积极作用。可见，康有为的地方自治充分地吸取了中国传统社会基层自治和士绅治理的经验，又参考了西方经验。在康有为的《大同书》中，其自治的理想进一步发展，这种自治建立在国界的消融和种族再无区分之上，自治的通行意味着大同世界的实现。[3]当然，在当时的社会背景下，康有为自治理想尚未付诸实践就宣告破灭，但是其西方实践根植于中国传统的精髓，也为今天治理能力和治理体系的现代化提供有了有益的理论资源。

从西方各国的实践上，由地方精英负责本地方的公共事务，即传统意义上的"自治"。西方历史上出现过两种不同类型的"地方自治"，一种是盎格鲁——萨克森式的以议会主权和人民主权为基础的"人民自治"或"住民自治"，另一种是普鲁士式的由地方政府分担国家行政事务的"团体自治"。[4]而当代意义上的"自治"，是公民通过自治组织直接参与一定区域内的事务管理，作为主体行使权利，而自治权，是在一定团体内部，经过团体内部认可或默示的，合法地、独立地行使的具有约束力的权力。

在英国社会学家吉登斯提出的社会自治理论中，个体自治和社区自治就是社会自治的两种主要形式。个体自治指的是个人的发展和实现，社区自治则是个体自治实现的场域，是社会自治最基本的组织单元。自治群体的存在瓦解了社会淡漠，树立政府的权威，社会共同体的力量将社会红利分配在群

---

〔1〕康有为："官制议"，载康有为撰：《康有为全集》（第七集），姜义华、张荣华编校，中国人民大学出版社 2007 年版，第 267 页。

〔2〕康有为："官制议"，载康有为撰：《康有为全集》（第七集），姜义华、张荣华编校，中国人民大学出版社 2007 年版，第 275 页。

〔3〕康有为：《大同书》，姜义华、张荣华编校，中国人民大学出版社 2010 年版，第 235 页。

〔4〕黄东兰："跨语境的'自治'概念——西方·日本·中国"，载《江海学刊》2019 年第 1 期。

体成员上，推动社会力量的再凝结和再整合。个体自治与社区自治相结合便能够实现社会自治。而社会自治的培育，需要现代性的制度和内在的文化认同作为支持。[1]

我国的传统基层社会是存在着以家族为单元的自治和更大范围的乡村、乡村共同体的地缘性自治，但是在这种自治制度中的运行同样依赖于家长、族长和乡绅等权威的存在，与我们今天在基层和社区以民主协商为基础的"自治"并不相同。我国几千年中央集权政权和官—民两元社会结构，并未形成类似西方的成熟的市民社会，使得我们在意识上习惯于对权威的服从而不是民主协商基础上的自治，自主治理能力不足，公民之间缺少理性协商与恰当妥协的精神。对权威的依赖和"自治"思想的缺失，导致我国在基层社会治理上，习惯性地依靠权威和行政力量，一方面基层政府和派出机关不堪重负，另一方面自主治理能力、多元协调技术、社会组织的培育的缺失，使得我们寄以厚望的基层协商民主却迟迟没有建立起来。

3. 法律机制上的现状与缺失

在对基层社会治理的重要性已经达成共识的背景下，社区建设和基层居民自治制度构建也成为基层社会治理的目标。对于社区作为基层社会治理单元，当前的法律制度上已经有了一定反应和支持，但是仍然存在一定的缺失。

（1）法律制度的现状

关于居民委员会的性质、职能等，现行的《城市居民委员会组织法》于1989年通过，于2018年进行了修正。其中明确了居委会的性质："居民委员会是居民自我管理、自我教育、自我服务的基层群众性自治组织。"此外，居民委员会与基层政府及其派出机关的关系是"指导与协助"的关系。法条列举了居民委员会的职能，主要包括宣传教育、精神文明建设、办理公共事务和公益事业、调解民间纠纷、协助维护社会治安、协助行政机关完成有关工作以及沟通居民与行政机关。法律规定了居民委员会设立的范围，居民委员会和居民会议的产生、居民委员会的工作原则、工作方式，下设委员会和居民小组。还规定了居民委员会的工作经费、办理公益事业的经费来源等。

在《城市居民委员会组织法》的基础上，为了进一步加强社区民主协商

---

〔1〕［英］安东尼·吉登斯：《现代性的后果》，田禾译，译林出版社2011年版；［英］安东尼·吉登斯、克里斯多弗·皮尔森：《现代性——吉登斯访谈录》，尹宏毅译，新华出版社2001年版。

制度的建设，2016 年民政部发布了《民政部关于深入推进城乡社区协商工作的通知》，此后各地都通过一系列的政策文件来推进社区协商，比如 2016 年中共北京市委办公厅、北京市人民政府办公厅印发《关于加强城乡社区协商的实施意见》的通知，2016 年中共黑龙江省委办公厅、黑龙江省人民政府办公厅印发《关于加强全省城乡社区协商的实施意见》的通知，2017 年广东省民政厅《关于组织开展村（居）委会选举观察工作的通知》，2018 年上海市民政局《关于做好本市居村委会特别法人统一社会信用代码赋码颁证工作的通知》，2018 年湖北省民政厅关于印发《湖北省居民委员会选举办法》的通知，2018 年重庆市民政局《关于修订完善村规民约和居民公约的通知》等。

　　2021 年生效的《民法典》是我国第一部民法典，是国家民事领域的根本大法。《民法典》中涉及居民委员会的条款共 7 条，分别是第 24 条无民事行为能力人或限制民事行为能力人的认定与恢复、第 31 条监护争议解决程序、第 32 条公职监护人、第 34 条监护人的职责与权利及临时生活照料措施，第 101 条基层群众性自治组织法人、第 277 条业主自治管理组织的设立及指导和协助、第 1150 条继承开始后的通知。其中 4 条涉及无行为能力人和限制行为能力人的监护职责，包括第 24 条对无民事行为能力人或限制民事行为能力人的认定与恢复、第 31 条对监护人的指定和担任临时监护人、第 32 条规定的法定监护的职责、第 34 条的紧急状态下的临时照料职责。值得注意的是，《民法典》第 101 条第 1 款规定：居民委员会、村民委员会具有基层群众性自治组织法人资格，可以从事为履行职能所需要的民事活动。之前，居委会常常因为没有独立的法人资格，在商事登记、土地确权等方面遇到各种困难。此次肯定了其基层群众性自治组织法人资格，为居民委员会在基层社会治理中发挥应有的作用留下了法律上的空间。为此，民政部还发布了《民政部关于规范基层群众性自治组织法人有关事项的通知》。而《民法典》第 277 条明确了居民委员会对设立业主大会和选举业主委员会的指导和协助职责，明确了社区内居民委员会、业主大会和业主委员会的关系。

　　此外，在 2015 年公布的《反家庭暴力法》中有 10 条涉及居民委员会，居民委员会在预防和制止家庭暴力中承担着非常重要的作用。集中在居民委员会需要配合协助行政机关组织开展家庭暴力的预防工作，可以接受受害人的投诉，在工作中发现无民事行为能力人、限制行为能力人遭受或者疑似遭受家庭暴力的，应当及时向公安机关报案，对收到告诫书的加害人、受害人进行查访并对加害人进行监督，形式撤销加害人的监护人资格，对加害人进行法治教育，对加害人、受害人进行心理辅导，在受害人无法自己申请人身保护令的情况下，代受害人申请，并且协助执行人身安全保护令。而居委会及其工作人员没有依法履行相应职责的，还需要承担相应法律责任。可见《反家庭暴力法》中主要强调的是居民委员会在反家庭暴力中的职责，因为其直接面对居民，因此承担了相当大的责任。

（2）法律制度的缺失

虽然从法律层面上，早在1954年我国就颁布了《城市居民委员会组织条例》，再到1990年开始实施的《城市居民委员会组织法》及其2018年的修正，上述法律法规明确规定了居民委员会的自治性质及其与行政机关的关系。但是从最初诞生到今天，社会已经发生了很大的变化，基层社会治理也面临着更多的问题，《城市居民委员会组织法》已经不能适应社区建设的需要。

在居委会的设立范围上，现行《城市居民委员会组织法》第6条规定："居民委员会根据居民居住状况，按照便于居民自治的原则，一般在一百户至七百户的范围内设立。居民委员会的设立、撤销、规模调整，由不设区的市、市辖区的人民政府决定。"但是随着城市化的进程，城市人口的增加，尤其是在北上广这些超大城市，像北京天通苑作为居住社区就有人口五十万以上，按照法律规定的范围来设立居委会无疑是不现实的。因此就居委会设立的范围需要作出合理的变化。

关于社区工作人员的选任和保障方面，现行《城市居民委员会组织法》并没有相关的规定。在实践中，社区工作人员的待遇普遍偏低，除了社区党支部、党委书记和居委会主任等有望转变为事业编制，其他工作人员难以安心工作。此外，社区工作人员队伍的学历普遍偏低，而年龄普遍偏大，多以中老年及退休返聘人员为主。再者，工作人员队伍中有一部分并非本社区居民，对社区内部的情况并不熟悉。综上因素，一旦社区发生危机事件，社区所在的当地政府部门就不得不"下沉"到社区，政府干部也不得不到社区工作。在这样的"下沉"模式中，居委会日渐形成类似于政府的工作方式；同时，居委会的工作人员也会产生渴望向上、进入体制的"上升"期望，以获得公务员编制或事业编制解决身份问题。在这个过程中，社区的工作人员也愈发希望将居委会打造为"基层政府"，也愈发希望自己的身份转变为公务员或事业编人员，也进一步期望自己从社区服务人员转变为具有行政管理权力的人员，就导致工作人员本身本不希望将社区建设成为自治单元。[1]

2000 年，《民政部关于在全国推进城市社区建设的意见》，提出"要采取向社会公开招聘、民主选举、竞争上岗等办法，选聘社区居委会干部，努力建设一支专业化、高素质的社区工作者队伍"。在规定的指导下，各地开始招聘专职社区工作人员。在社会化招聘的背景之下，虽然居委会仍然是"基层群众性自治组织"，但是居委会成员与社区工作者的"身份"却产生了明显的变化。上海市进行了改革实践，《上海市社区工作者管理办法》对社区工作者的薪酬体系、专业建设、岗位培训、编制使用、人事管理等方面作出规定。从岗位等级上，社区工作者细分为"三岗十八级"。从福利待遇上，要求社工平均收入须为年度全市职工平均工资水平的 1 倍至 1.4 倍。在晋升渠道方面，为社区工作者提供了进入党政机关和事业单位的通道。在用工规范方面，要求街镇社区工作者事务所必须与社区工作者签订劳动合同，并多由党建办归口管理，少部分街镇社区由自治办管理。该政策提升了社区工作者的待遇，一定程度上优化了社区选人难、用人难、留人难问题。究竟社区工作人员的地位和待遇应当如何定位，如何解决居民委员会用人难、留人难的问题，如何打造高素质的社区工作队伍，可能寄希望于建立起社区工作人员的独立的职业体系，需要居民委员会组织法作出回应。

此外，现行《城市居民委员会组织法》中虽然有居民委员会的组成和产生方式、工作原则和方法等，但是作为居民自治单元，其产生的方式以及工作的方式是其自治性质的重要体现，特别是居民委员会的选举、居民会议和居民代表会议的关系，以及居民委员会的工作方式和居民会议召开的程序，居委公开和监督，以及居民委员会工作的保障，都需要作出进一步细致的规定，以保证其居民自治组织的性质和工作的有效开展。

还有学者提出仅有组织法上层面的法律制度支持尚不足够，可以考虑出台社区自治法来直接支撑社区中自治制度的发展。[2]各部法律中有关居民委

〔1〕　张翼："全面建成小康社会视野下的社区转型与社区治理效能改进"，载《社会学研究》2020 年第 6 期。

〔2〕　崔红："城市基层治理法治化研究——以农村社区为例"，载《辽宁经济》2020 年第 10 期。

员会的职责规定，彼此之间也需要进行协调和衔接。新的治理单元的培育有待于法律制度上的进一步支持。

三、社区作为基层社会治理单元的法律机制支持

（一）思想上：法治思想引领，柔性道德融入

1. 法治思想：社会治理的共识

依法治国就是依照宪法和法律来治理国家，十八届四中全会是中国共产党首次举行的以依法治国为核心主题的中央全会，并通过了《中共中央关于全面推进依法治国若干重大问题的决定》，设定了全面推进依法治国的总目标，即建设中国特色社会主义法治体系，建设社会主义法治国家。习近平总书记在关于《中共中央关于全面推进依法治国若干重大问题的决定》的说明中提出："依法治国，首先是依宪治国；依法执政，关键是依宪执政。"依法治国的本质就是崇尚宪法作为国家根本法的地位，"法"指的就是以宪法为核心的、各种法律规范组成的完整法律体系。"任何组织或者个人都不得有超越宪法和法律的特权，绝不允许以言代法、以权压法、徇私枉法。"[1]正式确立了法大于人、法高于权的基本原则，社会主义民主制度和法律法规不受任何个人意志的影响。"依法治国是中国共产党领导人民治理国家的基本方略，是发展社会主义市场经济的客观需要，也是社会文明进步的显著标志，还是国家长治久安的必要保障。"依法治国，建设社会主义法治国家，是人民当家作主的根本保证。

2017 年 10 月 18 日，党的十九大报告中提出成立中央全面依法治国领导小组，加强对法治中国建设的统一领导。2018 年 3 月，中共中央印发《深化党和国家机构改革方案》，组建中央全面依法治国委员会，并设立中央全面依法治国委员会办公室。社会治理必须纳入法治化的轨道，面对新时代我国社会主要矛盾变化，坚持以人民为中心，促进社会的公平正义，必然要求社会治理法治化。

在 2020 年的中央全面依法治国工作会议上明确提出的习近平法治思想"十一个坚持"中，处处体现了基层社会治理上的法治化。例如，坚持以人民

---

〔1〕 人民日报评论员："依法治国首先要依宪治国——三论习近平在现行宪法公布施行三十周年大会上的讲话"，载人民网，http://theory. people. cn/n/2012/1213/c112851-19882035. html，最后访问日期：2021 年 10 月 24 日。

为中心，提出全面依法治国的根本目的是依法保障人民权益，牢牢把握社会公平正义这一法治价值追求，努力让人民群众在每一项法律制度、每一个执法决定、每一宗司法案件中都感受到公平正义。把体现人民利益、反映人民愿望、维护人民权益、增进人民福祉落实到全面依法治国全过程和各方面，保证人民在党的领导下通过各种途径和形式管理国家事务、管理经济文化事业、管理社会事务，保证人民依法享有广泛的权利和自由、承担应尽的义务。

2021 年 3 月 7 日，习近平总书记在第十三届全国人民代表大会第四次会议青海代表团参加审议时强调，"全面推进依法治国，推进国家治理体系和治理能力现代化，工作的基础在基层"。党和国家领导人一再强调运用法治思想进行基层治理，这与基层社会治理单元的培育息息相关，意味着不但基层社会治理需要法治化，而且基层群众自治组织的产生、运行都需要在法治化的轨道上进行，其目的就是使得每一位居民的利益都能够得到保障，并且积极地进行各项事务的管理，打造共建、共治、共享的社会治理格局。2021 年 4 月 28 日，中共中央和国务院发布的《关于加强基层治理体系和治理能力现代化建设的意见》，明确提出了基层治理法治化的要求。

国家治理体系和治理能力现代化的前提与展开背景是法治化。这主要包括在基层社会全面对法治思想进行宣传和教育，使其深入人心，保障基层社会治理单元培育也在法治化的轨道上进行。具体来说，需要以法律制度为依据来形成基层社会治理共识，需要法律制度保障社会治理结构、社会治理程序和社会治理成果的共享。例如，在主体权责的限定方面，信息公开、社会听证等法律制度的完善，有助于保障公民的知情权、参与权与表达权。正如习近平总书记在中央全面依法治国工作会议上所指出的，"只有全面依法治国才能有效保障国家治理体系的系统性、规范性、协调性，才能最大限度凝聚社会共识"。那么，在多元利益价值交织和风险矛盾叠加的当今社会，亟需推动以法律制度为基础的"最大公约数"共识的达成，确保社会多样性和差异性得到尊重。通过法治规范社会治理方式，优化社会治理体系，用法治规范行政行为，充分保障公民的合法权利，实现城乡居民权利平等、机会平等、规则平等，鼓励居民和社会组织参与治理，形成治理共同体。[1]

---

〔1〕　葛晓燕："在法治轨道上推进市域社会治理现代化"，载《江西日报》2021 年 2 月 22 日，第 10 版。

2. 道德融入：核心价值观的影响

基层社会治理需要在法治的轨道上推进，依法行使行政权力，保证居民的合法权益。法律是刚性的界限，同时基层社会治理中也需要柔性的道德感化。正如习近平总书记 2016 年 12 月 9 日在中共中央政治局第三十七次集体学习时指出，"法律是成文的道德，道德是内心的法律"，法律和道德都具有规范社会行为、维护社会秩序的作用。我国的传统法就具有法律与道德相混成的特点。而中国传统基层社会的治理，也有法治与德治相结合的因素。今天我们依然可以发挥德治的作用为基层社会治理服务。2021 年 4 月 28 日，中共中央和国务院发布的《关于加强基层治理体系和治理能力现代化建设的意见》，明确提出了基层德治建设，加强思想道德建设，培育践行社会主义核心价值观，推动习近平新时代中国特色社会主义思想进社区、进农村、进家庭。

当代的道德与传统社会的道德具有相同之处，也具有不同的时代内涵，尊老爱幼、孝亲诚信等传统美德在当代社会仍然值得提倡，同时我们总结出的"富强、民主、文明、和谐、自由、平等、公正、法治、爱国、敬业、诚信、友善"社会主义核心价值观，就是当代社会在判断是非善恶时的道德标准。

社会主义核心价值观也应当融入基层社会治理的方方面面。尤其是在基层社会，不论是公共服务的提供、公共事务的开展、公益事业的进行，还是维护社区治安、解决邻里矛盾方面，社会主义核心价值观都可以发挥重要的作用。通过宣传和教育将社会主义核心价值观深入人心，充分发挥道德和舆论约束的效果，在日常的家庭伦理、邻里纠纷方面反而有更好的效果，体现了中华优秀传统文化与现代法治文化的有机结合，让法律的"刚"与道德的"柔"相结合。

（二）结构上：理顺政社关系，实现综合治理

1. 搭建自治空间

2021 年 4 月 28 日，中共中央和国务院发布的《关于加强基层治理体系和治理能力现代化建设的意见》，提出合理确定村（社区）规模，不盲目求大。现行的《城市居民委员会组织法》已经确定了居民委员会是"居民自我管理、自我教育、自我服务的基层群众性自治组织"。并且明确了居民委员会与行政机关的关系："不设区的市、市辖区的人民政府或者它的派出机关对居民委员

会的工作给予指导、支持和帮助。居民委员会协助不设区的市、市辖区的人民政府或者它的派出机关开展工作。"即他们之间是指导与协助的关系。但是在实际工作中，居民委员会却往往成为行政机关及其派出机关——街道办事处的"腿"，主要的工作内容不但要承担街道办事处委派的各项行政事务，还要接受行政机关的评价和监督。比如 2010 年《关于加强和改进城市社区居民委员会建设工作的意见》中，进一步强调了居委会在工作部署、经费来源和绩效考核等方面对行政机关的从属地位，并且细化了居民委员会需要协助基层政府或派出机关开展的社会管理及服务工作。在这种情况下，社区内的自治空间受到了挤压，自治主体的积极性也无法调动。

　　因此，需要对社区的自治空间和自治权进行界定、规范和约束，用法律划定自治权的范围及行使的方式。《城市社区居民委员会组织法》修订稿草案也试图解决这一问题，草案不仅由原来的 23 条改为体例完备的 7 章，明确居民委员会性质为城市社区居民"实行自我管理、自我服务、自我教育、自我监督的基层群众性自治组织，依法实行民主选举、民主协商、民主决策、民主管理、民主监督"，而且试图进一步明确居民委员会与行政机关之间的关系，只有基层政府对居民委员会的指导支持和帮助，没有居民委员会对政府工作的协助内容，避免行政机关将其作为自己的下一级机构，另外对于居民委员会的选举、产生、开展工作的民主方式、居民会议的程序，都进行了详细完备的考虑。因为"自治必是程序化，或者说，没有民主程序，就不会产生自治的组织"。[1]并且希望通过对居民委员会工作人员的保障来打造专业化、高素质的社区工作人员。并且加入了居民自治章程和居民公约的履行，鼓励居民制定自治制度，对居务的公开和监督等，希望从各个方面来保障社区的自治空间。

　　2. 确认多元主体

　　如上文所述，与管理的概念相比，治理的概念本身就意味着主体的多元性，从党的十九届四中全会提出"建设人人有责、人人尽责、人人享有的社会治理共同体"，到党的十九届五中全会重申这一要求，并进一步提出"推动社会治理重心向基层下移，向基层放权赋能"。一方面，社区是人们生活的空

---

〔1〕　周庆智："基层社会自治与社会治理现代转型"，载《政治学研究》2016 年第 4 期。

间共同体，是国家治理的"最后一公里"，也是社会治理的基础单元与中心；另一方面，单纯依靠行政力量的治理并非社会治理现代化的应有内涵。

有学者对共同体进行了界定，是指"个体、组织等基于相似的价值认同、目标追求等自觉形成的相互关联、相互促进且关系稳定的群体"。"社区治理共同体"则是指"以政府、社区、社会组织和居民为多元主体，以社会再组织化为手段，以实现社区多元主体共同治理为根本目标的治理群体"。[1]除政府外，多元化治理主体还包括：居民自治组织，各种社会组织，甚至居民个人等。

从当前的基层实践来看，治理共同体还并未建立起来，在治理中仍主要依靠行政力量，行政力量与居民自治力量之间的权责边界尚未厘清，居民自治组织行政化和官僚化，社会组织参与社区治理的积极性没有被调动起来，市场力量在一定条件下也可以参与社区治理。不同的治理主体之间缺乏有效的联动机制。因此，在讨论如何构建社会治理共同体这一问题上，关键点在于如何划清治理主体权责的边界，如何培育社区社会力量，以及如何构建各治理主体之间的互动合作机制等方面。[2]具体来说，法律制度可以从以下方面入手支持社区治理共同体的构建。

（1）确认各种治理主体的地位

法律制度中可以确认社区治理共同体的地位，《城市居民委员会组织法》主要聚焦的是基层居民自治组织的性质和组织制度，并且提出基层党组织的引领作用。2017 年，民政部颁布《关于大力培育发展社区社会组织的意见》，明确了培育发展社区社会组织的要求和举措。社会组织包括社区内部例如业主自发成立的业主委员会，社区外部例如行业协会、商会等联合会或联盟等提供专业的要素配置和服务的社会组织，以及起到联结私营部门及社会组织之间的发挥纽带作用的功能性团体组织。这些社会组织可以在社区治理中的问题活动开展、弱势群体帮扶、公共服务提供等方面发挥作用。比如威海环翠鲸园街辖属社区以微组织突出居民主体，培育了文体兴趣、邻里帮扶、培

---

〔1〕 郁建兴："社会治理共同体及其建设路径"，载《公共管理评论》2019 年第 3 期。

〔2〕 陈秀红："如何把'社区治理共同体'做实做好?"，载《学习时报》2021 年 1 月 27 日，第 A7 版。

植护绿、社区教育等五类社会组织共计 172 个，成为积极参与社区治理的主体。[1]

在《北京市街道办事处条例》中就明确提出构建基层社会共治机制，规定了街道协商和社区协商机制，组织动员辖区内单位、居民委员会，以及居民、人大代表、政协委员等，协商解决社区事务；明确街道辖区内相关治理主体的功能定位，包括社区服务站、社区工作者队伍、辖区单位、志愿服务组织和群众组织，激发多元参与的活力。[2]除以居民委员会和街道办事处为主体的法律文件之外，正如有学者提出的可以有类似社区自治法的自治法规，在其中明确各种治理主体的地位。

（2）确认相互关系，划定权力界限

在多元化的治理主体地位确认后，需要明确各自的权责和相互关系。有学者将基层社会治理的要件总结为"在各个治理主体规则明确、分权且结构分化的政治社会条件下，逐渐形成政府、市场、社会各司其职、相互支持的基层社会治理功能体系"。[3]

目前亟需改变的现状是对单一行政力量的依赖，即全能型的、专权的政府治理模式，而充分发挥居民自治组织、社会组织和其他主体的力量。而特别需要注意的是，划分行政机关与居民自治组织之间的界限，避免行政机关将繁杂的行政任务布置给居民自治机关，造成居民自治组织的行政化。现行的《城市居民委员会组织法》中对行政机关与居民委员会之间的关系规定为："不设区的市、市辖区的人民政府或者它的派出机关对居民委员会的工作给予指导、支持和帮助。居民委员会协助不设区的市、市辖区的人民政府或者它的派出机关开展工作。"[4]确定了行政机关和居民委员会之间指导与协助的关系。但正是这样的规定使"协助"的边界不好确定，为行政机关给居民委员会摊派行政任务留下了空间。

2017 年，中共中央和国务院《关于加强和完善城乡社区治理的意见》中指出，充分发挥基层党组织领导核心作用、有效发挥基层政府主导作用、注

〔1〕 程同顺、魏莉："微治理：城市社区双维治理困境的回应路径"，载《江海学刊》2017 年第 6 期。

〔2〕《北京市街道办事处条例》，北京市人民代表大会常务委员会公告〔十五届〕第 20 号。

〔3〕 周庆智："基层社会自治与社会治理现代转型"，载《政治学研究》2016 年第 4 期。

〔4〕《城市居民委员会组织法》第 2 条第 2 款。

重发挥基层群众性自治组织基础作用、统筹发挥社会力量协同作用，为理顺不同治理主体权责边界提供了基本的框架性思路。2021 年 4 月 28 日，中共中央和国务院发布的《关于加强基层治理体系和治理能力现代化建设的意见》，再一次强调了党全面领导基层治理制度，明确了基层政权在行政执行、为民服务和议事协商方面的职能。在《城市社区居民委员会组织法》修订草案征求意见稿中，留下了基层政府对居民委员会工作的指导、支持和帮助，但是去掉了居民委员会对行政机关的协助。规定了居民委员会与社区党组织的关系，即社区党组织"领导本地区工作和基层社会治理，支持和保证居民委员会充分行使职权"。以及居民委员会与居民的关系："居民委员会依法组织居民开展自治活动，执行居民会议和居民代表会议决定、决议，为居民服务，接受居民监督。居民应当遵守并履行居民自治章程、居民公约，积极参与社区治理，支持并监督居民委员会的工作。"

另外，在各地的街道办事处条例中都试图厘清街道办事处和居民委员会之间的关系。比如《北京市街道办事处条例》第 32 条确定街道办事处和居委会之间的关系，市、区人民政府工作部门和街道办事处不得将协助政府工作清单之外的事项交由居民委员会办理。

如果在之后制定社区自治法等相关法律，也需要确定基层党组织领导下的社区治理结构和运行体制，认可行政力量的合理引导，发挥居民自治组织的自治功能，鼓励和保障居民参与社区公事务的民主协商和监督，另外发挥社会组织和其他可能主体，比如志愿者组织、社区基金会的参与积极性。

（3）鼓励互动，保障治理主体地位实现

在明确了治理的主体，以及各主体之间的权责界限，尤其是行政机关与居民自治组织之间的权责界限之后，还需要社区治理共同体之间有聚合力的互动合作，形成不同主体之间在内部聚合力基础上的互动合作，从制度层面和物理空间层面构建多元治理主体共同协作参与的社区公共事务治理。[1]

第一，可以充分发挥基层党组织的统合与引领功能，用于整合汇聚各方资源。例如，"区域化党建"可以通过有效联结不同治理主体之间的关系，进一步形成各个主体之间的结构化网络关系。各个主体的党组织就是这张治理

---

[1] 陈秀红："如何把'社区治理共同体'做实做好?"，载《学习时报》2021 年 1 月 27 日，第 A7 版。

网络上的"纽扣"，而各个党组织之间的上、下，左、右联动机制就是联结各个主体的"纽带"。在"纽扣"的带动下，通过"纽带"达到各种力量资源整合的目的，从而最终构建多元治理主体的联结与聚合关系，形成基层"大党建"的工作格局与长效机制，发挥基层党建的引领作用，整合各方力量与资料"下沉"到社区。[1]

第二，需要打造社区公共空间，为不同主体互动合作提供平台。居民参与社会治理的主要方式是参与事务决策，但是目前事务公开的平台搭建、程序和制度保障都需要落实。目前各种主体参与的渠道少，这个平台可以是物理或者地理的平台，也可以是信息和虚拟的平台。在这个平台上，各种主体能够进行社会事务的公布、协商和监督活动。

第三，通过对制度的打造，构建具有民主协商性质的规则体系。2021年4月28日，中共中央和国务院发布的《关于加强基层治理体系和治理能力现代化建设的意见》，明确提出了健全村（居）民自治机制。在基层公共事务和公益事业中广泛实行群众自我管理、自我服务、自我教育、自我监督，拓宽群众反映意见和建议的渠道。具体可以表现在，在社区事务的决策上，通过民意的汇聚和共识的达成，吸引各利益方和议事代表等主体积极参与，从而形成不同主体在治理过程中的协商联动机制，推动从政府主导到社区自治的发展。只有联合起来的制度形式，才能形成具有制衡作用的社会力量，与政府形成相互监督、相互支持的良性治理关系，从而建构现代社会组织体系。

回望我国传统社会中，以家族为代表，还存在着乡村共同体、行会等以民间士绅为核心的民间组织，它们实际上都是基层社会治理的主体，共同在基层社会提供教育、文娱等公共服务甚至发挥治安维护、纠纷解决等功能。但是近代以来，行政力量逐渐成为公共服务和基础设施的唯一承担者。[2]但是，我国的传统和目前的治理经验已经显示出社会治理的主体、公共服务的供给者可以实现多元化，比如珠江三角洲地区在基层治理中进行的"五方合

---

〔1〕　陈秀红："如何把'社区治理共同体'做实做好？"，载《学习时报》2021年1月27日，第A7版。

〔2〕　龙登高、王明、陈月圆："论传统中国的基层自治与国家能力"，载《山东大学学报（哲学社会科学版）》2021年第1期。学者认为这一传统逆转与扭曲的原因有：近代以来公共设施与公共事务的需求增多；基层出现权力空挡，由政府填补；近代中国落后挨打，产生了富国强兵的追求，集体主义、政府控制日益成为社会共识；大萧条后各国强化政府控制。

作"（党政部门、工商企业、社会组织、本地居民、外来人口）的探索来替代单一的行政管理。其中深圳市南山区进行了"一核多元"的社区治理新模式的探索。[1]可以参与基层社会治理的主体有社会组织、事业单位、行政机关，甚至居民个人，同时具有市场要素的主体也可以参与进来，作为公共服务的提供者。在培养社会主体的自治意识的同时，可以通过法律和行政法规、规章、政策文件确认和鼓励基层社会治理主体的多元化，一方面多主体之间的博弈和市场要素的参与，往往可以实现对多方有利的最优方案，另一方面可以减轻行政机关和财政体系的负担，充分激发基层社会的多样性和创造性。

3. 理顺政社关系

传统社会因为地域的广大，官民比低，行政力量无法深入农村地区的每一个角落，因此把县以下的空间留给了基层自治。在当代社会，行政力量已经可以深入基层的每一个角落，但是单靠行政力量无法激发基层治理的活力，而且成本高、平面大、事项多。目前街居制的问题反映的就是政社关系、行政引导与居民自治的关系尚未理顺，过分依靠行政力量，自治组织作用未能发挥，自治制度尚未建立。所以，法律制度应当从确认行政引导的现状，确定行政力量的角色、划定公权力界限，搭建平台，使各方主体参与公共决策三方面来理顺两者的关系。

（1）确认行政引导的现状

目前在社会治理中，处处都可以看到行政引导的身影，因此，首先应当正确地认识并且肯定行政引导的现状。2021年4月28日，中共中央和国务院发布的《关于加强基层治理体系和治理能力现代化建设的意见》中，明确指出了基层政权在行政执行、为民服务和议事协商的职能。此外，行政引导体现在基层社会治理的方方面面。

从治理主体上看，除了基层政府本身是行政化的力量，居民委员会在当前具有行政化之外，社会组织在社区治理共同体的构建中被寄予厚望，社区治理常需要与事业单位进行合作，而社会组织和事业单位也具有一定的行政

---

[1] 王慧琼："激发'1+3+N'的'陀螺效应'——南山'一核多元'社区治理模式透视"，载《深圳特区报》2014年7月14日，第A01版。南山"一核多元"社区治理结构模式，用一个加法算术题表达，就是"1+3+N"。"1"，即社区综合党委（联合党委、总支），"3"即社区居民委员会、社区工作站、社区服务单元；"N"，即各类社会组织和驻辖区企事业单位。

引导性。社会组织被认为是非常具有潜力的治理主体，但是同样的，社会组织很多也是在行政的引导下进行培育和发展的，其工作的内容和机制与行政机关具有千丝万缕的关系，并且在开展工作的时候也需要顾及行政机关的态度和意见。而我国大量教育、科技、文化、卫生设施，比如学校、医院、图书馆都属于事业单位的性质，在社区治理中，特别是在解决社会居民的各种社会服务需求的时候，常需要与事业单位合作。但事业单位本身在一定程度上具有行政引导性，因为其本身就属于广义的行政组织。事业单位属于公法人，享有一定的公共职能，而在新中国成立之后的很长时间，事业单位与行政机关具有很大的相似性，大量事业单位、自治团体、国有企业从职能、人员、结构、法律地位上都严重"行政化"。[1]

从治理内容上看，目前对社区治理中社会服务的提供、综合服务平台的建设，治安的维持，以及社区的一些评比活动，都存在着行政引导。即使是居民公约的形成和构建，也具有行政引导的影子。各地在近年来都在推动村规民约和居民公约的构建，比如 2018 年重庆市民政局《关于修订完善村规民约和居民公约的通知》，在其中明确提出由基层的"两委"来推动，对工作完成的时间期限、修订的重点、文本形式、修订程序以及组织实施都进行了详细的规定，还附有居民公约的格式范本，使得居民公约的修订完善中也有行政引导的作用。

从治理制度上看，目前社区居委会一般与社区基层党组织共同展开工作，通称为"社区两委"。在党组织内部，其工作开展是民主集中制下的上下级工作方式，下级需要坚决执行上级的决定。社区居委会与社区基层党组织共同开展工作，造成了在社区工作因为党的领导也在实际工作中与基层政府形成了事实上的上下级关系。另外，在基层社区建立起来的"社区公共服务单元""社区服务站"这样的综合性服务性平台，需要接受基层政府以及政府职能部门的业务指导，而且这些服务平台的工作人员常由居民委员会和社区基层党组织的工作人员担任。居民委员会在组织机构和职能内容上与党组织和行政组织的功能相重叠，使得其体现出较强的行政引导性。

我们需要正确认识当前社区治理中行政引导的存在，有学者认为目前社

---

〔1〕 马颜昕："行政引导下的基层合作治理——以实证分析为视角"，载《行政法学研究》2021年第 1 期。

区治理中已经有了多元化的治理主体，"并在一定范围内通过合作，协同产生了较为稳定的自发秩序，但在这个过程中，拥有相对更高行政权的主体（即使它们未必构成严格意义上的行政机关）将在组织、规则、行为等多方面引导其他治理主体，从而对治理的走向产生关键性的影响"。[1]同时承认行政引导的作用也存在着积极的意义，因为行政力量的推动，社区工作的启动和完成都更加具有效率和保障，行政力量可以调动更多的社会资源，包括物质上、专业上等资源来完成社会服务的提供，行政引导本身也在一定程度上对社区治理活动起到监督作用。同时，也符合我国居民从新中国成立以来的"单位制"中延续下来的"有事找政府"的观念。

（2）确定行政力量的角色，划定公权力界限

对行政引导现状的正确认识，需要承认完全的"去行政化"在当前的状态下是不太可能实现的，同时也没有必要。一方面承认行政引导的存在和积极意义，另一方面确定行政力量的适当角色，划定其职权的界限，在行政引导下仍然可以进行积极而有活力的社区共治和社区自治。

行政机关在社会治理中应当发挥积极的作用，这种作用应当是市场活动的监管者、社会组织的培育者、合意形成的推动者和社会公平的平衡者。在市场活动中，特别是在与市场力量进行公私合作治理的时候，不能单纯依靠市场机制，因为市场机制可能存在垄断等失灵的情况，这个时候需要行政机关进行监督和规制，来把握市场力量与社会公平之间的平衡。在鼓励多元性社会治理主体参与治理时，社会组织往往被寄予厚望，但是目前在社会组织的培育中，特别是早期，往往需要行政力量提供政策和资源上的支持；在主体和利益多元化的社会背景下，合意的形成可能更加困难，多元主体之间的反复博弈虽然可能可以最终形成利益的平衡，但是有时却会带来成本高昂、效率低下的弊端，这使行政力量乐意对合意的形成进行推动，有效地打破反复博弈的僵局，降低成本，提高效率；而对社会上的一些特殊群体，特别是一些社会弱势群体，他们的利益还需要依靠行政力量来平衡和保障。另外，自治的范围和自治参与的主体，也可以由行政机关作为公共利益的代表，根据公共利益为导向，由行政力量进行预先划定，保证基层社会治理在合理合

---

[1] 马颜昕："行政引导下的基层合作治理——以实证分析为视角"，载《行政法学研究》2021年第1期。

法的范围内进行，并符合公共利益。

当前，不论是在法律文件上，还是在实践中，公共权力的界限并没有明确，特别是在行政引导几乎贯穿社会治理的全过程以及方方面面的背景下，行政机关与居民自治组织之间的权责划分不清，导致居民自治组织的行政化。而且随着治理主体的多元化发展，公共权力的边界也越发模糊不清，特别是在主体越发增多的情况下，公共权力的界限并没有被厘清。这进一步导致，在参与治理过程中，各个治理主体越位、缺位的情形产生。因此，需要通过法律制度对公权力的界限进行相对明确的划定，进一步细化行政机关的角色和职权，确定特定职权适用的具体情境，将角色、职能、职权和职责相统一。现行《城市居民委员会组织法》中对基层政府与居民委员会之间"指导与协助"的关系并不利于公共权力界限的划定，因此也造成了现实中的问题。而正在修订中的《城市社区居民委员会组织法》试图去掉居民委员会对基层政府的"协助"，依次减少行政权力对居民自治组织的摊派。除了有制度上的规定，还需要由法律制度来保障这种权责划定得到实施，即对违反者的法律责任，以保证实践中得到实施。并且多元治理中公权力的行使，包括行使的范围、方式也需要进行监督和规制，纳入行政法的规范体系，比如在很多自治事务上，行政机关可以做的是服务和协助，甚至行政指导，而并非直接的干预和命令。一旦越权，需要有行政法上的责任作为保障。

（3）搭建平台，使各方主体参与公共决策

当前，除行政力量和居民自治组织之外，其他的社区治理主体比如社会组织、居民个人参与社区事务的管理非常有限，一个非常重要的原因是没有可以参与治理的平台。很多治理主体对基层事务的状况并不了解，更不用说参与其中。

因此需要搭建多元主体参与公共决策的平台。从功能上说，包括信息公开的平台，进行社会听证的平台，参与公共决策的平台，来保证治理主体的知情权、参与权和表达权。从形式上看，可以是物理上或者地理上的平台，也可以是依托于当代信息技术的信息化和虚拟化平台。2021 年 4 月 28 日，中共中央和国务院发布的《关于加强基层治理体系和治理能力现代化建设的意见》，明确提出了基层智慧治理能力建设，实施"互联网+基层治理"行动，共建数据库，建设全国一体化政府服务平台等。

4. 实现综合治理

行政力量是基层社会治理中的重要力量。根据我国传统社会和新中国成立后基层治理经验的总结，越到基层社会，越需要治理的综合性，基层治理的重要功能是社会服务的提供，而对居民来说，最重要的是方便和快捷，而专业和职权的划分反而不在其考虑的范围之内。综合治理能够达到便利群众，降低成本的效果，符合基层治理事项多、平面大的特点。

目前提到综合治理，往往被认为是治安综合治理。实际上，广义上的基层综合治理的概念包括主体上的综合、手段上的综合和内容上的综合，不仅仅指的是治安的综合治理，还指包括党组织、行政机关、居民自治组织、社会组织等治理主体，运用法律、政治、经济、行政、教育、文化等各种手段对基层社会事务进行治理。基层综合治理的典型体现之一是为了更好地服务居民，社区设立的"一站式"居民服务大厅，集中提供民政、计生等各项服务，并且依托网络平台，很多事项可以网上办理，使得居民足不出户就可以办理各种事项。"一站式"服务大厅或者平台就集中体现了政府作为治理主体综合治理的理念，即对居民来说，专业和职能部门的划分并不重要，重要的是方便、快捷和高效地获取各项社会服务。

基层综合治理其中的一项创新即为行政执法权的综合执法。综合行政执法代表着相对集中的行政处罚权。《行政处罚法》第 18 条对集中的行政处罚权进行了明确，为我国行政管理体制的改革和基层治理相对集中行政处罚工作的开展提供了法律依据和准绳。1997 年经国务院批准，北京市政府发布《关于在宣武区开展城市管理综合执法试点工作的通知》，"宣武试点"工作正式开始。从此，城市管理综合执法体制改革的工作全面推开。在此以后，国家有关部门先后颁布规章制度，加大力度开展相对集中的行政处罚权的工作，并授予省、自治区以及直辖市人民政府开展有关工作部署。2013 年 11 月12 日，《中共中央关于全面深化改革若干重大问题的决定》明确提出要"整合执法主体，相对集中执法权，推进综合执法"，并且提出要正确处理"相对集中执法权"和"综合执法"的关系。2015 年 12 月，在《法治政府建设实施纲要（2015—2020 年）》中，进一步要求"支持有条件的领域推行跨部门综合执法"，指出行政执法权限和执法力量要向基层延伸和下沉，将其作为综合行政执法体制改革的一项重要内容。《行政强制法》第 17 条也有明确的规定，指出相应的行政强制措施可以一并相对集中处理。[1]2021年4月28日，中共中央和国务院发布的《关于加强基层治理体系和治理能力现代化建设的意见》中提出了基层社会治理中在应急管理、平安建设、智慧管理等方面进行综合治理的要求。

在各地的街道办事处条例中，已经存在综合行政执法的内容。例如，在《北京市街道办事处条例》中，明确提出了设立综合行政执法等工作机构。[2]该条例不仅明确了街道办事处在开展综合执法活动方面的职能，赋予街道办事处行使与居民生活密切相关并能够有效承接的行政执法权。具体而言，主要包括设立街道办事处行政执法工作机构，列举执法清单，开展综合执法的培训、管理与考核，限定与协调各职能部门的执法权限与途径。此外，对于涉及多部门协同解决的事项，通过依靠指挥平台，组织有关部门和派出机构开展联合执法。

国家已经明确提出行政执法权的下沉和综合行使，在法律文件上也存在依据，综合行政执法作为基层社会治理的重要措施和改革方向。但是，目前基层综合执法权的实现还存在着很多问题，比如执法主体的主体地位和职权、各部门之间的长效协同机制以及对执法权行使的监督等。

（1）基层综合执法的主体地位和职权

综合执法的意义在于"相对集中的行政处罚权"，即综合执法，这就涉及执法主体的地位。综合行政执法体制改革的基本精神是"减少层次、整合队伍、提高效率"，"大幅减少各种执法队伍的种类"。通过改革，分散在多个部门的行政执法权被集中统一，主要解决了多头执法、重复执法、执法缺位、执法过度等长期存在的实际问题。

从法律依据上看，《行政处罚法》第18条第2款规定："国务院或者省、自治区、直辖市人民政府可以决定一个行政机关行使有关行政机关的行政处罚权。"但是，法律对政府授权的具体形式、授权后原机关的权限处理并没有

---

〔1〕　陈森国："基层治理视角下综合行政执法权问题研究"，载《中共山西省委党校学报》2021年第1期。

〔2〕　《北京市街道办事处条例》第9条第2款规定，本市按照精简、效能、便民的原则，整合相关职能，构建面向人民群众、符合基层事务特点、简约高效的基层治理体制。街道办事处根据本市规定设立民生保障、城市管理、平安建设、社区建设、综合行政执法等工作机构，并做好政务服务、市民活动、诉求处置等工作。

作出具体的规定。根据《行政许可法》第 25 条，"经国务院批准，省、自治区、直辖市人民政府根据精简、统一、效能的原则，可以决定一个行政机关行使有关行政机关的行政许可权"。此外，《行政强制法》第 17 条第 2 款进一步规定，"……行使相对集中行政处罚权的行政机关，可以实施法律、法规规定的与行政处罚权有关的行政强制措施"。

在行政处罚法、行政许可法和行政强制法的指导下，中央全面深化改革委员会于 2018 年 11 月 14 日审议通过了《"街乡吹哨、部门报到"——北京市推进党建引领基层治理体制机制创新的探索》。[1]社会治理单元向基层下移的创新实践得以确认，明确了地方性法规可以授予街道办在其区域内的综合执法主体资格。作为履行公共事务职能的组织，虽然目前各地相关条例已经赋予街道办事处综合执法权，但是在法律法规上仍然缺乏明确的具体依据。

从基层实践来看，条块关系并未理顺。法定的行政执法主体多元，既包含政府部门，也包含通过行政授权、行政委托等多种法律方式获得执法权的有关行政机关、事业单位等。但是多元主体也具有一定的弊端，特别是当行政授权与行政委托获取执法权限缺乏统一标准的情况下，行政执法存在很大的不确定性。此外，属地管理原则于 2002 年正式实施，在国务院 2002 年 8 月 22 日颁布的《关于进一步推进相对集中行政处罚权工作的决定》中，正式授予了省级政府自行决定在其行政区域内开展相对集中行政处罚权工作。之后，行政执法权基本交由地方政府。但是，属地性责任与自上而下的行政管理体制无法匹配，行政执法主体之间的权限交叉导致"条"与"块"无法对接，复杂的主体关系和权限交叉导致产生执法机构权责不清、职责不明的情形。除此之外，综合执法权行使过程中的监督部门仍然需要法律法规予以确认。

（2）建立长效的跨部门协同机制

综合执法涉及不同的行政执法权，也涉及各部门之间的协同。这就进一步要求各个机构和部门之间互相配合，通过对相关部门的整合和执法权的集中行使，防止产生"政出多门、权力争夺、责任推诿"等问题。目前，权力执行的"碎片化"问题仍然存在，特别是在部门整合失衡、权力分割等方面，一些行政主体间的合作无法有效开展，一些政府机构之间的合力无法有效行

---

〔1〕 芦晓春、邓保群："打通基层治理'最后一公里'——北京市实施'街乡吹哨、部门报到'改革纪实"，载《农民日报》2018 年 12 月 10 日，第 3 版。

程，各自为政、行政执法效率低下、重复执法、责任推诿等问题依然存在。

上述问题要求我们明确综合行政执法的范围以及横向和纵向上的职权划分和彼此之间的协作。从横向层面上，以综合执法部门为主要主体，统一行使相似或者交叉领域内的行政执法权，从而减少多部门交叉重叠执法的现象；从纵向层面上，不同层级的执法权责也需要进一步明晰，不仅要推动执法力量重心下移，也要保证一些专业的执法权必须由一定层级以上的机关以及具有专业资格的执法人员来进行。除了执法机构内部间的沟通协作，综合执法机构与其他职能部门、司法机关之间的配合也需要进一步提升，通过共享行政执法信息，进一步加强业务联络。

另外，一些行政部门在进行行政执法体制改革的时候，常常从眼前的短期目标出发制定规划、进行决策，以"集中整治""专项行动"的方式进行，缺乏系统性和长期性的长效机制，应当采取常态化的治理模式，进行执法权的统筹安排，强化跨部门的协作治理。而党建引领在建立长效协同机制方面，可以起到很好的作用，发挥基层党组织在基层治理中的作用，通过制度建设，坚持党的全面领导和党员的先进模范作用，引领各部门之间的协同合作。

（3）综合行政执法的监督

综合行政执法意味着一支队伍有多种执法权，在一定意义上意味着权力的集中，所以更加需要防范权力的滥用。这就需要严格划定权力的范围和程序，使权力的行使在法治化的轨道上运行。针对行政执法信息公开不及时、不规范、不透明的问题，国务院于 2017 年提出全面推行"行政执法公示制度""执法全过程记录制度""重大执法决定法制审核制度"等三项制度，进一步强化了执法监督工作，从而达到公开透明、合法规范、公平高效的行政执法效果。[1]具体措施包括对执法权的范围列明清单，对执法主体、标准和程序进行明确规定和事先公布，执法全过程需要通过文字、影像等方式进行记录，并且进行规范归档保存，事后也要进行公示。

同时，由于基层行政执法点多面广人员少，一些执法人员年龄大、文化水平不高，执法能力和执法水平良莠不齐，法律专业知识和情况应对能力欠缺，在执法过程中会存在不规范之处，严重损害行政机关的公信力，引发社

---

〔1〕《国务院办公厅关于印发推行行政执法公示制度执法全过程记录制度重大执法决定法制审核制度试点工作方案的通知》，国办发〔2017〕14 号，2017 年 1 月 19 日发布。

会矛盾。此时需要对具体执法人员进行严格的监督。

因此，对基层综合执法权的行使进行监督，需要对权力有制度和程序上的监督，也需要对具体的执法人员进行监督，既需要接受基层党组织纪检监察甚至司法部门的监督，也需要接受执法对象的监督以及群众的监督，保证综合执法权公开、透明、高效地行使，同时不得随意侵犯行政相对人的利益。

综合行政执法权是基层综合治理的一个方面，基层综合治理是为了适用基层平面大事项多的特点，一方面方便居民群众，比如基层"一站式"综合办事大厅的设立，另一方面也是为了行政力量行使在基层的政出多门、多头行政造成的资源浪费和治理空白上，是符合基层社会特点的治理手段和改革方向。

（三）制度上：完善自治制度，多元纠纷解决

1. "软法"打造内部制度

具有国家强制力保障实施的法律法规固然是基层社会治理不可或缺的重要规范，在基层的自治空间内，则更加依赖于"软法"的规范作用。所谓"软法"，与有国家强制力保障的"硬法"相对，因此被定义为："软法是指称许多法现象，这些法现象有一个共同特征，就是作为一种事实上存在的有效约束人们行动的行为规则，它们的实施未必依赖于国家强制力的保障。"[1]也有学者试图通过归纳法对"软法"的内涵进行列举，[2]因为认为"软法"的内涵更加适合于直接列举，而"不宜定义"。[3]

"软法"与国家制定法相比，制定和执行的成本低，虽然没有国家强制力

---

[1] 罗豪才等：《软法与公共治理》，北京大学出版社2006年版，第6页。

[2] 姜明安："软法的兴起与软法之治"，载《中国法学》2006年第2期。姜明安教授将"软法"列举为六个方面的规则：（1）行业协会、高等学校等社会自治组织规范其本身的组织和活动及组织成员行为的章程、规则、原则。应该说，在这些社会组织内部，存在大量的规范其组织成员的软法；（2）基层群众自治组织（如村委会、居民委员会）规范其本身的组织和活动及组织成员行为的章程、规则、原则，如村规民约等；（3）人民政协、社会团体规范其本身的组织和活动及组织成员行为的章程、规则、原则以及人民政协在代行人民代表大会时制定的有外部效力的纲领、规则；（4）国际组织规范其本身的组织和活动及组织成员行为的章程、规则、原则，如联合国、WTO、绿色和平组织等，国家作为主体的国际组织规范国与国之间关系以及成员国行为的规则；（5）法律、法规、规章中没有明确法律责任的条款（硬法中的软法）；（6）执政党和参政党规范本党组织和活动及党员行为的章程、规则、原则（习惯上称之为"党规""党法"），这些章程、规则在其党内能够起到规范的作用，故亦应列入软法的范围。

[3] 王申："软法产生的社会文化根源及其启示"，载《法商研究》2006年第6期。

作为后盾，但是更加柔软灵活，主要依靠团体内的舆论约束、成员自觉、道德感化、利益权衡等保证其实施，运行成本低，同时与国家法相配合，反而会达到很好的实施效果。[1]从中国传统社会的家法族规、乡约村规，到新中国成立后单位内部的一些管理制度，再到今天在社区内部自发形成的诸如公共设施和资源的管理制度和使用规则等，都属于软法的范围，软法格外适应基层社会治理单元内部灵活、柔性、自觉、多元的规则需要。将软法也纳入基层社会治理的法律构造之中，肯定其地位，鼓励其应用，充分发挥其在基层社会治理特别是社区自治中的作用。

"软法"与习惯法有所不同，但是可以相互转化。软法和习惯法都不依靠国家强制力保证实施，一般是对基层社会传统的传承和体现，其实施机制主要依靠人们的主观意识、传统影响和舆论约束来发生作用，其效力范围具有明显的地域性和群体性的特征。习惯法一般不成文，在习惯法发展到一定阶段通过成文的方式固定下来，但是并不依赖国家制定和国家强制力保障实施的时候，就完成了到"软法"的转化。[2]

村规民约和居民公约是基层治理"软法"的典型表现形式，其存在具有法律依据。根据《城市居民委员会组织法》第 15 条："居民公约由居民会议讨论制定，报不设区的市、市辖区的人民政府或者它的派出机关备案，由居民委员会监督执行。居民应当遵守居民会议的决议和居民公约。居民公约的内容不得与宪法、法律、法规和国家的政策相抵触。"《村民委员会组织法》第 27 条第 1 款至第 2 款也规定："村民会议可以制定和修改村民自治章程、村规民约，并报乡、民族乡、镇的人民政府备案。村民自治章程、村规民约以及村民会议或者村民代表会议的决定不得与宪法、法律、法规和国家的政策相抵触，不得有侵犯村民的人身权利、民主权利和合法财产权利的内容。"

村规民约应当是由村民或者居民自发形成制定，主要内容是对乡村传统风俗习惯的传承，涉及人们生活的方方面面，比如婚姻、丧葬、祭祀等各种仪式等。[3]但是，国家对村规民约和居民公约的重视，各地都公布了关于修

---

〔1〕　罗豪才、宋功德："认真对待软法——公域软法的一般理论及其中国实践"，载《中国法学》2006 年第 2 期。

〔2〕　郑毅："论习惯法与软法的关系及转化"，载《山东大学学报（哲学社会科学版）》2012 年第 2 期。

〔3〕　高其才：《中国习惯法论》，湖南出版社 1995 年版，第 76 页。

订完善村规民约和居民公约的指导文件，比如 2017 年青海省社会治安综合治理委员会办公室、青海省民政厅《关于健全完善〈村规民约〉〈居民公约〉的指导意见》、2018 年重庆市民政局《关于修订完善村规民约和居民公约的通知》，积极鼓励和推进村规民约和居民公约修订完善，以发挥其在基层民主中的作用。这些指导意见和通知中对村规民约和居民公约修订完善的程序、工作时间节点、制定后的组织实施工作都有明确的规定，实际上是以行政引导的方式来促进基层自治空间中"软法"的构建和作用发挥。除村规民约和居民公约之外，社区内部图书馆、健身设施等公共资源使用公约和规范，也都属于"软法"的范围。

比如上文提到，在意识到"软法"的治理效果之后，浙江省诸暨市 467 个行政村全部制定有村规民约。其中枫源村有《枫源村村规民约》和《枫源村村规民约实施细则》，其内容凝练，在基层治理中起到了非常重要的作用。

而社区中的居民公约常常采取短句，整齐排列，对居民的爱国守法、社区公共事务的参与、相互扶助、家庭美德、环境保护等作出全面的原则性规定。但是与乡村的"熟人社会"不同，大城市的"陌生人社会"使得居民公约一般只作原则性的规定，而不宜作出惩罚性的具体规范。

"村规民约治理是村民在自然状态下、基于相互信任与依赖，源自他们内心信念和道德情感，而形成的一种共识与默契的礼俗治理模式。"[1]主要依靠道德规范、舆论约束以及约定的一些经济惩罚手段来保障村民对其"自然地甚至本能地遵从，并竭力加以维护"，因此"不遵奉村规民约的个人，必将受到习惯力量制约、道德舆论谴责乃至经济制裁，从而形成了弘扬正气与惩罚邪恶相结合的治理模式特征"。[2]而通过调查，当前乡规民约在"发扬基层民主、管理公共事务、分配保护资产、保护利用资源、保护环境卫生、促进团结互助、推进移风易俗、传承良善文化、维护乡村治安、解决民间纠纷等方面"都发挥了积极的乡村治理作用。[3]

---

〔1〕 高艳芳、黄永林："论村规民约的德治功能及其当代价值——以建立'三治结合'的乡村治理体系为视角"，载《社会主义研究》2019 年第 2 期。

〔2〕 高艳芳、黄永林："论村规民约的德治功能及其当代价值——以建立'三治结合'的乡村治理体系为视角"，载《社会主义研究》2019 年第 2 期。

〔3〕 陈寒非、高其才："乡规民约在乡村治理中的积极作用实证研究"，载《清华法学》2018 年第 1 期。

2. 多元化纠纷解决机制

我国传统社会有"无讼"的思想传统，通过"务限法"、禁止越诉以及限制讼师等各种方式来限制诉讼，同时通过道德教化来说服百姓减少诉讼。更重要的是，通过民间司法将大部分的民间纠纷化解于司法机关之外。上文论述传统基层社会普遍存在的家族司法和乡间调处，由族长或者乡绅依据家法族规、乡约民规对"户婚、田土、钱债"一类民事案件或者轻微的刑事案件进行处理。由于传统社会司法资源的有限和对"无讼"的追求，国家甚至直接将这些案件的处理权委托给族长或乡绅里老处理，例如元朝《至元新格》规定："诸论诉婚姻、家财、田宅、债负，若不系违法重事，并听社长以理谕解，免使妨废农务，烦挠官司。"[1]传统社会的家族司法和乡间调处的确起到了化解基层纠纷，维护社会稳定和谐的作用，在调处过程中还对家族成员和乡民进行了道德教化，是基层社会治理的重要内容。而民间司法之所以能够获得良好的效果，是因为整个社会对"无讼"的追求和民间法体系，包括家法族规和乡规民约，以及族长和乡绅的权威，都对民间的纠纷解决起到了充分的支持作用。

在学者看来，基层纠纷调处和官方司法看似两套体系，但是在目的和实质上具有同质性。黄宗智先生认为政府是主动让与这一空间，认为应将这些琐细的民事纠纷让社会本身的民事调解系统来处理，而无需动用官方的司法制度。[2]甚至家族和乡间的司法解决被认为是初级的司法机构，家族内的纠纷先由族长进行裁决，使得很多纠纷不必进入国家的司法系统。而因为家族和乡间的亲情、道德等因素的作用，对基层纠纷的调处方式更加具有柔性，结果也比司法机关的裁决来得更加调和。

随着传统家族的解体，当代个人主义和权利意识的发展，人们的法律意识增强，而基层社会单元和权威的缺失，使得诉讼成为纠纷解决的主流方式，我国社会进入"诉讼爆炸"时代，对整个司法系统都提出了严峻的考验。在这种情况下，回望我国传统基层纠纷解决的经验，我国也提出了多元化纠纷解决的路径。

党的十八届四中全会决定明确提出"健全社会矛盾纠纷预防化解机制，

---

〔1〕《大元通制条格》卷十六《田令·理民》。
〔2〕 黄宗智："中国的正义体系的过去、现在与未来"，载《社会科学文摘》2018 年第 6 期。

完善调解、仲裁、行政裁决、行政复议、诉讼等有机衔接、相互协调的多元化纠纷解决机制"的改革战略，最高人民法院于 2014 年在全国确定了 50 家法院作为"多元化纠纷解决机制改革示范法院"。2015 年 4 月 9 日，全国法院多元化纠纷解决机制改革工作推进会首次召开。2016 年 6 月 28 日，最高人民法院又出台了《关于人民法院进一步深化多元化纠纷解决机制改革的意见》，旨在通过充分动员社会自身力量，化解社会矛盾、维护社会秩序、实现社会正义、满足社会需求。虽然就司法系统来说，多元化纠纷解决机制的实现可能在于"探索建立调解前置程序"，但是就整个社会来说，社区作为可能的基层社会治理单元，可以承担一部分纠纷解决职能。现行的《城市居民委员会组织法》在列举居民自治组织职能时明确了"调解民间纠纷"一项，主要指的是社区中的一些家庭矛盾或者是居民之间的矛盾，《北京市街道办事处条例》中也明确提出了平安街道与平安社区的建设，通过充分发挥人民调解作用，达到及时了解、主动排查、有效化解纠纷的目的。2021 年 4 月 28 日，中共中央和国务院发布的《关于加强基层治理体系和治理能力现代化建设的意见》，明确提出了基层治理中矛盾纠纷一站式、多元化解决机制和心理疏导服务机制的建设要求。而 2022 年 3 月 28 日刚通过的《深圳经济特区矛盾纠纷多元化解条例》明确界定了矛盾纠纷多元化解的概念，[1]试图为非诉纠纷解决机制提供法治依据和保障。

当代基层社会治理中的多元化纠纷解决机制，具体来说需要在核心理念、制度支持、诉讼与非诉相衔接的体系三个方面进行构建。

在核心理念方面，随着个人意识和权力意识的增强，导致诉讼案件激增，司法机关不堪重负。虽然意味着法治观念深入人心，但是出现的一些恶意"烂讼""缠讼"现象，会造成对司法资源的浪费和司法权威的损害，对社会风气和社会道德也有不良的影响。而传统社会的"无讼"理念，虽然在当时也有一定的负面影响，但是民间纠纷解决与国家司法的相互配合，无疑具有成功的经验，其关键在国家和民间社会在社会治理的目的和核心价值上的一

---

[1] 《深圳经济特区矛盾纠纷多元化解条例》明确界定"矛盾纠纷多元化解，是指通过和解、调解、行政裁决、信访、行政复议、仲裁、诉讼等多元方式化解矛盾纠纷的活动"。明确表示矛盾纠纷多元化解应坚持非诉有限的原则，鼓励当事人有限选择非诉讼方式化解矛盾纠纷，也鼓励律师引导非诉化解。同时还详细规定了市、区、人民政府及其有关部门、街道办事处对矛盾纠纷源头的治理责任。

致性。因此，在民主、法治、保护个人权利与发展、实现社会和谐秩序的统一价值观引领下，实现基层社会和国家治理理念的一致，即建立和谐、民主社会，是构建基层多元化纠纷解决机制的思想基础。

在制度支持方面，包括《民事诉讼法》《行政诉讼法》《仲裁法》等相关法律在内的制度框架，为建立多元化纠纷解决机制提供了法律依据。此外，《人民调解法》也明确了人民调解的地位。然而，在各种纠纷解决方式的具体运行方式和相互之间的衔接方面，还缺少法律文件的明确。党的十八届四中全会明确提出，要不断提高社会治理法治化水平，发挥市民公约、乡规民约、行业规章、团体章程等社会规范在社会治理中的积极作用。这就要求我们在实践中不断探索，进一步总结在解决民间矛盾纠纷方面的实际经验，并在广泛经验的基础上提炼出具有普遍性的理论与理念，并最终通过法律规范等规范性法律文件的形式予以确认，完成从实践经验向法律制度的转化，将具有科学性、理论性的实践纳入法律规范。进一步明确和扩大调解的适用范围，包括诉前的调解和诉中的调解，特别是居民自治组织主体法中，以及之后的自治法中，都可以明确多元化纠纷解决方式中的居民调解等方式。总之，通过合理的规划和公共资源与权力的分配，明确纠纷解决机制的法律地位，并辅以相互配合衔接的诉讼程序法。

另外，多元化纠纷解决机制除了依赖居民自治组织，还依赖民间组织和自治空间的生成，比如行业协会完全可以调解本行业内主体在日常经营和竞争方面的纠纷。特别是在民间社会的发展和基层自治空间的培育方面，需要处理好行政权力与自治能力的关系，在行政引导下帮助其他社会治理主体作用的发展，比如除居民自治组织之外的社会组织、行业自治组织，认可其法律地位赋予其主体权力，构建宽松的社会制度及良好的法律，避免行政权力的过度干预，留下民间自治的充足空间，使得民间纠纷解决治理能够自发规范地形成并运行。[1]

在实现诉讼与非诉讼的有机衔接方面，非诉的纠纷解决方式并不适合所有类型的纠纷解决，一些经过了非诉程序但仍然无法解决的纠纷，可能最终还是需要进入诉讼程序，因此非诉与诉讼程序需要进行有机配合，形成相互

---

[1] 邹亚莎："传统无讼理念与当代多元化纠纷解决机制的完善"，载《法学杂志》2016年第10期。

独立、相互统一、相互配合的纠纷解决机制。一方面，充分落实司法解决是纠纷解决的最后一道防线，司法权威和公信力为和谐社会提供了有力保障；另一方面，充分发挥非诉的纠纷解决方式，保障当事人可以自由选择解决的方式。同时，对于纠纷解决机制的引导也十分重要，将合适的案件类型引导至相应的解决程序，明确诉讼与非诉机制二者之间的界限，确保诉讼与非诉机制在程序和效力上的衔接。此外，对非诉制度也需要进行一定的监督，使之遵循一定的法定程序和相关制度，保护当事人的权利，避免违反公平正义的情形出现。当然，纠纷解决机制的完善对于实现和谐社会的作用不宜过分夸大，纠纷解决只是对社会利益失衡的弥补措施和救济渠道之一，而减少诉讼、达到和谐发展的根本在于社会财富的总体增长，合理公平的分配机制，完善健全的社会治理体系，核心价值的社会认同，健康良好的群体关系等。

第七章

当代乡村基层社会治理单元的培育与法律机制

乡村是中国重要组成部分，2021 年公布的《乡村振兴促进法》对乡村的定义为：城市建成区以外具有自然、社会、经济特征和生产、生活、生态、文化等多重功能的地域综合体，包括乡镇和村庄等。乡村的发展和振兴是实现党的十八大提出的"全面建成小康社会"目标，实现全体人民共同富裕的必经之路。在当前城乡发展尚不平衡的背景下，2018 年《中共中央、国务院关于实施乡村振兴战略的意见》，明确提出加快推进农业农村现代化，让农业成为有奔头的产业，让农民成为有吸引力的职业，让农村成为安居乐业的美丽家园。随着当代社会经济的发展，乡村基层社会各个方面发生了巨变。在城乡关系变化趋势之下，时代为乡村发展带来了机遇，也为乡村基层社会治理的发展带来了新的挑战。传统的乡村治理模式已经不能完全适应新时代的要求和实践需要，乡村的基层社会治理现代化已经成为我国社会主义现代化的重要议题之一。

党的十九大报告为乡村基层社会治理现代化指明了方向，明确提出"加强农村基层基础工作，健全自治、法治、德治相结合的乡村治理体系"。到 2019 年，中央一号文件连续 16 年聚焦"三农"问题，其中提到"治理"二字多达 20 次。可见，完善的乡村治理机制是保持农村社会和谐稳定的重要基础，如何完善乡村的治理机制则是新时代乡村治理过程中所面临的重要课题。

2021 年 4 月 28 日，中共中央和国务院发布的《关于加强基层治理体系和治理能力现代化建设的意见》，提出了"力争用 5 年左右时间，建立起党组织统一领导、政府依法履责、各类组织积极协同、群众广泛参与，自治、法治、德治相结合的基层治理体系"的目标，并且"在此基础上力争再用 10 年时间，基本实现基层治理体系和治理能力现代化"。在健全基层群众自治制度部分，强调了加强村（居）民委员会规范化建设、健全村（居）民自治机制、增强村（社区）组织动员能力、优化村（社区）服务格局等要求。

在国家高度关注乡村振兴的背景下，第十三届全国人民代表大会常务委员会第二十八次会议于 2021 年 4 月 29 日通过了《乡村振兴促进法》，自 2021 年 6 月 1 日起施行。该法第 6 条提出"国家建立健全城乡融合发展的体制机制和政策体系，推动城乡要素有序流动、平等交换和公共资源均衡配置，坚持以工补农、以城带乡，推动形成工农互促、城乡互补、协调发展、共同繁荣的新型工农城乡关系"。该法的实施足见乡村振兴对于国家发展的重要意义，以及乡村基层治理对于整个社会治理的基础作用。

乡村基层社会治理体系与治理能力的现代化，以及"自治、法治、德治相结合的乡村治理体系"的有效实现，有赖于形成和培育有效的乡村基层社会治理单元，通过单元内的"自治、法治、德治相结合"，进而实现整个乡村治理体系的"三治结合"和现代化。

而乡村基层社会治理单元的培育及其治理功能的发挥，也有赖于法律机制的支持。法律机制是乡村治理法治化的重要表现，是一个系统工程，"法治"一定是在"德治"和"自治"的配合下，才能释放出乘数效应。当代乡村基层社会治理单元的培育应当思考如何将"法治"更好地融入新时代乡村建设，充分发挥法律机制作用，实现自治、法治、德治的基础合力，协调治理主体之间关系，理顺治理关系和治理过程，真正解决新时代背景下乡村治理面临的问题和挑战。

自 20 世纪 90 年代以来，关于乡村治理问题及有关农业、农村、农民"三农"问题的理论研究一直是学术界热门话题。学者深入乡村一线，关注乡村治理的实践，分别从"村民自治""乡政""宏观制度变迁"等多个角度对乡村治理进行了深入的研究，相关研究成果涉及政治学、经济学、历史学等多个领域，成果数量呈现井喷式增长的趋势，[1]为乡村基层社会治理单元的相关议题奠定了深厚的学理基础。

---

〔1〕 陈晓莉：《新时期乡村治理主体及其行为关系研究》，中国社会科学出版社 2012 年版，第 11~18 页。

一、当代乡村基层社会治理的历史发展与当代实践

（一）乡村基层社会治理的历史发展

我国一直重视"三农"问题，自新中国成立后，已经取得了"从改造传统农业到建设现代农业、从促进农村经济发展到加强农村社会建设、从增加农民经济利益到保障农民民主权利、从破除城乡二元结构到推动城乡融合发展"的历史性转变。[1]乡村治理是"三农"问题中的重要议题之一，也是我国社会治理体系的重要基石。

乡村治理与城市治理相比，其环境更为复杂，具有更大的挑战性。乡村基层社会人员流动频繁，很多乡村出现"空心化"，这就导致参与"自治"的治理主体的总量不多，甚至出现治理主体的缺失状态，"自治"可能流于形式。乡村基层社会是熟人社会，具有更加深厚的传统"宗法观念"，这就导致"法治化"治理规则不得不建立在"人治"的土壤之上，如何将"法治"观念扎根于乡村是构建治理体系现代化的重要难题。乡村治理体系下的"三治结合"要充分考虑到乡村的历史传统、人文观念、客观情况等治理环境，因地制宜、创新实践是培育当代乡村基层社会治理单元，实现治理"法治化"的关键。

在社会主义发展的新时期历史阶段，全国各地在乡村基层社会治理方面陆续开展了一系列创新性实践。回顾历史，从新中国成立至今，乡村治理体系主要经历了三个阶段：一元管理、二元共治和多元协同共治。[2]首先，从新中国成立到改革开放，以"政社合一"为主的一元管理是我国乡村基层治理的主要特点，形成了以乡镇人民代表大会为主的、代表国家管理权力的乡村基层治理体制。当时"政社合一"的人民公社在一定程度上构成了乡村的基层社会治理的基本单元。随后，伴随着家庭联产承包责任制度的开展，群众自治组织开始萌生。以村委会为代表的村民自治成为此后的乡村治理重要特征，形成了以村民委员会和基层政权共治的乡村基层治理模式。进入新时代，伴随着政治、经济、文化等全方面的发展，乡村治理环境发生了巨变，

---

〔1〕　宋洪远、张益、江帆："中国共产党一百年来的'三农'政策实践"，载《中国农村经济》2021年第7期。

〔2〕　周庆智："重构乡村社会：国家视角或社会视角"，载《甘肃社会科学》2020年第1期。

以往的基层治理模式在新形势下的乡村治理需求下面临着很多困境。2019 年 3 月 19 日，习近平总书记在主持召开中央全面深化改革委员会第七次会议时强调，要"加强和改革乡村治理，建立健全党委领导、政府负责、社会协同、公众参与、法治保障的现代乡村社会治理体制"，健全自治、法治、德治相结合的乡村治理体系，让农村社会既充满活力又和谐有序。2021 年 4 月 28 日，中共中央和国务院发布的《关于加强基层治理体系和治理能力现代化建设的意见》，明确提出了"力争用 5 年左右时间，建立起党组织统一领导、政府依法履责、各类组织积极协同、群众广泛参与，自治、法治、德治相结合的基层治理体系"的目标。从治理体系和治理能力现代化的总体构建角度，如何将"自治""法治""德治"相结合是考验基层治理实践的重要议题。将治理体系的总体构建适用于乡村治理之中，就要考虑"三治"如何与乡村的自身特征相结合，而不能将城市的基层治理经验照搬复制。

面对一系列实际困境，各地乡村开始积极寻找适合自身发展的基层社会治理的实践路径。其中，以浙江省桐乡市于 2013 年开展的"三治结合"为典型代表，在乡村基层治理方面取得了显著的效果。随着桐乡经验的广泛铺开，全国各地乡村纷纷开始探索适合自身需要的实践路径，涌现出各种乡村基层社会治理的实践模式。

（二）乡村基层社会治理的当代实践

当代乡村基层社会治理正向着多元协同共治的方向发展，这种治理结构的变化势必引发各治理主体在乡村基层社会治理中的功能变化。此外，多元合作的治理结构意味着在全国范围内难以形成可以全面铺开适用的"治理模板"，即各地的实际情况不同，乡村基层社会治理单元的具体实践各不相同。2019 年 6 月，中央农办、农业农村部发布《全国乡村治理典型案例》，对全国乡村基层社会治理的经验进行了深刻总结，通过典型案例的介绍与剖析，充分发挥先进典型的示范引领作用，助力各乡村基层社会治理单元的建设与发展。本节主要从实践经验的角度，总结我国当代乡村基层社会治理的发展现状与良好经验，并归纳各治理主体在多元治理结构下的功能转换，探索先进示范乡村基层治理过程中的创新实践经验。

第一，基层党组织是乡村基层社会治理单元培育与建设的重要战斗堡垒。在培育乡村基层社会治理单元的过程中，加强基层党组织建设对完善乡村治理体系起到了决定性作用。以广东省佛山市南海区实践为经验，南海经验建立了"村到组、组到户、户到人"的三层党建网格，将乡村基层社会治理单元分为"行政村、村民小组（自然村）、党小组"三个层次。南海党建网络治理体系的主要特征是以党员为主线，通过党员引领群众，真正做到党员融入群众。让党组织成为乡村基层社会治理单元培育的主心骨，有效地解决了乡村治理过程中基层力量聚紧不实的困境。南海经验实施半年，就审议重大项目和集体资产交易事项 1790 项，涉及资金达 5.8 亿元，落实征地补偿款和分红 957 次，涉及资金 42 亿元。其中针对农民的股份分红 94% 源于村民小组（自然村）一级的集体经济组织，真正做到了让乡村治理成果在群众中看得见、摸得着。[1]

党建引领在福建省罗溪镇的乡村治理过程中也发挥了巨大的作用。福建省罗溪镇以"村民小组"为更小的社会治理单元，并创设"同心圆"模式，在党支部的领导下，建立"党群圆桌会"，吸纳党员、村民小组组长、村民代表、各类人才，作为乡村基层社会治理单元治理过程中的沟通渠道，并引入"社会力量"，调动乡村与社会组织、社会资源之间的联系，集中一切可以集中的力量，激活基层社会治理单元的运行。

在坚持党的领导地位之下，各个基层社会治理单元在制度方面开展了制度完善和制度创新的探索，寻找基层治理制度化的治理逻辑。例如，江苏探索了"自治、法治、德治、智治"的"1+4+1"路径，在三治融合的基础上摸索"互联网+"模式，以科技促进治理能力的提升，形成治理的合力，把制度优势转化为治理效能。[2]早在 2005 年，江苏省溧阳市埭头村开始实施以村民为主体的"三制"制度，通过汇集民主智慧的"参事制"，经过规范的民主决策"票决制"，最终辅以民主监督考核的"双评制"，提升了乡村基层治理的效能。[3]

第二，层级化或网格化结构是乡村基层社会治理单元的基本模式。截至2018 年我国有约 6 亿人口居住在农村，农村地区占全国土地总面积的 94% 以

---

〔1〕　参见 2019 年 6 月中共农办、农业农村部发布的《全国乡村治理典型案例》，第 3 页。

〔2〕　"共话乡村治理模式创新　推进乡村治理现代化"，载《新华日报》2021 年 6 月 10 日，第 6 版。

〔3〕　"共话乡村治理模式创新　推进乡村治理现代化"，载《新华日报》2021 年 6 月 10 日，第 6 版。

上。[1]根据 2021 年第七次全国人口普查数据，我国流向城镇的流动人口比重仍在提高。2020 年，流向城镇的流动人口为 3.31 亿人，其中从乡村流向城镇的人口为 2.49 亿人，较 2010 年增加 1.06 亿人。可见，我国乡村地区的人口数量日益减少，而农村覆盖面积没有变化，这进一步引发了乡村单位面积内的人口数量降低，农民聚合黏度不高，治理难度增加等问题。

与前文佛山市南海区"行政村、村民小组（自然村）、党小组"三层治理单元和福建省罗溪镇"同心圆"模式类似，各乡村因村制宜，陆续开展层级化或网格化治理结构的实践。例如，湖北省大冶市通过"村委会、村庄理事会、农户"三级治理平台，打造"微自治"乡村基层治理单元。其中，村庄理事会的组建采用"利益趋同、需求相近"的原则，将 322 个行政村的 3712 个村民小组划分为 2609 个"村庄"，并建立村庄理事会。根据"村庄"人口数量，合理确定村庄理事会成员人数，一般为 3—7 人。通过建立"村庄"，摆脱了以往"村民小组长单打独斗"的困难局面，转变为"村庄理事会群策群力"，汇聚乡村治理的先进力量共同培育乡村基层社会治理单元。实践表明，在盘活"村民小组"的基础上再组建的"村庄理事会"在乡村基层社会治理单元的培育中发挥了良好的作用，促进了乡村组织的振兴，改善了干群关系，进一步助推了乡村产业发展，提升了乡村治理水平。[2]

在一些村民人数多但是村干部数量少的乡村，村内网格管理起到了良好的作用。例如陕西省汉阴县，其辖区仅有 1300 余名乡村干部，而农民群众数量高达 26 万（常年外出人口 6.3 万）。[3]因此，汉阴县的网格治理将村级作为一级网格，构建"村、村民小组、三级网格"，其中三级网格依据户数（20—30 户）、人数（70—120 人）划分，并设立网格长，将包括矛盾纠纷处理、日常事务事项等内容全部纳入网格。通过网格化治理，达到紧密联系群众的服务宗旨。可见，在乡村基层社会治理单元的实践中，乡村级以下的网格划分需要依据必要的地域、血缘亲缘、利益、文化等多重因素，划分规模适度的治理小网格、小单元。

通过梳理新时代我国几个典型的乡村基层治理经验可以看出，乡村基层

---

〔1〕"改善农村环境　建设美丽乡村"，载《光明日报》2018 年 2 月 6 日，第 2 版。
〔2〕参见 2019 年 6 月中共农办、农业农村部发布的《全国乡村治理典型案例》，第 6~9 页。
〔3〕参见 2019 年 6 月中共农办、农业农村部发布的《全国乡村治理典型案例》，第 10 页。

社会治理需要发挥党组织的引领作用，以更好地整合各治理主体之间的功能，调节各治理主体之间的冲突，充分发挥多元治理主体的集体力量。此外，多元治理结构应因村制宜，通过层级化或网格化结构凝聚日益离散化的乡村结构，将治理落实到乡村基层社会的每一个角落。

二、当代乡村基层社会治理存在的问题与法律机制的缺失

（一）当代乡村基层社会治理存在的问题

自改革开放以来，我国的乡村经历了时代变迁，随之带来了我国人地关系和乡村制度的变革。中国已经从乡土中国转变为城乡中国，传统以农为本、以土为生、以村而治、根植于土的乡土社会，已经告别了过密化农业。乡村变为故乡，城乡互动密切。[1]但是，机遇与问题并存，当前紧密互动的城乡关系为乡村治理带来了一系列问题，主要体现在基层政权面临挑战、集体经济普遍疲软、人口空心与倒挂并存、法治观念仍然淡薄等方面。

1. 基层法治环境面临挑战

《宪法》第111条第1款规定："城市和农村按居民居住地区设立的居民委员会或者村民委员会是基层群众性自治组织。居民委员会、村民委员会的主任、副主任和委员由居民选举。居民委员会、村民委员会同基层政权的相互关系由法律规定。"自此，以村民委员会为主的基层群众性自治组织成为乡村基层社会治理单元的主要治理主体。随着乡村改革转型和社会经济发展，随后涌现出农业合作社、村务监委会、村民议事会等多元基层治理主体。但是，在单一向多元的转变过程中，治理力量也从垄断走向了分散。当下在乡村出现的一些黑恶势力等现象，严重地挑战着乡村的法治环境。

随着国家向乡村投入大量政策支持，农村基础建设等方面产生了较大的利润空间。面对巨大的利益诱惑，一些人游走在灰色黑色地带，把持集体资产，甚至在村中称霸一方，成为威胁乡村基层政权的黑恶势力。浙江省宁波市公安局在2019年4月11日通报了有关农村涉嫌黑社会性质组织犯罪团伙相关案件事实，其中主犯利用村党支部书记的职务之便，网罗多人通过侵占村

---

〔1〕　刘守英、王一鸽："从乡土中国到城乡中国——中国转型的乡村变迁视角"，载《管理世界》2018年第10期。

集体资产、垄断村级工程、强行向企业收取高额工会费、非法倒卖土地使用权、收受贿赂等违法行为，聚敛个人经济利益，为组织成员牟取利益。[1]类似的农村涉黑案件在全国范围内层出不穷，例如，甘肃省法院发布全省法院第二批优化营商环境典型案例胡某等组织、领导、参加黑社会性质组织案：被告人胡某通过非正常手段担任铁家堡村党支部书记后，网罗亲信，插手房地产开发，成立敦煌市某房地产开发有限责任公司，以商养黑，以黑护商，实施了故意毁坏财物、职务侵占、挪用公款、逃税、隐匿、故意销毁会计凭证、会计账簿等多种犯罪。[2]通过对案例进行检索，以"刑事案件""农村""黑社会"为关键词，截至 2021 年 11 月 8 日，北大法宝案例库中相关一审案件 1099 件，二审案件 556 件。虽然上述典型案例和案件数据难以概括乡村基层黑恶行为的全貌，但是也可管窥乡村涉黑环境。

黑恶势力对乡村的基层政权带来了极大威胁，其犯罪形式多样，严重阻碍了乡村基层社会治理单元的运行。2021 年 10 月 28 日，衡阳市扫黑除恶斗争领导小组办公室等多部门联合印发《关于敦促四大行业领域、农村黑恶势力违法犯罪人员主动投案自首的通告》，在农村领域列举了以下违法犯罪行为："把持基层政权，威胁基层政权安全并向政治领域渗透的'村霸'黑恶势力违法犯罪；利用家族、宗族势力或黑恶势力横行乡里、称霸一方、欺压残害百姓，垄断农村资源、侵吞集体资产等违法犯罪；插手民间纠纷、聚众扰乱公共秩序，在商贸集市、批发市场、车站码头、旅游景区等强买强卖、欺行霸市、非法营运、垄断市场、坑农害农等违法犯罪；操纵、经营'黄赌毒'，非法高利放贷、暴力讨债等违法犯罪。"[3]可见农村区域内的黑恶势力问题仍然存在，严重危害乡村基层社会治理的顺利运行。

随着传统乡村基层治理的血缘功能被弱化，人与人之间的关系渐远，乡村权威与普通群众的关系也越发紧张。黑恶势力乘虚而入，甚至借助家族宗

---

〔1〕 "浙江宁波警方打掉一涉嫌侵蚀农村基层政权黑社会组织团伙"，载 http://www.xinhuanet.com//2019-04/12/c_1124358086.htm，最后访问日期：2021 年 11 月 11 日。

〔2〕 参见 gs.news.cn/zhuanti/2020-06/10/c_1126096104.htm，最后访问日期：2021 年 11 月 18 日。

〔3〕 衡阳市中级人民法院："关于敦促四大行业领域、农村黑恶势力违法犯罪人员主动投案自首的通告"，载 https://hyzy.chinacourt.gov.cn/article/detail/2021/10/id/6340251.shtml，最后访问日期：2021 年 11 月 11 日。

族的势力把持乡村基层政权，插手基层选举。一旦选举成为干部之后，进一步实施违法犯罪活动，甚至对村民进行恐吓和打击报复。[1]黑恶势力不仅阻碍了乡村治理的良好运行，还进一步引发了恶性循环，使党在群众中的威望大打折扣，群众难以组织；基层民主管理制度被黑恶势力架空，群众自治热情进一步被削弱，制约了乡村基层社会的全面发展。

2. 集体经济发展动力不足

改革开放以来，农村家庭联产承包责任制在推动农村经济发展方面取得了显著成果。进入新时代，我国的乡村基层社会治理逻辑也在发生改变，国家改变了从农村汲取资源的态度，转而给予乡村大量的政策支持，取消农业税，大量支农惠农项目走进农村。[2]但是从总体上看，乡村的经济发展仍然较为缓慢。从根本上讲，乡村治理过程中没有充分利用其自身资源。一方面，乡村的自然资源是重要的经济资源之一，一些乡村没有认清当地的自然资源特点，忽略了自然资源的经济价值。另一方面，一些乡村中村集体土地和农村自有土地零散，缺乏统一的规划建设，甚至出现"卖土"[3]等违法违规现象，破坏了农田和生态环境，损害了农民的利益，侵蚀了农村发展的根基。上述因素导致本就经济基础薄弱的乡村在经济发展上举步维艰。

此外，在全国范围内，乡村经济发展呈现出较大的区域差异。据研究表明，乡村集体经济较为发达的地区主要遍布在东部沿海地区以及中部、西部的大中城市郊区；而广大的中西部乡村仍然欠缺发展经济的基本条件。[4]经济发展凋敝的情况进一步造成了村里公共事务无人关心，村民自治流于形式。[5]虽然前文所梳理的乡村治理经验显示，一些乡村在经济发展上取得了重大进步，但是无法代表我国乡村经济发展的全貌。

特别是与城镇经济发展相比，我国农村经济动力不足，城乡差距较大。我国一直在加大财政补贴力度，城乡居民人均可支配收入比从 2013 年的 2.81

---

〔1〕　张向东："当前中国黑恶势力犯罪的基本态势"，载《人民司法（应用）》2018 年第 25 期。

〔2〕　景跃进："中国农村基层治理的逻辑转换——国家与乡村社会关系的再思考"，载《治理研究》2018 年第 1 期。

〔3〕　左停："当前加强农村土地资源利用与管理的策略"，载《人民论坛》2021 年第 10 期。

〔4〕　杜鹏："乡村振兴战略下的集体经营机制：类型与比较——基于村庄治理能力的视角"，载《南京农业大学学报（社会科学版）》2021 年第 1 期。

〔5〕　李梅："新时期乡村治理困境与村级治理'行政化'"，载《学术界》2021 年第 2 期。

下降到 2020 年的 2.56，低收入端相对收入大幅提高，社会政策成为缩小城乡收入差距的主要手段。但是数据表明，农民收入不平等程度仍然有所扩大。[1]特别是进入 21 世纪以来，伴随着越发激烈的市场竞争，基础薄弱的乡村经济发展程度与日益加剧的竞争难以适应。而乡村经济与乡村治理又相互影响，如何实现共同富裕，如何振兴乡村经济，如何理顺基层社会治理等一系列问题摆在了当代乡村基层社会治理的面前。

3. 空心化与人口倒挂并存

我国乡村人口结构性变化一直是乡村治理的主要研究内容之一。农民应该是乡村治理实质意义上的主体，乡村治理的最终所有权应掌握在农民手中。[2]随着城镇化进程的发展，乡村人口的结构正在发生变化，呈现出人口倒挂和空心现象并存的问题。

第一，乡村空心化是传统型、农业型村庄所面临的共同问题。据国家统计局数据显示，2020 年我国农民工数量近 2.9 亿，农民工平均年龄为 41.4 岁，其中 40 岁及以下农民工占比 49.4%，40 岁至 50 岁农民工占比 24.2%，50 岁以上农民工占比 26.4%。[3]大量乡村人口劳动力流向城市，导致农业劳动力老龄化问题加剧，进一步造成农村空心化，这势必导致村民自治制度处于"空转"状态。乡村治理的主体在于青壮劳动力，但是大量青年进城务工，乡村"三留守"现象日益严峻，无人治理的困境日渐凸显。一方面体现在以老人、妇女、儿童为主的留守村民参与治理的能力与主观能动性不强，缺乏治理主体的意识；另一方面体现在村自治选举过程中，空心村影响了干部人选的数量与质量，自治效能随之削弱。乡村基层社会治理单元的公众（农民）参与度是衡量乡村治理现代化的重要指标，没有参与就没有治理。[4]乡村空心化导致民众参与公共事务的热情不高，缺乏对村集体的认同感和责任感，乡村治理很容易落入空壳治理、无人治理的困境。

---

〔1〕 杨穗、赵小漫、高琴："新时代中国农村社会政策与收入差距"，载《中国农村经济》2021年第 9 期。

〔2〕 金太军："关于村民自治的若干认识误区辨析"，载《江苏社会科学》1999 年第 6 期。

〔3〕 国家统计局：《2020 年农民工监测调查报告》，载 http://www.stats.gov.cn/tjsj/zxfb/202104/t20210430_1816933.html，最后访问日期：2021 年 10 月 26 日。2020 年全国农民工总量 28 560 万人，比 2019 年减少 517 万人，下降 1.8%，规模为 2019 年的 98.2%。

〔4〕 陈伟东：《社区自治：自组织网络与制度设置》，中国社会科学出版社 2004 年版，第 114 页。

第二，在一些经济发展程度较高的乡村，特别是一些城镇化农村或是特大城市的城乡接合部地区，出现了人口倒挂的现象，甚至产生了"族群"鸿沟和摩擦，为乡村基层社会治理的良好运行带来了不稳定因素。以北京市城乡接合部的重点村为例，其中户籍人口与流动人口的平均比为1:5，一些人口倒挂现象严重的乡村比例高达1:20。[1]虽然倒挂格局下的乡村非户籍人口的基本权益已经逐步得到改善，但是在户籍、子女接受教育等方面仍然与当地村民存在巨大差异。一些乡村外来人口不仅无法得到与当地村民平等的福利待遇，甚至被课以各种名目的费用。

面对群体结构复杂、利益诉求多元的当代乡村人口的情况，乡村基层社会治理的有关机制应与本村的人口结构紧密相关。在一些空心化严重的乡村，乡村治理应围绕如何充分调动乡村群众的主观能动性、如何提高村民参与乡村治理的能力展开；而在人口倒挂型乡村，如何处理村级群众间的矛盾、如何协调本村人口和外来人口之间的利益关系是首要的问题。

4. 群众法治观念仍需加强

长久以来，乡村以"熟人社会"为主，形成了特有的家族宗族观念和家族宗族组织。进入新时代，家族已经很大程度上退出了历史舞台，乡村已经发生了巨变，但是乡土社会的传统观念仍然根深蒂固，乡村治理中仍然存在着宗法观念。"打招呼""看面子"等人情社会陋习依然影响着乡村的社会治理。从积极方面而言，乡村的宗族组织在新农村建设方面贡献了重要力量，联络了村民之间的感情，调动了村民的认同感和责任感。但是不可否认的是，一些家族宗族组织仍然残存封建思想，严重影响了乡村基层治理，甚至是影响乡村选举的首要因素。[2]人情陋习一定程度上成为乡村法治观念普及的障碍。

随着城乡互动增多以及互联网的快速普及和发展，城市的现代文化观念已经延伸到乡村，一定程度上改变了乡村村民的行为方式、思想观念和文化传统。特别是在网络时代，互联网助力乡村农产品出村，实现了农产品物质

---

〔1〕　张英洪、王丽红："北京市乡村治理和农村社会发展的思考与建议"，载 https://m. aisixiang. com/data/105754. html，最后访问日期：2021 年 11 月 9 日。

〔2〕　陈晓莉：《新时期乡村治理主体及其行为关系研究》，中国社会科学出版社 2012 年版，第 155~157 页。

资源与网络体系的深度融合，提高了村民的收入。但与此同时，互联网时代的浮躁气氛也传播到乡村之中。虽然"互联网+"经济发展带动村民生活富裕起来了，但是网络弊端也给村民带来了诸多问题。例如网络内容良莠不齐，低俗内容无助于充实农民的精神生活；网络诱惑过多，虚拟社交可信度低，网络频发的骗局甚至直接导致农民金钱损失。对于一些思想观念尚不成熟的村民来讲，五花八门、诱惑繁多的互联网甚至成了家庭失和、乡村失序的导火索。

新时代的乡村群众生活更加富裕，和外界的沟通增多，思想状态进步。但有些地方仍然处于较为落后的状态，封建迷信、攀比浪费、歧视妇女等陋习仍然存在。很多乡村对于法律的认识仍然落后，村民学法、用法的能力也较为有限，甚至乡村基层干部的法治观念也有待提高，村民的法律观念受到人情社会和网络负面信息的影响，乡村法治观念仍然薄弱。

（二）当代乡村基层社会治理法律机制的缺失

1. 当代乡村基层社会治理单元

当代乡村基层社会治理需要在基本的单元内进行，根据上文的论述，基层社会治理单元是在国家治理制度的协调配合之下，自然形成的具有一定自治性功能的聚集性生产或生活单位。基层社会治理单元需要满足具有一定的地域聚集性、社会覆盖性的特点，各个单元在一起，可以覆盖到乡村的绝大多数社会成员；需要具有一定的自治性功能，在其内部可以形成一定的自治空间，具有提供公共产品和服务，维持公共秩序，解决一部分的公共问题和纠纷的功能，可以进行自我管理、自我教育和自我监督；基层社会治理单元中还应当存在着柔性的自治内容。通过对上文各地进行的乡村基层社会治理实践进行观察，符合乡村基层社会治理单元概念的是自然村。

自然村有时与行政村的区域重合，有时与行政村的区域不完全重合。自然村因为村民的自然聚集和长期共同生活，很多是同姓同祖，相互之间具有一定的亲属血缘关系，因此更加易于形成一定的自治功能，包括一定程度上的生活、生产互助和纠纷矛盾的就地解决。更加符合我们所说的基层社会治理单元的概念。因为自然村范围大小不一，与行政村、村民小组、网格制度相结合，可以适应不同地区情况下的乡村基层社会治理的需求。上文提到的各地的乡村治理的实践，已经对各种情形进行摸索，各种层级的治理模式，都以自然村为基本单元进行整合和划分，较小的自然村可以整合形成一个行政村，较大的自然村可以再向下划分为更小的网格或者小组等单元。

2. 当代乡村基层社会治理法律机制的现状

历史上的基层社会治理单元一般承担血缘、经济和社会面向的功能。随着历史上家族的解体，基层社会治理单元血缘面向的功能逐渐退回到核心家庭中，乡村基层社会治理单元主要承担经济面向和社会面向的功能。

从乡村基层社会治理单元经济面向的功能来看，我国现有的法律体系对乡村土地所有权和集体经济的形式进行了规范。《宪法》第 8 条第 1 款规定，"农村集体经济组织实行家庭承包经营为基础、统分结合的双层经营体制。农村中的生产、供销、信用、消费等各种形式的合作经济，是社会主义劳动群众集体所有制经济。……"，集体经济的承包责任制获得了宪法层面的认可。2002 年通过，2003 年施行的《农村土地承包法》，立法目的即是为稳定和完善以家庭承包经营为基础、统分结合的双层经营体制，赋予农民长期而有保障的土地使用权，维护农村土地承包当事人的合法权益，促进农业、农村经济发展和农村社会稳定，并且在 2009 年和 2018 年进行了两次修正。对作为乡村集体经济基础的所有权和承包权、经营权，法律也进行了规范。2016 年中共中央办公厅、国务院办公厅《关于农村土地所有权承包权经营权分置办法的意见》，将农村土地产权中的土地承包经营权进一步划分为承包权和经营权，实行所有权、承包权、经营权分置并行，这一意见的出台具有非常重要的意义，是继家庭联产承包责任制后农村改革又一重大制度创新。党的十九大报告提出，巩固和完善农村基本经营制度，深化农村土地制度改革，完善承包地"三权"分置制度。2018 年《中共中央、国务院关于实施乡村振兴战略的意见》再次强调，完善农村承包地"三权分置"制度，在依法保护集体土地所有权和农户承包权前提下，平等保护土地经营权。

我国《民法典》《土地管理法》等法律法规规定由村集体经济组织或者村民委员会代表集体行使所有权，但并没有明确集体经济组织的主体概念，如集体经济组织的组织形式、市场地位等。而《农村土地承包法》中规定，农民对承包土地享有的土地承包权包括占有权、处分权等用益物权，但是对于承包权与经营权分离后各自的权能划分，相关的法律法规还没有形成统一的认识，尚有完善的空间。因此需要对集体经济的形式和具体实现方式进行更加完善的规范。

从乡村基层社会治理单元社会面向的功能来看，我国的乡村基层社会治理从"政社合一"的人民公社制度逐渐过渡到基层政府领导下的乡村村民自治制度，乡村自治成为我国农村基层社会治理单元的重要治理模式。随着国家开始大力支持农村发展，大量的资金、资产、资源向农村涌入，但是治理能力却无法与快速发展的现实相匹配，进一步导致了村级组织的治理行政化，形成了"强行政、弱自治"的局面。[1]为此，相关的法律法规和政策文件都反复强调村民自治制度的建设。

2021年4月28日，中共中央和国务院发布的《关于加强基层治理体系和治理能力现代化建设的意见》中，同时关注城乡的基层社会治理，明确提出"力争用5年左右时间，建立起党组织统一领导、政府依法履责、各类组织积极协同、群众广泛参与，自治、法治、德治相结合的基层治理体系"的目标，并且强调完善党全面领导基层治理制度、加强基层政权治理能力建设、健全基层群众自治制度、推进基层法治和德治建设、加强基层智慧治理能力建设、加强组织保障几个方面的建设意见。同时在国家高度关注乡村振兴的背景下，第十三届全国人民代表大会常务委员会第二十八次会议于2021年4月29日通过《乡村振兴促进法》，自2021年6月1日起施行。该法第1条明确立法目的为："为了全面实施乡村振兴战略，促进农业全面升级、农村全面进步、农民全面发展，加快农业农村现代化，全面建设社会主义现代化国家，制定本法。"该法共分10章，分别从产业发展、人才支撑、文化繁荣、生态保护、组织建设、城乡融合、扶持措施、监督检查方面全面对乡村振兴进行规范和支持。在第6章第41条中明确规定："建立健全党委领导、政府负责、民主协商、社会协同、公众参与、法治保障、科技支撑的现代乡村社会治理体制和自治、法治、德治相结合的乡村社会治理体系，建设充满活力、和谐有序的善治乡村。地方各级人民政府应当加强乡镇人民政府社会管理和服务能力建设，把乡镇建成乡村治理中心、农村服务中心、乡村经济中心。"第42条规定："中国共产党农村基层组织，按照中国共产党章程和有关规定发挥全面领导作用。村民委员会、农村集体经济组织等应当在乡镇党委和村党组织的

---

[1] 李梅："新时期乡村治理困境与村级治理'行政化'"，载《学术界》2021年第2期。

领导下，实行村民自治，发展集体所有制经济，维护农民合法权益，并应当接受村民监督。"为乡村的基层组织和村民自治组织及制度提供了明确的法律依据。同时以《乡村振兴促进法》为依据，各地已经开始进行地方性立法，比如 2021 年 10 月 22 日福建省第十三届人民代表大会常务委员会第二十九次会议通过《福建省乡村振兴促进条例》，确定地方在乡村振兴方面的职责。比如在组织建设一章中，第 39 条规定，乡镇人民政府应当指导和支持农村基层群众性自治组织建设，健全完善议事决策、管理监督等制度，保障农民知情权、参与权、决策权和监督权。推进农村协管员队伍、职能、经费整合，加强培训，提高综合素质。建立健全村务监督委员会，以数字化等形式充分公开村务，发挥自治章程、村规民约和公序良俗在村民自治中的作用。也明确规定了保障村民自治的相关制度。

根据《村民委员会组织法》第 2 条第 1 款和第 2 款的规定，村民委员会是村民自我管理、自我教育、自我服务的基层群众性自治组织，实行民主选举、民主决策、民主管理、民主监督。村委会的主要责任是"办理本村的公共事务和公益事业，调解民间纠纷，协助维护社会治安，向人民政府反映村民的意见、要求和提出建议。"关于村民委员会与基层政权之间的关系，该法第 5 条规定："乡、民族乡、镇的人民政府对村民委员会的工作给予指导、支持和帮助，但是不得干预依法属于村民自治范围内的事项。村民委员会协助乡、民族乡、镇的人民政府开展工作。"也就是说，村委会是农村基层群众性自治组织，与基层政府之间的关系并不存在上下级的行政关系。该法第 2 条第 3 款规定，"村民委员会向村民会议、村民代表会议负责并报告工作"。但是在实际情况中，很多基层政府将村委会当作下属单位，而很多乡村基层自治组织也将基层政府作为上级单位。从乡村自治制度的实施之初，基层社会治理单元就具有行政化的特点。很多时候，基层政府将村民自治组织作为自己的派出机构，让其承担很多下派的行政性的事务，在一定程度上造成了村民自治组织的行政化，一定程度上使其代基层政府在乡村行使政府的相应职责。村民自治制度的建立和运行，需要理顺村民自治组织与基层政府之间的关系。

3. 当代乡村基层社会治理法律机制的实践与缺失

乡村基层社会治理单元的培育，及其作为集体经济开展和乡村自治孕育的地方，其经济面向和社会面向的功能发挥都需要法律机制的支持。虽然现在有从宪法到法律再到地方规章，并且包括国家与党的一系列政策文件在内的相关法律体制的存在，各地乡村在法治建设方面积极尝试探索，但是法治短板的现象仍然存在。特别是在探索如何将自治引入法治轨道，如何将德治融入法治建设，是乡村基层社会治理单元面临的主要问题之一。法治乡村有利于乡村基层社会的和谐与发展，有助于解决目前乡村基层治理中存在的问题。而目前，乡村基层社会治理单元的法律机制尚不完善，整体法律机制的构建仍有待加强。法律机制是一整套系统，在乡村基层社会治理背景下，法律机制既涉及乡村基层民主政治的公平与公正，也关系到村规民约的制定、修改和完善，同时也覆盖村民群众的日常生活，包括诸如依法办事、有事找法、用法律解决乡民矛盾、用法律维护合法权益等方面。法律机制的构建对于解决当代乡村基层社会治理单元功能的充分发挥具有极其重要的作用，而自治与德治更需要在法律的框架下开展，确保乡村基层社会治理有章可循、有法可依。

在实践中，乡村基层社会存在的农村黑恶势力，不仅威胁了乡村政治稳定，也严重影响了乡村群众的安居乐业，对乡村经济、社会和生活秩序造成了恶劣影响，甚至严重影响了党在乡村基层社会群众中的威信。出现的敲诈勒索、操纵选举等现象，严重破坏了村民自治制度的建设。这体现出正是由于相关法律机制的缺失，有关人员才会抱有侥幸心理，面对经济利益诱惑肆意妄为。法律应当对此类行为具有震慑作用，严惩乡村涉黑行为，强化乡村群众和管理干部的法治意识，有助于防范涉黑行为的发生，净化乡村基层社会治理单元的政治生态，保障乡村基层社会的安定有序。

乡村基层不仅面临黑恶势力的威胁，还存在着乡村基层社会治理单元长久以来形成的民主制度基础不实、议事程序不规范等问题。民主协商议事是乡村自治和法治建设的重要表现之一，法律机制的建构是民主协商议事的保障，其中包括民主代表的依法推选和民主议事过程的依法规范。但是，相关的民主议事制度和程序仍然没有得到严格的遵循，在选举、推选代表，以及议事程序中，常常会出现人为随意变动，导致自治制度和民主协商议事制度即使存在于法律和文件中，却无法落在实处。

法律机制的缺失还体现在乡村的"三资"问题中。乡村的集体资金、资产、资源是农民群众关注的重中之重，是乡村基层社会治理单元的重要治理内容。虽然党和国家已经意识到"三资"制度的重要性，并公布了一系列政策文件，但是现实的问题仍然突出。存在着监管不到位，监管机构履职尽责流于形式，村民监督委员会的监督作用不明显；群众利益受损，主要表现在村务公开不全面、不及时；清理问题不到位，农村集体资产、资源收益流失严重；违纪违规等问题。[1]即有关"三资"的宏观政策和制度相对完善，但是仍未达到预期目的，其根源在于村一级有关法律机制的建构并没有达到现实发展的需要。问题一方面源于农村集体资产愈发增长，资产的种类愈发复杂，监管难度也随之增加。另一方面，现行的管理制度冗杂、繁多、零散，无法对"三资"进行体系化、信息化管理，而且还缺乏重要的管理细则，例如监督考核制度，以及与资产相关的保值增值制度、产权评估流程、产权处置办法、产权交易合同签订流程等。法律机制的完善可以防范经济活动中的风险，有效地保障农民利益，保护乡村经济的健康发展。

三、当代乡村基层社会治理单元的法律机制支持

当代乡村基层社会治理单元的培育和功能的发挥、乡村的振兴发展都需要法律机制的全方位支持。为了培育乡村基层社会治理单元，充分发挥其经济和社会方面的治理功能，可以从思想上、主体上、制度上、形式上和体系上几个方面，加强相关法律机制的建设，为乡村基层社会治理单元的功能发挥提供充分的支持。

（一）思想上，重视党建引领

在充分认识到乡村振兴的重要意义的基础上，深刻体会乡村基层社会治理中党建引领的重要意义。党对社会治理的全面领导已经明确写入了法律和政策文件。我国《村民委员会组织法》第4条明确规定："中国共产党在农村的基层组织，按照中国共产党章程进行工作，发挥领导核心作用，领导和支持村民委员会行使职权；依照宪法和法律，支持和保障村民开展自治活动、直接行使民主权利。"在当代乡村基层社会治理单元的法律机制构建过程中，

---

〔1〕　谢亚云："关于吴堡县农村'三资'管理中存在的问题和对策"，载半月谈网，http://www.banyuetan. org/jczl/detail/20210513/10002000331360216208712408896558770 _ 1. html，最后访问日期：2021 年 11 月 8 日。

坚持党的领导是关键，是夯实乡村基层治理的根本。党的建设应该始终贯穿乡村基层治理的全过程。我国是一个农村人口占全国人口量较大的国家，党对农村的工作十分重视，这也是党的优良传统之一。在农村多元化治理主体的背景下，党章已经对于党与治理主体之间的关系予以确认。早在1992年党的十四大所修改的《中国共产党章程》第32条第1款就明确规定："街道、乡、镇党的基层委员会和村党支部，领导本地区的工作，支持和保证行政组织、经济组织和群众自治组织充分行使职权。"中共中央和国务院发布的《关于加强基层治理体系和治理能力现代化建设的意见》中提出："把基层党组织建设成为领导基层治理的坚强战斗堡垒，使党建引领基层治理的作用得到强化和巩固。""坚持党建带群建，更好履行组织、宣传、凝聚、服务群众职责。"

实践表明，党的引领在乡村基层社会治理中的确发挥了重要作用。特别是党的十八大以来，以习近平同志为核心的党中央坚持党对一切工作的领导，全面取得了经济、政治、社会、文化、生态文明等多方面的健康发展。2018年10月，《中国共产党支部工作条例（试行）》第10条规定，村党支部，全面领导隶属本村的各类组织和各项工作，围绕实施乡村振兴战略开展工作，组织带领农民群众发展集体经济，走共同富裕道路，领导村级治理，建设和谐美丽乡村。贫困村党支部应当动员和带领群众，全力打赢脱贫攻坚战。

面对乡村环境和发展的新要求，中共中央印发《中国共产党农村基层组织工作条例》。[1]这次修订提出，党的农村基层组织是党在农村全部工作和战斗力的基础，全面领导乡镇、村的各种组织和各项工作。从前文所梳理的我国乡村治理的典型事例可以看出，无论采取何种乡村治理模式，党组织和党员力量应始终贯穿乡村治理的全方位、全过程，才能不断满足新时代乡村发展的需求和农民群众日益增长的美好生活需要。党引导乡村治理是我们党的优良传统，也是我国当代乡村基层社会治理单元培育过程中应始终坚持的路线。正如习近平总书记2017年1月24日在河北省张家口市张北县视察时强调，"火车跑得快，全靠车头带"。乡村的基层社会治理应明确党的引领，充

---

〔1〕 中共中央印发《中国共产党农村基层组织工作条例》（2018修订），2018年12月28日发布，系1999年2月13日发布的"中共中央关于印发《中国共产党农村基层组织工作条例》的通知"修订。

分发挥"火车头"作用。基层社会治理单元各种功能的发挥和相关法律机制的构建,都需要坚持党的领导,党建引领乡村基层社会治理单元的培育与发展是新时代乡村发展的正确思路。

(二)主体上,吸引治理人才

乡村基层社会治理单元的功能发挥和相关法律机制构建也需要具有法治意识的高素质治理人才。治理人才的缺失正是乡村基层治理的薄弱环节。人才不仅要来得了农村,还要留得住,这就需要像城市人才引进政策一样,乡村也需要出台具有较强吸引力的政策。2019 年 3 月 22 日,共青团中央办公厅印发了《关于深入开展乡村振兴青春建功行动的意见》,其中提出"培育本土人才兴乡、服务在外人才返乡、动员社会人才下乡",并指出到 2022 年,动员 10 万青年下乡、培育 20 万创业致富带头人。该意见旨在动员广大青年积极投身乡村建设,培养乡村基层治理人才。

乡村基层社会治理单元的法律机制构建与运行需要一批"懂法律""善治理""能担事"的治理人才。村干部和群众是乡村基层社会治理体系中的重要主体。从村干部的角度,干部应定期学习,既要认真学习党的方针宗旨,也要学习如何依靠法律解决村内问题,提高依法办事、依法治理的水平。从村民的角度,应多向村民宣传法治观念,讲解有关法律制度,提高村民法律观念。村民的法治观念提升既有利于维护自身利益,也有助于村民保障自己的政治权利,使村民自治制度落到实处。在懂法律的高素质治理人才带领下,可以提升村民的整体精神面貌,起到移风易俗的作用,摒弃残留乡村的封建思想,改变盲目攀比等传统观念;依法打击违法犯罪行为,带动整个乡村社会风气的净化。

另外,可以发挥乡村精英人物的引领作用。中国传统社会便有"乡绅"制度,在乡村的基层社会治理中发挥了不可忽视的作用。乡村的精英人物,一是本地德高望重的人物,包括村干部在内,可以为基层的公共事务、纠纷解决和风气净化发挥积极的影响作用;二是离开故土已经在外有所成就,愿意返乡为故乡振兴贡献力量的人,在浙江等地兴起的"新乡贤",指的就是后者,"积极发挥新乡贤作用"已经被写入 2018 年《中共中央、国务院关于实施乡村振兴战略的意见》。

（三）制度上，完善制度保障

尽管有关乡村基层社会治理的各项制度已经在法律法规和政策层面上都有相应的规定，但是在制度上仍然存在着需要进一步完善的空间，以保障乡村社会治理单元功能的发挥。

一是关注土地和资源，同时也是对集体经济和乡村基层社会治理单元的经济功能的保障。马克思明确指出，"土地是一切生产和一切存在的源泉"。土地仍然是乡村的根本，是振兴乡村发展的关键，也是乡村基层治理的重要内容。乡村基层社会治理单元的法律机制构建，应重点关注农村资源等相关法律问题。

从宏观国家政策法律层面上看，土地使用范围的放宽为广大返乡人员创造基本条件，也为村民自治提供空间和机会。2019 年 1 月 3 日，按照党中央和国务院关于全面划定永久基本农田的部署，自然资源部、农业农村部发布《关于加强和改进永久基本农田保护工作的通知》，提出构建保护有力、集约高效、监管严格的永久基本农田特殊保护新格局，牢牢守住耕地红线。随后，自然资源部于 2019 年 5 月 29 日发布《自然资源部办公厅关于加强村庄规划促进乡村振兴的通知》，提出整合村土地利用规划、村庄建设规划等乡村规划，实现土地利用规划、城乡规划等有机融合，编制"多规合一"的实用性村庄规划。明确要求乡村通盘考虑土地利用、产业发展、居民点布局、人居环境整治、生态保护和历史文化传承，提出"先规划、后建设"的工作要求。

2019 年 12 月，自然资源部发布《关于开展全域土地综合整治试点工作的通知》，通过试点方式，以乡镇为基本实施单元，推进乡村农用地和建设用地的整理以及生态保护的修复，促进生产、生活、生态空间格局优化。各地在试点政策的指导下，陆续开展适合本地情况的乡村土地综合整治活动。例如，广西壮族自治区自然资源厅 2020 年印发《关于开展全域土地综合整治助推乡村振兴的意见》，在确保耕地数量和质量平衡、城乡建设用地规模不突破红线的前提下，允许一定范围内从事旅游、康养、文化、体育、设施农业等方面的开发建设。在土地政策优化的同时，该政策文件鼓励村民自治，通过自建、自营方式参与乡村自治。一方面有利于降低建设成本，另一方面有利于提高村民的自治积极性。

国家层面就乡村土地政策提出总体要求，在严格控制非农建设用地的同时，优化调整乡村的用地布局，积极探索"留白"机制。从微观的法律制度来看，法律可以明确乡村资源的权属划分，特别是对复杂多样的农村土地资源，明确了各项资源的权属及相关主体的权利义务，确保农民的利益得以实现，损害集体和农民利益的资源问题也能得以依法追究。此外，对于重大、复杂或者事实争议较大的自然资源权属争议的处理，应积极探索自然资源权属行政裁决与多元纠纷解决机制协作，及时、有效、妥善处理事关群众的资源大事。

二是村民自治制度的构建和政社关系的理顺。村民自治制度的构建需要民主协商和决策程序的制度化和程序化。凡是涉及乡村集体事项或重大事项，其决策过程应有完整的记载，必须通过民主决策的程序。集体事项或重大事项既包括诸如代表选举等政治生活，也包括乡村新上建设项目、宅基地和村庄的规划、土地和集体资产等经济生活。无论是规章制度的制定，还是实施细则的落实和执行，应避免民主决策的随意性，这就要求坚持正确的政治方向，坚持党的领导，特别是涉及乡村重大事项，应严格预审把关。

首先，规范的民主协商制度，需要保障村民群众对集体事务的知情权与参与权，调动群众参与村级基层治理的热情；并且将群众对于乡村治理的监督权落到实处，村级制度公开透明，沟通渠道畅通无阻，激发群众的"自治"积极性。其次，征求村民意见应始终贯穿在法律机制构建和村民规约的制定、实施等全过程中。依法按照程序要求制定相关规章制度，围绕村民意见确定框架，初稿和审议稿的形成需要吸纳村民（或代表）意见，最终的结果应由村民代表会议表决，制度的实施与落实、监督与反馈也需要村民的主人翁意识。最后，各治理主体之间的沟通渠道应当拓宽。不仅有自下而上和自上而下的渠道，也可以依托网络构建相关的沟通平台，形成领导干部主动上门、固定日期集中沟通、日常随时线上交流等丰富多元的沟通渠道。

村民代表是村民行使自治权利的重要媒介。村民代表的推选应严格依照法律法规进行。推选条件的确定应按照本村自身情况，可以选择就近划片、按照人数户数比例原则，确保覆盖较为广泛、多元的乡村群众。一旦确定推选代表的条件，应严格纳入法律或村规，通过法律法规和规章制度确保条件的确定性和稳定性，如需修改应经过严格的议事程序，避免人为随意变动。此外，法律应明确推选程序，并制定适合本村实施的具体细则，以便指导实践并依照推选程序进行推选，避免程序架空。推选过程中，保持公开也是严格落实程序相关规章制度的必然要求。议事过程的公开公正、议事结果的及时告知、议事决策的逐项实施、议案落实的全程监督等都需要法律机制的保驾护航。比如，2017年广东省民政厅《关于组织开展村（居）委会选举观察工作的通知》，提出了"选举观察员"制度创新，通过这一制度来加强对村（居）委会的选举监督。

此外，还需厘清村委会作为农村基层群众性自治组织与基层政府之间的关系。充分发挥农村基层群众性自治组织的自治功能，与基层政府的行政功能相区分，从制度上保障政府行政引导和村委会对政府的协助不超过必要的限度，保证其自我管理、自我监督、自我教育功能的实现。

（四）形式上，适应乡村环境

法律机制想要深入人心，应当采取更加适应乡村环境的各种形式。村规民约，作为村民自治、自我约束、自我监督、自我教育的重要形式，是乡村法律机制的重要部分。村规民约是在乡村发展过程中逐渐形成的，每个乡村的"村规民约"都体现了其特有的传统内涵和价值追求，在邻里家庭、社会治安、公共道德等方面对村民的行为进行规范，利用道德感化、舆论约束起作用。充分发挥其"软法"的规范功能，可以与国家法律法规相配合，起到更好的治理效果。村规民约在形式上应避免使用"法言法语"，避免晦涩的法律文本，而应该多用"村言村语"，采取短句式、顺口溜、三字语等方式，便于宣传和记忆。[1]

同时法律是相对专业的学科，法律制度本身较为晦涩难懂。对于普通群众而言，知法未必懂法，懂法未必会用法。因此村干部和群众在乡村基层社会治理单元法律机制的建构和运行过程中，需要寻找适应乡村环境的工作方式。一方面，吸纳法律专业人士和社会法律服务资源，将有利于帮助村干部和村民等主体运用法律，让村民看到法律真正落到实处，让法律机制真正开始运转。另一方面，法律顾问和法律宣传制度不仅有利于提高党组织依法决策的能力，也有助于法律的种子扎根民心。在进行普法教育和法治宣传的时候，应充分考虑到各个乡村村民的文化水平和生活习惯，用"村民语言"宣

---

〔1〕 罗冠男："为健全基层治理体系提供制度支撑"，载《光明日报》2021年11月2日，第11版。

传相关法律法规，甚至可以采用人民群众喜闻乐见的民间艺术方式来呈现，将"法治"观念融入村民日常。比如有乡村邀请大学生利用课余时间进村担任普法宣传员，从乡村经常发生的案件讲起，从村民的身边事情讲起，以案说法，宣传法治观念，收到了较好的效果。除了临时性的法律宣传，乡村基层社会治理也需要定期的法律服务，运用适合乡村环境的工作方式，来协助处理和审查有关集体的规章制度和合同等法律文书的起草，帮助化解村民之间的争议矛盾，引导村民合法表达诉求。

（五）体系上，构建多层次系统

乡村基层社会治理单元的功能发挥，需要形成一个从宪法到村规民约等自治性法律文件的多层次全方位立体化的法律机制，充分保障集体经济、村民自治的实现，促进乡村的发展和振兴，为基层社会治理单元功能的发挥保驾护航。例如在支持乡村集体经济时，关于农村家庭承包经营的集体经济制度和"三权分置"制度，从《宪法》《民法典》《土地管理法》《农村土地承包法》，到行政法规、地方性规章以及实施细则中，都能找到相关的规定。2021 年公布的《乡村振兴促进法》第 5 条也重申："国家巩固和完善以家庭承包经营为基础、统分结合的双层经营体制，发展壮大农村集体所有制经济。"

除法律法规之外，村规民约是村民自治的重要体现，也是乡村治理法律体系的有机组成部分。《村民委员会组织法》第 27 条第 1 款至第 2 款规定："村民会议可以制定和修改村民自治章程、村规民约，并报乡、民族乡、镇的人民政府备案。村民自治章程、村规民约以及村民会议或者村民代表会议的决定不得与宪法以及其他法律、法规和国家的政策相抵触，不得有侵犯村民的人身权利、民主权利和合法财产权利的内容。"各地都意识到了村规民约的治理价值，开始重视村规民约的制定和功能发挥。比如，2018 年四川省民政厅《关于进一步发挥村规民约作用深入推进城乡基层社会治理工作的通知》，提出"村规民约即是行为规范，又是治理载体""村规民约的制定和执行是提升农村基层社会治理能力的重要途径"。[1]对于已经制定的村规民约，则需明确其监督和奖惩机制，保障其得到村民的遵守，进一步发挥其软法的约束功

---

〔1〕　民政部基层政权建设和社区治理司：《城乡基层民主资料选编（2016—2018 年）》，第 408～409 页。

能。村规民约利用乡村熟人社会的特点，利用道德感化、舆论约束、村民监督，有效地减少乡村基层的矛盾纠纷，保障和维护乡村基层社会治理的和谐稳定。一些关于村中公共设施使用的规范和公约，也属于乡村治理法律体系的有机组成部分。

乡村治理法律机制的体系应当是包括《宪法》在内的法律、行政法规、地方性规章、国家、党中央和地方的政策文件，也包括更加注重发挥柔性的德治功能的村规民约这些带有软法性质的自治性规范，在这个多层次的体系内，各种法律、政策文件相互配合和衔接，使得所有的相关内容都被涵盖在内，可以为乡村基层社会治理提供充分的法律支持。

第八章

结　语

　　2021 年 4 月 28 日，中共中央和国务院发布了《关于加强基层治理体系和治理能力现代化建设的意见》，提出实现基层社会治理体系和治理能力现代化的具体目标，说明我们已经充分认识到基层社会治理的重要性和在整个国家治理中的基石作用。正如习近平总书记 2020 年 8 月 24 日在主持经济社会领域专家座谈会时提出的："要加强和创新基层社会治理，使每个社会细胞都健康活跃，将矛盾纠纷化解在基层，将和谐稳定创建在基层。"基层社会治理是整个社会治理的基础和支点，对整个社会的和谐稳定有着特殊的重要意义。而社会治理是一个立体的网络，除了需要纵向的行政管理通道，在横向上还需要基层社会治理的基本单元作为结点和抓手，并且在其内部形成一定的自治空间，调动多元主体的积极性，不但能够节约行政成本，而且可以得到更好的治理效果。而法律思想和法律制度对社会治理单元的功能发挥可以起到重要的支持作用。

　　在中国传统社会，家族是以血缘关系为基础建立起来的社会基本单元。虽然是以血缘关系为基础建立，但同时也承担了经济和社会方面的治理功能。这些功能都在"家国同构"的宗法制度以及儒家道德教化、和谐"无讼"的治理理想下展开，并且得到了传统法律机制的支持。家族作为基层社会治理单元，其主要的功能集中于血缘的延续和文化的传承。具体来说，血缘的延续体现在养老、婚姻、嫡庶之分、收养以及亲亲相隐等制度，文化的传承则集中体现为家族内部的道德教化，实际上也是对儒家传统文化和家族文化的传承。家族同时也是以小农经济为主的传统社会的基本生产单位，人们以家族为单位，占有生产资料，组织和进行农业生产，发挥着社会基本经济单位的作用。土地是农业社会最重要的生产资料，同时也是家族财产中最重要的部分。传统社会的法律制度从家族的私有产权、家长对家族财产的处分权以及保证财产留在家族内的继承制度三个方面对其经济功能的发挥起到了保障和支持的作用。家族不仅是传统社会基本的生活和生产单位，而且作为基层社会治理中的主体，承担着一定的社会功能，具体体现在救灾扶贫，兴建公共设施、完粮纳税、道德教化等各个方面。以家法族规为代表的家族自治制度和族内的纠纷调处成了国家立法和司法体系的有机组成部分。家族的这些社会功能一方面反映在当时的法律机制中，另一方面也得到了法律机制的支持。家族内部依靠家长的权威进行自治，并且在立法上体现为家法族规，在司法上体现为家族司法。在家族的基础上，还形成了比家族更大范围的乡村和乡村共同体的地缘性自治，其主要治理功能和目的基本上是社会面向的，法律机制主要就体现在这一自治空间里形成的自治制度，即乡约民规和乡绅治理两个方面。而乡约民规和乡绅治理在今天的乡村治理中，仍然具有积极的当代价值。

新中国成立以后，党和国家的工作重点开始从农村向城市转移。随着经济和政治制度发生的巨大变化，社会基层治理单元也发生了非常明显的变化。当时的国有企事业单位覆盖了社会上绝大多数的社会成员，为其成员提供社会资源和服务、进行基层社会管理、解决一部分基层纠纷，也形成了单位的内部团体行为准则，完全符合基层社会治理单元的概念。而单位作为当时的基层社会治理单元，一方面是在儒家思想的抽离之后，以集体主义为核心的共产主义道德作为其内在的文化价值支持，另一方面也有国家计划下的政治组织体系和法律制度作为外在的制度支撑，有效地发挥了基层社会治理的作用。而人民公社作为特定历史时期的存在，虽然具有其局限性，但在当时起到的社会治理功能也得到了当时的法律机制的支持。

从传统社会和新中国成立后的基层社会治理单元的功能发挥中，我们可以总结出基层社会治理的经验，包括基层社会治理单元的功能经验，即最为重要的社会功能、特殊场景的经济功能和逐渐剥离的血缘功能；基层社会治理的思想经验，即道德规范的支撑作用和基层纠纷处理的和谐理念；基层社会治理的结构经验，即纵向上行政力量与民间自治的结合，以减轻层级递减效应，横向上基层社会治理的综合性；基层社会治理的制度经验，即立法上民间法与国家法相融合，司法上民间调处与国家司法相配合。这些经验对当代的社会治理仍然具有积极的借鉴意义。

从改革开放至今，我国社会在政治、经济和文化方面发生了巨大变革。特别是在改革开放以后，计划经济体制退出，市场要素发挥作用，单位制退出历史舞台。20世纪80年代起步的民营经济快速发展，20世纪90年代开始的国有企业改革，计划就业体制被就业的市场化替代。单位层面的"转型"和个人层面的"转身"，给基层社会治理带来了新的挑战。中国传统社会的家族在当代社会中已经基本解体，为父母子女两代的核心家庭所替代，无法承担原本由家族承担的经济、政治和文化功能。当前的家庭不再是社会生产的基本单位，仍然是社会生活的基本单位，但因为其范围小、人数少，所以无法在功能上成为基层社会治理单元。而改革开放后多元化经济形势的发展，使得国有经济的比例大幅下降，单位制退出，国有单位也没有动力和资源再成为基层社会治理单元。目前基层社会治理主要依靠行政力量，但是行政化的街居辖区式单元无法承接大量社会流动人员带来的职能压力，社会服务的效能不断弱化。而社会的"原子化"使得单个的社会成员在面对政府和国家提出自己的利益诉求时，往往处于弱势的地位。对于基层民众的需求，也缺少上传下达的畅通渠道。社会成员本身作为社会主体的积极性并未被调动起来，而且原子化的社会个体更多地关注自己的利益，而缺乏集体意识和道德观念体系，进一步形成利己主义的意识形态，给社会带来整体的道德危机、规范失灵以及人际关系的弱化和个人情感的孤独。

街道办事处作为基层政府的派出机关，承担着非常重要的任务。但是，街道办事处是基层政府的派出机关，是纵向的行政管理权力在基层社会的触角，其虽然在基层社会治理中发挥着重要的作用，承担提供公共服务、维护治安、指导基层群众自治的职能，但其并非当代社会基层治理单元，主要体现的是管理而非治理。而真正的基层社会治理，则有赖于新的治理单元的出现，转移和纾解行政系统的一部分压力，形成有效的治理制度，达到"人人有责、人人尽责、人人享有"的目标。

随着社区内涵的演变以及国家政策制度的支持，社区有可能成为新的基层社会治理单元。首先社区是社会成员的集中居住地，可以覆盖城市绝大多数的居民。其次随着改革开放之后经济体制的变化，经济面向的功能归属于企业等经济组织，血缘面向的功能归属于当代核心家庭，社区主要能够提供社会面向的功能，包括治安、医疗、文化以及纠纷解决等，比如对社区内低收入家庭提供社会保障和救助，帮助残疾人进行就业安置，构建社区内部安全防范设施，对家庭纠纷或者社区居民间的纠纷进行调停处理，开展社区内的文体服务，开展面对社会居民的公益活动等。这些社会服务与居民的日常生活息息相关，并且很大程度上影响基层社会的稳定与发展。最后非常重要的一点，也是符合基层社会治理单元含义的是：在社区内部可以形成自治空间。我们已经意识到了社会自治和基层协商民主的重要性，伴随着居民权利和自治意识的发展，居委会发挥民意吸纳功能，社区完全可以形成稳定的自治空间和相对柔性的自治制度，社区居民可以在没有外在的指令的情况下，自发、主动地协商、合作形成某种自治机制，进行自我管理、自我服务和自我教育。并且在基层行政组织必要的引导和支持下，承担起为社区成员提供社会服务、维持基层社会秩序和纠纷解决等功能。地理上的聚集可以给柔性的制度和舆论道德约束提供发挥作用的空间。习近平同志2014年3月5日参加十二届全国人大二次会议上海代表团审议时曾经明确指出："社会治理的重心必须落到城乡社区，社区服务和管理能力强了，社会治理的基础就实了。"这是对社区作为基层社会治理单元的可能性的肯定。

在社区的概念成为一个政策制度概念之后，社区可能成为新的基层社会治理单元，社区的运行主要依赖社区居民的自治单元—居民委员会，现行的《城市居民委员会组织法》中明确了居民委员会居民自治组织的性质。但是在基层治理的实践中，街道—社区制度的运行却存在着很多问题，居民委员会和街道办事处的关系没有理顺，社区居民委员会的自治功能没有充分发挥，集中存在着基层社会治理过分依赖行政力量、社会力量发挥不足等问题，导致社区基层社会治理单元的功能并未完全发挥出来。

对社区这一新基层社会治理单元的培育，在思想上需要法治思想的引领和道德的柔性融入，注重核心价值观的影响。在结构需要上理顺政社关系，实现综合治理：通过法律制度对社区的自治空间和自治权进行界定、规范和约束，用法律划定自治权的范围及行使的方式，确认多元化治理主体，形成治理共同体，实现基层综合治理。在制度上，积极发挥软法的作用，以适应基层社会治理单元内部灵活、柔性、自觉、多元的需要。并且进一步鼓励和发展多元化的纠纷解决机制，从核心理念、制度支持、诉讼与非诉相衔接的体系三个方面进行构建。

在国家高度重视"三农"问题和乡村振兴的大背景下，当代乡村基层社会治理具有基础性的特殊重要意义。当前的乡村基层社会治理存在着基层法治环境面临挑战、集体经济发展动力不足、空心化与人口倒挂并存、群众法治观念仍需加强等一系列问题。乡村基层社会治理，需要基层社会治理单元发挥积极的作用。当前，符合乡村基层治理单元概念的应当是自然村，在自然村的基础上，各地因地制宜，进行了"同心圆""微自治"等具有创新性的乡村治理实践。乡村基层社会治理单元主要发挥的是经济面向和社会面向的功能，也依赖于法律机制的支持。从乡村基层社会治理单元经济面向的功能来看，我国现有的法律体系对集体经济的形式和"三权分置"等制度进行了法律上的保障；从乡村基层社会治理单元社会面向的功能来看，相关的法律法规和政策文件都反复强调村民自治制度的建设。2021年公布的《乡村振兴促进法》第41条第1款规定："建立健全党委领导、政府负责、民主协商、社会协同、公众参与、法治保障、科技支撑的现代乡村社会治理体制和自治、法治、德治相结合的乡村社会治理体系，建设充满活力、和谐有序的善治乡村。"但是当前支持乡村基层社会治理单元功能发挥的法律机制仍然存在着需要完善的地方，并且体现在乡村治理实践中黑恶势力、"三资问题"等方面。乡村基层社会治理单元的培育和相关法治机制的完善，需要我们在思想上重视党建引领，在主体上吸引治理人才，在制度上完善制度保障，在形式上适应乡村环境、在体系上构建多层次系统。

在我国已经积累的基层社会治理经验下，我们充分认识到当代基层社会治理面临的挑战，充分发挥法律机制的支持作用，培育城乡新的基层社会治理单元，鼓励基层民主协商和自治制度，形成"人人有责、人人尽责、人人享有"的社会治理新局面，这也是实现社会治理体系和治理能力现代化的题中应有之义。

参考文献

一、古籍

1. 《唐律疏议》，刘俊文点校，法律出版社 1999 年版。
2. 《大明律》，怀效锋点校，法律出版社 1999 年版。
3. 《大清律例》，田涛、郑秦点校，法律出版社 1999 年版。
4. 《名公书判清明集》，中国社会科学院历史研究所宋辽金元史研究室点校，中华书局 1987 年版。
5. （清）沈之奇撰：《大清律辑注》，怀效锋、李俊点校，法律出版社 2000 年版。

二、著作

1. 瞿同祖：《中国法律与中国社会》，中华书局 2003 年版。
2. 《马克思恩格斯选集》，人民出版社 1995 年版。
3. 张国清：《社会治理研究》，浙江教育出版社 2013 年版。
4. 钱穆：《中国历代政治得失》，生活·读书·新知三联书店 2001 年版。
5. 费孝通：《乡土中国》，人民出版社 2008 年版。
6. 徐扬杰：《中国家族制度史》，人民出版社 1992 年版。
7. 史尚宽：《亲属法论》，中国政法大学出版社 2000 年版。
8. 费成康主编：《中国的家法族规》，上海社会科学院出版社 2002 年版。
9. 赵庆杰：《中国伦理精神的探源》，中国政法大学出版社 2015 年版。
10. 俞荣根：《儒家法思想通论》，商务印书馆 2018 年版。
11. 曾宪义、马小红主编：《礼与法：中国传统法律文化研究总论》，中国人民大学出版社 2012 年版。
12. 李安宅：《〈仪礼〉与〈礼记〉之社会学的研究》，上海人民出版社 2005 年版。
13. 赵庆杰：《中国伦理精神的探源》，中国政法大学出版社 2015 年版。
14. 韦森：《经济学与哲学：制度分析的哲学基础》，上海人民出版社 2005 年版。
15. 苏力：《法治及其本土化资源》，北京大学出版社 2015 年版。

16. 胡旭晟主编：《狱与讼：中国传统诉讼文化研究》，中国人民大学出版社 2012 年版。

17. 陈顾远：《中国婚姻史》，商务印书馆 2014 年版。

18. 高其才主编：《当代中国分家析产习惯法》，中国政法大学出版社 2014 年版。

19. 梁凤荣：《中国传统民法理念与规范》，郑州大学出版社 2003 版。

20. 史广全：《礼法融合与中国传统法律文化的历史演进》，法律出版社 2006 年版。

21. 朱勇：《清代宗族法研究》，法律出版社 2017 年版。

22. 杨开道：《中国乡约制度》，商务印书馆 2015 年版。

23. 董建辉：《明清乡约：理论演进与实践发展》，厦门大学出版社 2008 年版。

24. 黄宗智：《清代的法律、社会与文化：民法的表达与实践》，上海书店出版社 2001 年版。

25. 田毅鹏等：《"单位共同体"的变迁与城市社区重建》，中央编译出版社 2014 年版。

26. 刘建军：《单位中国——社会调控体系重构中的个人、组织与国家》，天津人民出版社 2000 年版。

27. 李培林、姜晓星、张其仔：《转型中的中国企业——国有企业组织创新化》，山东人民出版社 1992 年版。

28. 张翼：《国有企业的家族化》，社会科学文献出版社 2002 年版。

29. 郑秦：《清代司法审判制度研究》，湖南教育出版社 1988 年版。

30. 祁建民：《自治与他治：近代华北农村的社会和水利秩序》，商务印书馆 2020 年版。

31. 梁治平：《清代习惯法：社会与国家》，中国政法大学出版社 1996 年版。

32. 费孝通：《学术自述与反思》，生活·读书·新知三联书店 1996 年版。

33. 杨贵华等：《自组织：社区能力建设的新视域——城市社区自组织能力研究》，社会科学文献出版社 2010 年版。

34. 康有为：《大同书》，姜义华、张荣华编校，中国人民大学出版社 2010 年版。

35. 罗豪才等：《软法与公共治理》，北京大学出版社 2006 年版。

36. 陈晓莉：《新时期乡村治理主体及其行为关系研究》，中国社会科学出版社 2012 年版。

37. 陈伟东：《社区自治：自组织网络与制度设置》，中国社会科学出版社 2004 年版。

38. ［英］赫伯特·斯宾塞：《群学肆言》，严复译，北京时代华文书局 2014 年版。

39. ［英］梅因：《古代法》，沈景一译，商务印书馆 1959 年版。

40. ［英］安东尼·吉登斯：《现代性的后果》，田禾译，译林出版社 2011 年版。

41. ［法］米歇尔·福柯：《安全、领土与人口》，钱翰、陈晓径译，上海人民出版社 2010 年版。

42. ［日］滋贺秀三：《中国家族法原理》，张建国、李力译，商务印书馆 2013 年版。

43. ［日］仁井田陞：《中国法制史》，牟发松译，上海古籍出版社 2011 年版。

44. ［德］乌尔里希·贝克：《风险社会》，何博闻译，译林出版社 2004 年版。

45. ［德］斐迪南·滕尼斯：《共同体与社会》，张巍卓译，商务印书馆 2019 年版。

三、期刊论文

1. 曹建萍："从社会管理到社会治理：理念与实践"，载《特区实践与理论》2013 年第 1 期。

2. 余军华、袁文艺："公共治理：概念与内涵"，载《中国行政管理》2013 年第 12 期。

3. 应松年："加快法治建设促进国家治理体系和治理能力现代化"，载《中国法学》2014 年第 6 期。

4. 俞可平："全球治理引论"，载《马克思主义与现实》2002 年第 1 期。

5. 张文显："法治与国家治理现代化"，载《中国法学》2014 年第 4 期。

6. 江必新："管理与治理的区别"，载《山东人大工作》2014 年第 1 期。

7. 江必新、王红霞："社会治理的法治依赖及法治的回应"，载《法制与社会发展》2014 年第 4 期。

8. 张文显等："推进自治法治德治融合建设，创新基层社会治理"，载《治理研究》2018 年第 6 期。

9. 孙晓莉："西方国家政府社会治理的理念及其启示"，载《社会科学研究》2005 年第 2 期。

10. 燕继荣："社会变迁与社会治理——社会治理的理论解释"，载《北京大学学报（哲学社会科学版）》2017 年第 5 期。

11. 向德平、苏海："'社会治理'的理论内涵和实践路径"，载《新疆师范大学学报（哲学社会科学版）》2014 年第 6 期。

12. 刘旭："社会治理构成及法治保障"，载《北京交通大学学报（社会科学版）》2015 年第 2 期。

13. 史云贵、屠火明："基层社会合作治理：完善中国特色公民治理的可行性路径探析"，载《社会科学研究》2010 年第 3 期。

14. 汪世荣："'枫桥经验'视野下的基层社会治理制度供给研究"，载《中国法学》2018 年第 6 期。

15. 马金芳："社会组织多元社会治理中的自治与法治"，载《法学》2014 年第 11 期。

16. 张镭："论基层自治规则的主导作用及其法律保障"，载《法学》2018 年第 9 期。

17. 王帅一："'化家为国'：传统中国治理中的家族规约"，载《当代法学》2020 年第 6 期。

18. 沈毅："'家''国'关联的历史社会学分析：兼论'差序格局'的宏观建构"，载

《社会学研究》2008 年第 6 期。

19. 谢晶："清律'家人共盗'的法思想源流"，载《法学研究》2018 年第 2 期。

20. 尤陈俊："中题西影：反思中国传统诉讼文化研究的思维框架及其概念使用"，载《现代法学》2019 年第 1 期。

21. 龙登高、王明、陈月圆："论传统中国的基层自治与国家能力"，载《山东大学学报（哲学社会科学版）》2021 年第 1 期。

22. 陈景良："何种之私：宋代法律及司法对私有财产权的保护"，载《华东政法大学学报》2017 年第 3 期。

23. 程民生："论宋代私有财产权"，载《中国史研究》2015 年第 3 期。

24. 龙登高、彭波："近世佃农的经营性质与收益比较"，载《经济研究》2010 年第 1 期。

25. 罗冠男："我国继承制度中的价值取向和利益平衡"，载《法学杂志》2019 年第 10 期。

26. 龙登高、何国卿："土改前夕地权分配的检验与解释"，载《东南学术》2018 年第 4 期。

27. 刘广安："论明清的家法族规"，载《中国法学》1998 年第 1 期。

28. 罗冠男："中国传统社会基层治理的法律机制与经验"，载《政法论坛》2021 年第 2 期。

29. 李交发："论古代中国家族司法"，载《法商研究》2002 年第 4 期。

30. 原美林："明清家族司法探析"，载《法学研究》2012 年第 3 期。

31. 汪世荣："'枫桥经验'视野下的基层社会治理制度供给研究"，载《中国法学》2018 年第 6 期。

32. 吴倩："宋明基层乡约治理的特点与启示"，载《政治思想史》2019 年第 2 期。

33. 张德美："清代保甲制度的困境"，载《政法论坛》2010 年第 6 期。

34. 高艳芳、黄永林："论村规民约的德治功能及其当代价值——以建立'三治结合'的乡村治理体系为视角"，载《社会主义研究》2019 年第 2 期。

35. 陈寒非、高其才："乡规民约在乡村治理中的积极作用实证研究"，载《清华法学》2018 年第 1 期。

36. 徐迪："非正式关系与国家权力的互动——从明清乡绅自治到当代基层治理的演变及启示"，载《领导科学》2019 年第 24 期。

37. 黄宗智："中国的正义体系的过去、现在与未来"，载《社会科学文摘》2018 年第 6 期。

38. 严旭："协同治理视域下新乡贤参与乡村治理研究"，载《湖南省社会主义学院学报》2021 年第 1 期。

39. 田毅鹏、刘杰："'单位社会'起源之社会思想寻踪"，载《社会科学战线》2010 年第

6 期。

40. 路风："中国单位体制的起源和形成"，载中国社会科学院社会学研究所编：《中国社会学》（第二卷），上海人民出版社 2003 年版。

41. 李格："新中国成立前后的城市军事管制"，载《当代中国史研究》2010 年第 5 期。

42. 李伟中："南京国民政府的保甲制新探——20 世纪三四十年代中国乡村制度的变迁"，载《社会科学研究》2002 年第 4 期。

43. 李猛、周飞舟、李康："单位：制度化组织的内部机制"，载《中国社会科学季刊》（香港）1996 年总第 16 期。

44. 林兵、滕飞："传统单位制中的家族识别方式——基于制度与文化的解释"，载《吉林大学社会科学学报》2014 年第 3 期。

45. 王小章、冯婷："集体主义时代和个体化时代的集体行动"，载《山东社会科学》2014 年第 5 期。

46. 李路路、苗大雷、王修晓："市场转型与'单位'变迁——再论'单位'研究"，载《社会（社会学丛刊）》2009 年第 4 期。

47. 路风："单位：一种特殊的社会组织形式"，载《中国社会科学》1989 年第 1 期。

48. 王理万："中国法典编纂的初心与线索"，载《财经法学》2019 年第 1 期。

49. 田毅鹏："转型期中国城市社会管理之痛——以社会原子化为分析视角"，载《探索与争鸣》2012 年第 12 期。

50. 田毅鹏："转型期中国社会原子化动向及其对社会工作的挑战"，载《社会科学》2009 年第 7 期。

51. 金太军："当代西方多元民主论评析"，载《中国青年政治学院学报》1996 年第 3 期。

52. 黄宗智："中国的正义体系的过去、现在与未来"，载《社会科学文摘》2018 年第 6 期。

53. 李路路："单位制的变迁与研究"，载《吉林大学社会科学学报》2013 年第 1 期。

54. 钟晓慧："个体化理论下的中国家庭研究：转向与启示"，载《中国研究》2020 年第 1 期。

55. 张雪霖："'找回'城市与'祛魅'的居民自治"，华中科技大学 2018 年博士论文。

56. 王小章："何谓社区与社区何为"，载《浙江学刊》2002 年第 2 期。

57. 华伟："单位制向社区制的回归——中国城市基层管理体制 50 年变迁"，载《战略与管理》2000 年第 1 期。

58. 程同顺、魏莉："城市基层社会治理单元转换的逻辑解析"，载《江苏行政学院学报》2019 年第 3 期。

59. 张翼："全面建成小康社会视野下的社区转型与社区治理效能改进"，载《社会学研究》2020 年第 6 期。

60. 汪波："城市社区管理体制创新探索——行政、统筹、自治之三元复合体制"，载《新视野》2010 年第 2 期。

61. 胡颖、廉叶岚："大数据解读真实基层公务员"，载《理论参考》2015 年第 8 期。

62. 程同顺、魏莉："微治理：城市社区双维治理困境的回应路径"，载《江海学刊》2017 年第 6 期。

63. 向德平："社区组织行政化：表现、原因及对策分析"，载《学海》2006 年第 3 期。

64. 崔红："城市基层治理法治化研究——以农村社区为例"，载《辽宁经济》2020 年第 10 期。

65. 程同顺、魏莉："微治理：城市社区双维治理困境的回应路径"，载《江海学刊》2017 年第 6 期。

66. 周庆智："基层社会自治与社会治理现代转型"，载《政治学研究》2016 年第 4 期。

67. 马颜昕："行政引导下的基层合作治理——以实证分析为视角"，载《行政法学研究》2021 年第 1 期。

68. 王申："软法产生的社会文化根源及其启示"，载《法商研究》2006 年第 6 期。

69. 罗豪才、宋功德："认真对待软法——公域软法的一般理论及其中国实践"，载《中国法学》2006 年第 2 期。

70. 郑毅："论习惯法与软法的关系及转化"，载《山东大学学报（哲学社会科学版）》2012 年第 2 期。

71. 邹亚莎："传统无讼理念与当代多元化纠纷解决机制的完善"，载《法学杂志》2016 年第 10 期。

72. 宋洪远、张益、江帆："中国共产党一百年来的'三农'政策实践"，载《中国农村经济》2021 年第 7 期。

73. 周庆智："重构乡村社会：国家视角或社会视角"，载《甘肃社会科学》2020 年第 1 期。

74. 张向东："当前中国黑恶势力犯罪的基本态势"，载《人民司法（应用）》2018 年 25 期。

75. 景跃进："中国农村基层治理的逻辑转换——国家与乡村社会关系的再思考"，载《治理研究》2018 年第 1 期。

76. 左停："当前加强农村土地资源利用与管理的策略"，载《人民论坛》2021 年第 10 期。

77. 杜鹏："乡村振兴战略下的集体经营机制：类型与比较——基于村庄治理能力的视角"，载《南京农业大学学报（社会科学版）》2021 年第 1 期。

78. 李梅："新时期乡村治理困境与村级治理'行政化'"，载《学术界》2021 年第 2 期。

79. 杨穗、赵小漫、高琴："新时代中国农村社会政策与收入差距"，载《中国农村经济》2021 年第 9 期。

80. 金太军："关于村民自治的若干认识误区辨析"，载《江苏社会科学》1999 年第 6 期。

附录一
古代家族的基层治理功能与法律机制

血缘面向的法律机制			
功能面向	法条来源	内容	对基层社会治理单元功能发挥产生的影响
婚姻制度和家长主婚权	《唐律疏议·户婚·嫁娶违律》	诸嫁娶违律，祖父母、父母主婚者，独坐主婚。本条称以奸论者，各从本法，至死者减一等。若期亲尊长主婚者，主婚为首，男女为从。余亲主婚者，事由主婚，主婚为首，男女为从；事由男女，男女为首，主婚为从。其男女被逼，若男年十八以下及在室之女，亦主婚独坐。未成者，各减已成五等。媒人，各减首罪二等。	国家制定法规定了祖父母、父母、期亲尊长以及其他亲属违律主婚的责任，保护了家长及族尊对子女卑幼亲属的主婚权。婚姻的目的以传宗接代为单元，婚姻对于家族关系重，对于个人关系则极轻微。婚姻的目的自始不涉及本人，所以男女的结合必须估计到本人的意志则是不可想象的事。直系尊亲属（尤其是男性）便拥有绝对的主婚权，社会和法律都承认这方面的威权，予以强有力的支持，不容子女违抗。也正是因为如此，若嫁娶违例，则独坐主婚。[1]
	《唐律疏议·户婚·许嫁女辄悔》	诸许嫁女，已报婚书及有私约，约，谓先知夫身老、幼、疾、残、养、庶之类。而辄悔者，杖六十。男家自悔者，不坐，不追娉财。	
	《唐律疏议·斗讼·殴伤妻妾》	诸殴伤妻者，减凡人二等；死者，以凡人论。殴妾折伤以上，减妻二等。	
	《唐律疏议·斗讼·妻殴詈夫》	诸妻殴夫，徒一年；若殴伤重者，加凡斗伤三等；须夫告，乃坐。死者，斩。	
	《宋刑统·户婚律·违律为婚》	诸嫁娶违律，祖父母、父母主婚者，独坐主婚。若期亲尊长主婚者，主婚为首，男女为从。余亲主婚者，事由主婚，主婚为首，男女为从；事	

---

〔1〕 瞿同祖：《中国法律和中国社会》，商务印书馆 2010 年版，第 115 页。

血缘面向的法律机制			
功能面向	法条来源	内容	对基层社会治理单元功能发挥产生的影响
		由男女，男女为首，主婚为从。其男女被逼，若男年十八以下及在室之女，亦主婚独坐。未成者，各减已成五等。媒人，各减首罪二等。	
	《唐律疏议·户婚·卑幼自娶妻》	诸卑幼在外，尊长后为订婚，而卑幼自娶妻，已成者，婚如法；未成者，从尊长。违者，杖一百。	
	《宋刑统·户婚律·和娶人妻》	诸卑幼在外，尊长后为订婚，而卑幼自娶妻，已成者，婚如法；未成者，从尊长。违者，杖一百。	
	《大明律·户律三·婚姻·嫁娶违律主婚媒人罪》	凡嫁娶违律，若由祖父母、父母、伯叔父母、姑兄姊，及外祖父母主婚者，独坐主婚。	
	《大明令·户令》	凡嫁娶皆由祖父母、父母主婚。祖父母、父母俱无者，从余亲主婚。若夫亡携女适人者，其女从母主婚。	
	《大明律·户律三·婚姻·男女婚姻》	凡男女定婚之初，若有残疾、老幼、庶出、过房、乞养者，务要两家明白通知，各从所愿，写立婚书，依礼聘嫁。若许嫁女已报婚书及有私约而悔者，笞五十。虽无婚书，但受聘财者，亦是。若再许他人，未成婚者杖七十，已成婚者杖八十。后定娶者知情，与同罪，财礼入官；不知者，不坐，追还财礼，女归前夫。前夫不愿者，倍追财礼给还。其女仍从后夫。男家悔者罪亦如之，不追财礼。其未成婚男女，有犯奸盗者，不用此律。若为婚而女家妄冒者，杖八十，追还财礼。男家妄冒者，加一等。不追财礼。未成婚者，仍依原定；已成婚者，离异。其应为婚者，虽已纳聘财，期约未至，而男家强娶，及期约已至，而女家故违期者，并笞	

血缘面向的法律机制			
功能面向	法条来源	内容	对基层社会治理单元功能发挥产生的影响
		五十。若卑幼，或仕宦，或卖买在外，其祖父母、父母及伯叔父母、姑、兄、姊，后为定婚，而卑幼自娶妻，已成婚者，仍旧为婚；未成婚者，从尊长所定。违者，杖八十。	
	《大明律·户律三·婚姻·父母囚禁嫁娶》	凡祖父母，父母，犯死罪被囚禁，而子孙嫁娶者，杖八十。为妾者，减二等。其奉祖父母父母命，而嫁女娶妻者，不坐，亦不得筵宴。	
	《大清律例·户律·婚姻·父母囚禁嫁娶》	凡祖父母、父母犯死罪被囚禁，而子孙嫁娶者，杖八十；为妾者，减二等。其奉祖父母、父母命而嫁女者娶妻者，不坐，亦不得筵宴。	
	《大清律例·户律·婚姻·嫁娶违律主婚媒人罪》	凡嫁娶违律，若由祖父母、父母、伯叔父母、姑、兄、姊及外祖父母主婚者，独坐主婚。余亲主婚者，事由主婚，主婚为首，男女为从；事由男女，男女为首，主婚为从。至死者，主婚人并减一等。其男女被主婚人威逼，事不由己，若男年二十岁以下，及在室之女，亦独坐主婚，男女俱不坐。未成婚者，各减已成婚罪五等。若媒人知情者，各减犯人罪一等；不知者，不坐。其违律为婚各条称离异、改正者，虽会赦犹离异、改正。离异者，妇女并归宗。财礼，若娶者知情，则追入官；不知者，则追还主。	
	《唐律疏议·户婚·夫丧守志而强嫁》	诸夫丧服除而欲守志，非女之祖父母、父母而强嫁之者，徒一年；期亲嫁者，减二等。各离之。女追归前家，娶者不坐。	本条一方面依礼法之精神，对寡妇守节的行为给予保护；另一方面又根据社会和人性的需要，对寡妇守节的行为从法律上予以抑制，强调祖父母、父母可以强制寡妇改嫁。在立法上更倾向于保障对祖父母、父母的主婚权。

血缘面向的法律机制			
功能面向	法条来源	内容	对基层社会治理单元功能发挥产生的影响
立嫡	《唐律疏议·户婚·立嫡违法》	诸立嫡违法者，徒一年。即嫡妻年五十以上无子者，得立嫡以长，不以长者亦如之。	立嫡与继承问题是宗法制度的首要问题。承担着确定上一代"宗子"的权利继承问题，以保障"亲亲尊尊"的秩序不紊乱，维护宗法伦常秩序。"有嫡立嫡，无嫡立长"，父辈身份、爵号、权力的第一继承人只许是嫡妻所生的儿子。如嫡妻年五十以上无子者，方可立妾所生之子为嫡子，定为继承人，否则即是违法。
	《大明律·户律一·户役·立嫡子违法》	凡立嫡子违法者，杖八十。其嫡妻年五十以上无子者，得立庶长子。不立长子者，罪亦同。若养同宗之人为子，所养父母无子而舍去者，杖一百，发付所养父母收管。若有亲生子，及本主父母无子，欲还者听。其乞养异姓义子，以乱宗族者，杖六十。若以子与异姓人为嗣者，罪同，其子归宗。其遗弃小儿年三岁以下，虽异姓仍听收养，即从其姓。若立嗣，虽系同宗，而尊卑失序者，罪亦如之。其子亦归宗，改立应继之人。若庶民之家，存养奴婢者，杖一百，即放从良。	
	《大清律例·户律·户役·立嫡子违法》	凡立嫡子违法者，杖八十。其嫡妻年五十以上无子者，得立庶长子，不立长子者，罪亦同。 若养同宗之人为子，所养父母无子而舍去者，杖一百，发付所养父母收管，若有亲生子，及本生服务无子欲还者，听。 其乞养异姓义子以乱宗族者，杖六十。若与子以异姓人为养嗣者，罪同。其子归宗。 其遗弃小儿，年三岁以下，虽异姓，仍听收养，即从其姓。若立嗣，虽系同宗，而尊卑失序者，罪亦如之。其子亦归宗。改立应继之人。若庶民之家，存养奴婢者，杖一百，即放从良。	

血缘面向的法律机制			
功能面向	法条来源	内容	对基层社会治理单元功能发挥产生的影响
	《唐律疏议·诈伪·非正嫡诈承袭》	非诸正嫡，不应袭爵，而诈承袭者，徒二年；非子孙而诈承袭者，从诈假官法。诈承他荫而得官者，徒三年。非流内及求赎，杖罪以下，各杖一百；徒罪以上，各加一等。	除正嫡可以继承父祖的爵位以及其他宗法和政治权力外，其他不立嫡的子孙不得承袭，更不用说外人。支持了家族在血缘面向的功能。
孝与家长权	《唐律疏议·名例·犯死罪应侍家无期亲成丁》	诸犯死罪非十恶，而祖父母、父母老疾应侍，家无期亲成丁者，上请。犯流罪者，权留养亲。	为了教导和帮助百姓实现孝养尊亲的属的责任，保证宗法社会香火传承的满足，国法不惜降格以求，对重刑犯轻处，罪刑不相适应。可见对国家而言，督促人民"养亲"和尽孝的目的大于刑罚的目的，使百姓香火相传的目的大于对罪犯个人的人身惩罚，支持了家庭在血缘延续和赡养老人方面的功能。在没有建立规范性社会养老保障制度的传统社会，老年人主要依赖家庭成员赡养。为维护家庭养老体系，增强家庭养老功能，政府通过法律和政策对赋役、刑罚、任官和婚姻制度进行调整，确保老年人有基本的养老依赖，同时抑制子代对养老义务的摆脱和推诿行为，倡导孝行，保证老年人老有所养。当国家没有能力建立社会养老保障时，通过法律和政策维护家庭养老功能就成为必要之举。[1]
	《大明律·名律例·犯罪存留养亲》	凡犯死罪，非常赦所不原者，而祖父母、父母老疾应侍，家无以次成丁者，开具所犯罪名奏闻，取自上裁。若犯徒流者，止杖一百，余罪收赎，存留养亲。	
	《大清律例·名律例上·犯罪存留养亲》	凡犯死罪非常赦不原者，而祖父母、父母老疾应侍，家无以次成丁者，开具所犯罪名。奏闻，取自上裁。若犯徒、流，止杖一百，余罪收赎，存留养亲。	
	《唐律疏议·职制·府号官称犯父祖名》	诸府号、官称犯父祖名，而冒荣居之；祖父母、父母老疾无侍，委亲之官；即妄增年状，以求入侍及冒哀求仕者：徒一年。谓父母丧，禫制未除及在心丧内者。	
	《大明律·礼律二·仪制·弃亲之任》	凡祖父母父母年八十以上，及笃疾，别无以次侍丁，而弃亲之任，及妄称祖父母父母老疾，求归入侍者，并杖八十。若祖父母父母及夫犯死罪，被囚禁，而筵宴作乐者，罪亦如之。	

---

〔1〕 王跃生："历史上家庭养老功能的维护研究——以法律和政策为中心"，载《山东社会科学》2015 年第 5 期。

续表

血缘面向的法律机制			
功能面向	法条来源	内容	对基层社会治理单元功能发挥产生的影响
	《大清律例·礼律·仪制·弃亲之任》	凡祖父母、父母，年八十以上，及笃疾，别无以次侍丁，而弃亲之任，及妄称祖父母、父母老疾，求归入侍者，并杖八十。若祖父母、父母及夫犯死罪，见被囚禁，而筵宴作乐者，罪亦如之。	
	《唐律疏议·户婚·养子舍去》宋刑统同之	诸养子，所养父母无子而舍去者，徒二年。若自生子及本生无子，欲还者，听之。即养异姓男者，徒一年；与者，笞五十。其遗弃小儿年三岁以下，虽异姓，听收养，即从其姓。	
	《唐律疏议·斗讼》四疏议	祖父母父母有所教令，于事合宜，即须奉以周旋，子孙不得违犯。	
	《唐律疏议·斗讼·子孙违反教令》	诸子孙违犯教令及供养有阙者，徒二年。谓可从而违，堪供而阙者。须祖父母、父母告，乃坐。	要求家族中子女对尊长服从并进行赡养，维护家族中的伦理秩序，支持了家族在赡养老人方面的血缘功能。
	《大明律·刑律五·诉讼·子孙违反教令》	凡子孙违犯祖父母父母教令，及奉养有缺者，杖一百。	
	《大清律例·刑律·诉讼·子孙违反教令》	凡子孙违犯祖父母、父母教令，及奉养有缺者，杖一百。 条例 子贫不能营生养赡父母，因致父母自缢死者，杖一百流三千里。	
	《唐律疏议·户婚·居父母丧生子》	诸居父母丧，生子及兄弟别籍、异财者，徒一年。	儒家主张以"孝"治天下，亲丧而致哀，也就是在亲属死后做到极尽哀思，是孝子之所以为"孝"的重要标志。家为本不可量化的哀思表达设定了统一的标准，认为死者亲属因思慕故亲，哀
	《唐律疏议·户婚·居父母夫丧嫁娶》	诸居父母及夫丧而嫁娶者，徒三年；妾减三等。各离之。知而共为婚姻者，各减五等；不知者，不坐。	

血缘面向的法律机制			
功能面向	法条来源	内容	对基层社会治理单元功能发挥产生的影响
	《唐律疏议·职制·匿父母及夫等丧》	闻期亲尊长丧，匿不举哀者，徒一年；丧制未终，释服从吉，杖一百。大功以下尊长，各递减二等。卑幼，各减一等。	痛可以通过容体、声音、言语、饮食、居处及衣服等方面表现出来，且根据亲属关系的亲疏远近，哀戚的程度也分为不同的等级。按照礼的要求，关系越是亲近，亲属所应表达的哀痛就越深刻，必将痛疾在心，口不甘味，身不安美，故遑论娶亲。
	《宋刑统·户婚律·居丧嫁娶》	诸居父母及夫丧而嫁娶者，徒三年；妾减三等。各离之。知而共为婚姻者，各减五等；不知者，不坐。若居周桑而嫁娶者，杖一百；卑幼，减二等，妾不坐。	
	《大明律·户律三·婚姻·居丧嫁娶》	凡居父母及夫丧，而身自嫁娶者，杖一百。若男子居丧娶妾，妻女嫁人为妾者，各减二等。若命妇夫亡再嫁者，罪亦如之。追夺，并离异。知而共为婚姻者，各减五等，不知者不坐。若居祖父母伯叔父母，姑兄姊丧，而嫁娶者，杖八十。妾不坐。若居父母舅姑及夫丧，而与应嫁娶人主婚者，杖八十。其夫丧服满，愿守志，非女之祖父母父母，而强嫁之者，杖八十。期亲强嫁者，减二等。妇人不坐。追归前夫之家，听从守志。娶者亦不坐，追还财礼。	总体来说，"居丧嫁娶"法律禁止走的是一条由礼入法的道路。肇始之时，丧不嫁娶只是一种在亲属死后表达哀思的方式。后来，注重孝道的儒家思想主张慎始慎终，认为孝子之爱亲，居则致其敬，丧则致其哀，并为哀戚设定统一的标准，规定有所为有所不为，丧不嫁娶由此作为礼的规定，产生一种道德的强制，且这种强制的约束范围随着儒家思想影响力的扩大而逐渐扩大，并最终得到统治者的青睐，明文入律。
	《大明律·礼律二·仪制·匿父母夫丧》	凡闻父母及夫之丧，匿不举哀者，杖六十，徒一年。若丧制未终，释服从吉，忘哀作乐，及参预筵宴者，杖八十。若闻期亲尊长丧，匿不举哀者，亦杖八十。若丧制未终，释服从吉者，杖六十。若官吏父母死，应丁忧，诈称祖父母伯叔姑兄姊之丧，不丁忧者，杖一百，罢职役不叙。无丧诈称有丧，或旧丧诈称新丧者，罪同。有规避者，从重论。若丧制未终，冒哀从仕者，杖八十。其当该官司，知而听行，各与同罪。不知者不坐。其仕	

续表

血缘面向的法律机制			
功能面向	法条来源	内容	对基层社会治理单元功能发挥产生的影响
		宦远方丁忧者，以闻丧月日为始。夺情起复者，不拘此律。	
	《大清律例·户律·婚姻·居丧嫁娶》	凡居父母及夫丧而身自嫁娶者，杖一百；若男子居丧而娶妾，妻女嫁人为妾者，各减二等；若命妇夫亡，再嫁者，罪亦如之，追夺并离异。知而共为婚姻，各减五等，不知者，不坐。若居祖父母、伯叔父母、姑、兄姊丧而嫁娶者，杖八十，妾不坐。 若居父母、舅姑、及夫丧，而与应嫁娶人主婚者，杖八十。 其夫丧服满，果愿守志，而女之祖父母、父母，及夫家之祖父母、父母强嫁之者，杖八十。期亲加一等。大功以下又加一等。妇人及娶者，俱不坐，未成婚者，追归前夫之家，听从守志，追还财礼。已成婚者，给与完聚，财礼入官。	
	《唐律疏议·斗讼·祖父母、父母为人殴击子孙即殴击之》	诸祖父母、父母为人所殴击，子孙即殴击之，非折伤者，勿论；折伤者，减凡斗折伤三等；至死者，依常律。谓子孙元非随从者。	直系尊长的生命安全和人格尊严在遭受他人的侵犯时，个人救护亲属的行为具有正当性，只要其行为不超过法定限度，均可免责。复仇条款设置的目的在于维护最基本的人伦道德。"祖父母为人殴击"条背后所蕴含的"理"就是以"亲亲""尊尊"为核心内容的人伦之理，亦即子孙救护父祖行为的"正当性"所在。孝的要求暗含了此条的正当性。
	《大明律·刑律三·斗殴·父祖被殴》	凡祖父母父母，为人所殴，子孙实时救护而还殴，非折伤，勿论。至折伤以上，减凡斗三等。至死者，依常律。若祖父母、父母为人所杀，而子孙擅杀行凶人者，杖六十。其实时杀死者，勿论。	
	《大清律例·刑律·斗殴下·父祖被殴》	凡祖父母、父母为人所殴，子孙实时救护，而还殴，非折伤，勿论；至折伤以上减凡斗三等；至死者，依常律。若祖父母、父母为人所杀，而子孙擅杀行凶人者，杖六十；其实时杀死者，勿论。	

续表

血缘面向的法律机制			
功能面向	法条来源	内容	对基层社会治理单元功能发挥产生的影响
	《大明律·刑律二·人命·尊长为人杀私和》	凡祖父母、父母、及夫、若家长，为人所杀，而子孙、妻妾、奴婢、雇工人私和者，杖一百，徒三年。期亲尊长被杀，而卑幼私和者，杖八十，徒二年。大功以下，各递减一等。其卑幼被杀，而尊长私和者，各减一等。若妻妾子孙及子孙之妇、奴婢雇工人被杀，而祖父母、父母、夫、家长、私和者，杖八十。受财者，计赃准窃盗论，从重科断。常人私和人命者，杖六十。	私和罪的确立就是统治者为加强国家的司法管辖权结合儒家伦理道德的要求，对私和现象作出的制度回应。父仇不共戴天，不告官请求伸冤而私自相和实非人子之道，从伦理上讲，私自和解乃忘仇不孝，若受财私和，贪利忘仇，自然更不可恕，所以处罚更重。[1]
	《大清律例·刑律·人命·尊长为人杀私和》	凡祖父母、父母，及夫若家长为人所杀，而子孙、妻妾、奴婢、雇工人私和者，杖一百、徒三年。期亲尊长被杀，而卑幼私和者，杖八十、徒二年。大功以下，各递减一等。其卑幼被杀，而尊长私和者，各［依服制］减卑幼一等。若妻妾、子孙、及子孙之妇、奴婢、雇工人被杀而祖父母、父母、夫家长私和者，杖八十。受财者，计赃，准窃盗论，从重科断。	
	《唐律疏议·斗讼·殴詈祖父母父母》	诸詈祖父母、父母者，绞；殴者，斩；过失杀者，流三千里；伤者，徒三年。若子孙违犯教令，而祖父母、父母殴杀者，徒一年半；以刃杀者，徒二年；故杀者，各加一等。即嫡、继、慈、养杀者，又加一等。过失杀者，各勿论。	

---

〔1〕 瞿同祖：《中国法律与中国社会》，商务印书馆 2010 年版，第 99 页。

续表

血缘面向的法律机制			
功能面向	法条来源	内容	对基层社会治理单元功能发挥产生的影响
亲亲相隐制度	《云梦秦简·法律问答》	子告父母，臣妾告主，非公室告，勿听。而行告，告者罪。	容隐制度是家本位的产物，始于春秋，形成于汉，成熟于唐。容隐制度可能有防止过分的司法专横和株连的正面作用；容隐制度还是不可期待（不具有期待可能性）多数人"大义灭亲"之情形的一种无可奈何的让步。[1]在彰显孝道的同时，也反映了"礼法合治"下的人伦精神，有利于对亲情和人权的保护，也有利于社会的和谐和稳定。[2]本条之所以这样规定，旨在维护封建的家庭关系，维护孝道，因为孝道是"子为父隐"的内在精神，"子为父隐"正是亲属相隐的核心所在。[3]亲属既许容隐，反过来讲，子孙不但不为亲属匿罪，反而主动来告发，自非人子之道，与容隐的立法精神相违背。[4]
	《汉书·宣帝纪》	自告首匿父母，妻匿夫，孙匿大父母，皆勿论。其父母匿子，夫匿妻，大父母匿孙，罪殊死，皆上请廷尉以闻。	
	《唐律疏议·名例·同居相为隐》	诸同居，若大功以上亲及外祖父母、外孙，若孙之妇、夫之兄弟及兄弟妻，有罪相为隐；部曲、奴婢为主隐，皆勿论。及泄露其事及擿语消息，亦不坐。其小功以下相隐，减凡人三等。	
	《宋刑统·名律例·有罪兼容隐》	诸同居，若大功以上亲及外祖父母、外孙，若孙之妇、夫之兄弟及兄弟妻，有罪相为隐；部曲、奴婢为主隐，皆勿论。及泄露其事及擿语消息，亦不坐。其小功以下相隐，减凡人三等。	
	《唐律疏议·斗讼·告期亲以下缌麻以上尊长》	诸告期亲尊长、外祖父母、夫、夫之祖父母、父母，虽得实，徒二年；其告事重者，减所告罪一等；即诬告重者，加所诬罪三等。告大功尊长，各减一等；小功、缌麻，减二等；诬告重者，各加所诬罪一等。	
	《大明律·名律例·亲属相为容隐》	凡同居，若大功以上亲，及外祖父母、外孙、妻之父母、女婿，若孙之妇、夫之兄弟及兄弟妻，有罪相为容隐，奴婢、雇工人为家长隐者皆勿论。若泄露其事者，及通报消	

---

〔1〕 范忠信："中国亲属容隐制度的历程、规律及启示"，载《政法论坛》1997年第4期。

〔2〕 夏锦文主编：《传承与创新：中国传统法律文化的现代价值》，中国人民大学出版社2011年版，第637页。

〔3〕 胡旭晟主编：《狱与讼：中国传统诉讼文化研究》，中国人民大学出版社2012年版，第92页。

〔4〕 瞿同祖：《中国法律与中国社会》，商务印书馆2010年版，第69页。

续表

血缘面向的法律机制			
功能面向	法条来源	内容	对基层社会治理单元功能发挥产生的影响
		息，致令罪人隐匿逃避者，亦不坐。其小功以下兼容隐，及泄露其事，减凡人三等，无服之亲减一等。	
	《大清律例·名律例下·亲属相为容隐》	凡同居，若大功以上亲及外祖父母、外孙、妻之父母、女婿，若孙之妇、夫之兄弟及兄弟妻有罪，相为容隐；奴婢、雇工人为家长隐者，皆勿论。若漏泄其事，及通报消息，致令罪人隐匿逃避者，亦不坐。其小功以下兼容隐，及漏泄其事者，减凡人三等，无服之亲减一等。若犯谋叛以上者，不用此律。	干名犯义赋予了"亲亲相隐"制度以明确的义务特性，消除了卑幼主动借助于国家权力挑战尊长权威的可能性，促进了家法、乡规、族约等非官方机制在解决纠纷时的优先性。[1]
	《大清律例·刑律·诉讼·干名犯义》	凡子孙告祖父母、父母妻妾告夫及告夫之祖父母、父母者，杖一百、徒三年。但诬告者，绞。若告期亲尊长、外祖父母，虽得实，杖一百。大功，杖九十。小功，杖八十。缌麻，杖七十。其被告期亲、大功、尊长、及外祖父母，若妻之父母，并同自首免罪；小功，缌麻尊长，得减本罪三等。若诬告罪重者，各加所诬罪三等。 其告谋反、大逆、谋叛、窝赃奸细、及嫡母、继母、慈母、所生母杀其父，若所养父母杀其所生父母，及被期亲以下尊长侵夺财产，或殴伤其身，应自理诉者，并听告，不在干名犯义之限。 若告卑幼得实，期亲大功及女婿，亦同自首免罪。小功、缌麻亦得减本罪三等。诬告者，期亲减所诬罪三等。大功减二等，小功、缌麻减一等。若诬告妻，及妻诬告妾，亦	

---

[1] 王婧："论干名犯义制度在传统社会治理中的作用——兼与秦律亲属相告规定的比较"，载《河北法学》2011 第 4 期。

续表

血缘面向的法律机制			
功能面向	法条来源	内容	对基层社会治理单元功能发挥产生的影响
		减所诬罪三等。 若奴婢告家长及家长缌麻以上亲者，与子孙、卑幼罪同。若雇工人告家长，及家长之亲者，各减奴婢罪一等；诬告者不减。 其祖父母、父母、外祖父母诬告子孙、外孙、子孙之妇、妾及己之妾、若奴婢及雇工人者，各勿论。 若女婿与妻父母果有义絶之状，许相告言，各依常人论。	
	《大明律·刑律·诉讼五·诉讼·干名犯义》	及嫡母、继母、慈母、所生母，杀其父，若所养父母杀其所生父母，及被期亲尊长侵夺财产，或殴伤其身，应自理诉者，并听告，不在干名犯义之限。	
	《宋刑统·斗讼律·告祖父母父母》	诸告祖父母、父母者，绞。及嫡、继、慈母杀其父，及所养者杀其本生，并听告。	
	《唐律疏议·斗讼·告祖父母父母》	诸告祖父母、父母者，绞。及嫡、继、慈母杀其父，及所养者杀其本生，并听告。	
收养制度	《唐律疏议·户婚》	无子者，听养同宗昭穆相当者。	养老往往通过家庭完成，当家庭没有或者丧失了承担养老功能的人时，收养制度作为一种补救措施显得尤为重要。禁收养异姓为嗣的收养制度支持了家族在赡养老人方面的血缘功能。 历代在收养制度上体现了浓厚的宗族意识和传宗接代思想。为了防止宗族利益外流，扰乱正常的宗法伦常秩序，禁止乞养异姓子。
	《唐律疏议·户婚》	异姓之男，非本族类，违法收养，故徒一年；违法与者，得笞五十。养女者不坐。	
	《唐律疏议·户婚·养杂户等为子孙》	诸养杂户男为子孙者，徒一年半；养女，杖一百。官户，各加一等。与者，亦如之。若养部曲及奴为子孙者，杖一百。各还正之。无主及主自养者，听从良。	
	《宋刑统·户婚律·养子》	诸养子，所养父母无子而舍去者，徒二年。若自生子及本无生子，欲还者，听之。即养异姓男者，徒一年；与者，笞五十。其遗弃小儿年三岁以下，虽异姓，听收养，即从其姓。	

续表

血缘面向的法律机制			
功能面向	法条来源	内容	对基层社会治理单元功能发挥产生的影响
	《大明令》	凡无子者，许令同宗昭穆相当之侄承继，先尽同父周亲，次及大功、小功、缌麻。如俱无，方许择立远房及同姓为嗣。……不许乞养异姓为嗣，以乱宗族。立同姓者，亦不得尊卑失序，以乱昭穆。	
	《大明律·刑律九·杂犯·阉割火者》	凡官民之家，不得乞养他人之子，阉割火者。违者，杖一百，流三千里。其子给亲。	
	《户部则例》"户口门"下设"继嗣"条[1]	凡无子者，许立同宗昭穆相当之侄为嗣。先尽同父周亲，次及五服之内。如俱无，方准择立远房。若继子不得于所后之亲，听其告官别立。其或择立贤能及所亲爱者，于昭穆伦序不失，不许宗族指以次序告争。凡继立不以同姓，及尊卑失序者，贪图财产、将独子出继予人者，独子藉称已经出继、不顾本身者，本身父母有子、所后之亲无子而舍去者，均照律治罪。若所养父母有子，所生父母无子欲还者，听。	
	《大明律·户律一·户役·立嫡子违法》	凡立嫡子违法者，杖八十。其嫡妻年五十以上无子者，得立庶长子。不立长子者，罪亦同。若养同宗之人为子，所养父母无子而舍去者，杖一百，发付所养父母收管。若有亲生子，及本主父母无子，欲还者听。其乞养异姓义子，以乱宗族者，杖六十。若以子与异姓人为嗣者，罪同，其子归宗。其遗弃小儿年三岁以下，虽异姓仍听收养，即从其姓。若立嗣，虽系同宗，而尊卑失序者，罪亦如之。其子亦归宗，	

---

〔1〕 故宫博物院编：《钦定户部则例》（乾隆四十六年），海南出版社2000年版，第69页。

续表

血缘面向的法律机制			
功能面向	法条来源	内容	对基层社会治理单元功能发挥产生的影响
		改立应继之人。若庶民之家，存养奴婢者，杖一百，即放从良。	
	《大清律辑注》〔1〕	其乞养异姓义子以乱宗族者，杖六十。若以子与异姓人为嗣者，罪同，其子归宗。	
子女教化权	《大清律例·刑律·斗殴·殴祖父母父母》	凡子孙殴祖父母、父母，及妻妾殴夫之祖父母、父母者，皆斩。杀者，皆凌迟处死。过失杀者，杖一百、流三千里；伤者，杖一百、徒三年。其子孙违反教令，而祖父母、父母非理殴杀者，杖一百；故杀者，杖六十、徒一年。嫡、继、慈、养母杀者，各加一等；致令绝嗣者，绞。非理殴子孙之父，及乞养异姓子孙，致令废疾者，杖八十；笃疾者，加一等；并令归宗，子孙之妇，追还嫁妆，仍给养赡银一十两；乞养子孙，拨付合得财产养赡；至死者，各杖一百、徒三年；故杀者，各杖一百、流三千里。妾，各减二等。其子孙殴骂祖父母、父母，及妻妾殴骂夫之祖父母、父母而殴杀之，若违反教令，而依法决罚，邂逅致死，及过失杀者，各勿论。	家长对子女卑幼的教化，即是权力，又是义务。尊长父母对子女的不当行为可以采取一定的惩罚措施，甚至有生杀予夺的权力。对于不顺父母的子女，父母不仅可以自己进行惩罚，还可以送至官府代为惩处。
	《大清律例·刑律·斗殴·殴祖父母父母》	父母控子，即照所控办理，不必审讯。	
	《大清律例·刑律·人命·杀子孙及奴婢图赖人》	凡祖父母、父母故杀子孙，及家长故杀奴婢，图赖人者，杖七十、徒一年半。	

---

〔1〕　（清）沈之奇撰：《大清律辑注》（上），怀效锋、李俊点校，法律出版社 2000 年版，第 195 页。

血缘面向的法律机制			
功能面向	法条来源	内容	对基层社会治理单元功能发挥产生的影响
	《唐律疏议·名例·共犯罪造意为首》	诸共犯罪者，以造意为首，随从者减一等。若家人共犯，止坐尊长；于法不坐者，归罪于其次尊长。尊长，谓男夫。	家长对子女卑幼的教化，即是权力，又是义务。因此要为子女卑幼的违法行为承担法律上的责任，甚至是首要或者唯一的责任。

经济面向的法律机制			
功能面向	法条来源	内容	对基层社会治理单元功能发挥产生的影响
私有产权	《唐律疏议·户婚·卖口分田》	诸卖口分田者，一亩笞十，二十亩加一等，罪止杖一百；地还本主，财没不追。即应合卖者，不用此律。	农业社会，人民经济以仰赖土地为主，唐代租庸调制，最要用意是为民置产，限制口分田的买卖，保证人民有田地赖以生存，同时也自可向国家完粮纳税。耕种田地的自然是壮丁，便可抽出余暇，为国家服役，而且租庸调制项目分明，有田始有租，有身始有庸，有家始有调。[1]
	《唐律疏议·户婚·盗种公私田》	诸盗种公私田者，一亩以下笞三十，五亩加一等；过杖一百，十亩加一等，罪止徒一年半。	国家对公私土地有同样的保护措施，承认了私有土地所有权的合法性。
	《唐律疏议·户婚·妄认盗卖公私田》	诸妄认公私田，若盗贸卖着，一亩以下笞五十，五亩加一等；过杖一百，十亩加一等，罪止徒二年。	
	《唐律疏议·户婚·盗耕人墓田》	诸盗耕人墓田，杖一百；伤坟者，徒一年。即盗葬他人田者，笞五十；墓田，加一等。仍令移葬。若不识盗葬者，告里正移埋，不告而移，笞三十。即无处移埋者，听雨地主口分内埋之。	

---

〔1〕 钱穆:《中国历代政治得失》，九州出版社 2012 年版，第 61 页。

续表

经济面向的法律机制			
功能面向	法条来源	内容	对基层社会治理单元功能发挥产生的影响
	《大明律·户律二·田宅·盗耕种官民田》	凡盗耕种他人田者，一亩以下笞三十，每五亩加一等，罪止杖八十；荒田，减一等。强者，各加一等；系官者，各又加二等，花利归官、主。	
	《大明律·户律二·田宅·盗卖田宅》	凡盗卖、换易及冒认，若虚钱实契典买及侵占他人田宅者，田一亩、屋一间以下，笞五十，每田五亩、屋三间加一等，罪止杖八十，徒二年。系官者，各加二等。若强占官民山场、湖泊、茶园、芦荡及金银铜场、铁冶者，杖一百，流三千里。若将互争及他人田产妄作己业，朦胧投献官豪势要之人，与者受者各杖一百，徒三年。田产及盗卖过田价，并递年所得花利，各还官、给主。若功臣，初犯，免罪附过；再犯，住支俸给一半；三犯，停其禄；四犯，与庶民同罪。	
	《大清律例·户律·田宅·盗种官民田》	凡盗种他人田者，一亩以下笞三十，每亩加一等，罪止杖八十。荒田，减一等，强者，各加一等；系官者，各又加二等。花利，归官、主。	
家长财产处分权	《唐律疏议·户婚·子孙别籍异财》	诸祖父母、父母在，而子孙别籍、异财者，徒三年。	此条文具有多重意义。首先，保障了家长财产权以及其在一家之主的地位。其次，父母在世禁止别籍异财也是为了保证实现小农经济的目标。再者，也有伦理方面的考虑，贯穿孝的要求，使子孙承担起赡养老人的职责，保证小农经济下养老目的的实现。
	《大明律·户律一·户役·别籍异财》	凡祖父母父母在，而子孙别立户籍，分异财产者，杖一百。若居父母丧，而兄弟别立户籍，分异财产者，杖八十。	
	《大清律例·户律·户役·别籍异财》	凡祖父母、父母在，子孙别立户籍分异财产者，杖一百。若居父母丧，而兄弟别立户籍分异财产者，杖八十。	

续表

经济面向的法律机制			
功能面向	法条来源	内容	对基层社会治理单元功能发挥产生的影响
	《杂令》〔1〕	诸家长在，儿子孙弟侄等，不得辄以奴婢、六畜、田宅及余财物私自质举及卖田宅。其有质举、卖者，皆得本司文牒，然后听之。若不相本问，违而与及买者，物即还主，财没不追。	只有当家长在境外以及为兵戎所阻隔的情况下，子孙向官府申请并获得许可凭证之后，才可以典卖家产。否则典卖契约无效，物归原主，钱则没入官府。〔2〕
	《唐律疏议·户婚·同居卑幼私辄用财》	诸同居卑幼，私辄用财者，十疋笞十，十疋加一等，罪止杖一百。即同居应分，不均平者，计所侵，坐赃论减三等。	
	《宋刑统·户婚律·卑幼私用财》	诸同居卑幼，私辄用财者，十匹笞十，十匹加一等，罪止杖一百。即同居应分，不均平者，计所侵，坐赃论减三等。	
	《大明律·户律一·户役·卑幼私擅用财》	凡同居卑幼，不由尊长，私擅用本家财物者，二十贯笞二十。每二十贯，加一等。罪止杖一百。若同居尊长，应分家财不均平者，罪亦如之。	家庭财产归家长全权支配，其他成员私自动用即属违法。支持了在基层治理中家长财产处分权。此外，该律也有防止子孙擅自用财危及家庭经济基础，进而危及长辈赡养问题。
	《大清律例·户律·户役·卑幼私擅用财》	凡同居卑幼，不由尊长，私擅用本家财物者，十两，笞二十，每十两加一等，罪止杖一百。若同居尊长，应分夹菜不均平者，罪亦如之。	
	《唐律疏议·户婚·同居卑幼私辄用财》	诸同居卑幼，私辄用财者，十疋笞十，十疋加一等，罪止杖一百。即同居应分，不均平者，坐赃论减三等。疏议曰：凡是同居之内，必有尊长。尊长既在，子孙无所自专。若卑幼不由尊长，私辄用当家财物者，十疋笞十，十疋加一等，罪止杖一百。即同居应分，谓准令	

〔1〕 [日]仁井田陞：《唐令拾遗·杂令》，栗劲等编译，长春出版社1989年版，第788~789页。
〔2〕 陈鹏生主编：《中国法制通史：第四卷·隋唐》，法律出版社1999年版，第585页。

续表

经济面向的法律机制			
功能面向	法条来源	内容	对基层社会治理单元功能 发挥产生的影响
财产继承 制度		分别。而财物不均平者，准户令：应分田宅及财物者，兄弟均分。妻家所得之财，不在分限。兄弟亡者，子承父分。违此令文者，是为不均平。谓兄弟二人，均分百疋之绢，一取六十疋，计所侵十疋，合杖八十之类，是名坐赃论减三等。	
	《大清律例·户律·户役门·卑幼私擅用财》附例	嫡、庶子男，除有官荫袭，先尽嫡长子孙。其分析家财、田产不问妻妾婢生，止以子数均分。奸生之子，依子量与半分，如别无子，立应继之人为嗣，与奸生子均分。无应继之人，方许承继全分。 户绝财产，果无同宗应继之人，所有亲女承受。无女者，听地方官详明上司，酌拨充公。	中国传统关于财产继承的基本顺序是：第一顺序为诸子及诸孙（包括嫡子、庶子、婢生子、嗣子、奸生子），第二顺序为在室女、赘婿，第三顺序为出嫁女，寡妻一般作为特殊顺序继承人处理。除金元律外，嫡庶子基本上均分财产；嗣子，除宋代外，亦同亲生子，对于诸子孙的继承份额，法律上也不分嫡庶。[1]
	《唐律疏议·户婚·同居卑幼私辄用财》所引户令	诸同居卑幼，私辄用财者，十疋笞十，十疋加一等，罪止杖一百。即同居应分，不均平者，计所侵，坐赃论减三等。 「疏」议曰：凡是同居之内，必有尊长。尊长既在，子孙无所自专。若卑幼不由尊长，私辄用当家财物者，十疋笞十，十疋加一等，罪止杖一百。「即同居应分」，谓准令分别。而财物不均平者，准户令：「应分田宅及财物者，兄弟均分。妻家所得之财，不在分限。兄弟亡者，子承父分。」违此令文	

---

〔1〕　赵晓耕主编：《身份与契约：中国传统民事法律形态》，中国人民大学出版社 2012 年版，第 311 页。

经济面向的法律机制			
功能面向	法条来源	内容	对基层社会治理单元功能发挥产生的影响
		者，是为「不均平」。谓兄弟二人，均分百疋之绢，一取六十疋，计所侵十疋，合杖八十之类，是名「坐赃论减三等」。	
	《唐令拾遗·丧葬令》〔1〕	诸身丧户绝者，所有部曲、客女、奴婢、店宅、资财，并令近亲转易货卖，将营葬事及量营功德之外，与财并与女；无女，均入以次近亲；无亲戚者，官为检校。若亡人存日，自有遗嘱处分，验证分明者，不用此律。	遗嘱继承优先于法定继承。女子的继承权只有在户绝财产法律关系中才可能得以实现。在这一法律关系中，女子的身份是特定的，即须是女儿，除此之外的家族女子不被视为有继承权。在身份继承领域，则基本排除女子的继承主体地位。〔2〕
	《宋刑统·户婚》"死商钱物"条所引唐《主客式》	诸商旅身死，勘问无家人亲属者，所有财物，随便纳官，仍具状申省。在后有识认，勘当灼然是其父兄子弟等，依数却酬还。	
	《宋刑统·户婚律·户绝资产》	准丧葬令：诸身丧户绝者，所有部曲、客女、奴婢、店宅、资财，并令近亲转易货卖，将营葬事及量营功德之外，与财并与女；无女，均入以次近亲；无亲戚者，官为检校。若亡人存日，自有遗嘱处分，验证分明者，不用此令。准唐开成元年七月五日救节文：自今后，如百姓及诸色人死绝无男，空有女，已出嫁者，令文合得资产。其间如有心怀观望，孝道不全，与夫合谋有所侵夺者，委所在长吏严加纠察，如有此色，不在给予之限。臣等参详：请今后户绝者，所有店宅、畜产、资财，营葬功德之外，	

〔1〕 ［日］仁井田陞：《唐令拾遗·丧葬令》，栗劲等编译，长春出版社 1989 年版，第 770 页。

〔2〕 陈鹏生主编：《中国法制通史：第四卷·隋唐》，法律出版社 1999 年版，第 613～614 页。

续表

经济面向的法律机制			
功能面向	法条来源	内容	对基层社会治理单元功能发挥产生的影响
		有出嫁女者，三分给予一分，其余并入官。如有庄田，均与近亲承佃。如有出嫁亲女被出，及夫亡无子，并不曾分割得夫家财产入己，还归父母家后户绝者，并同在室女例，余准令救处分。	
	《大明令·户令》	凡嫡庶子男，除有官荫袭，先尽嫡长子孙，其分析家财田产，不问妻、妾、婢生，上依子数均分；奸生之子，依子数量与半分；如别无子，立应继之人为嗣，与奸生子均分；无应继之人，方许承绍全分。	

社会面向的法律机制			
功能面向	法条来源	内容	对基层社会治理单元功能发挥产生的影响
救灾扶贫	《唐户令》	鳏寡、孤独、贫穷、老疾、不能自存者，令近亲收养，若无近亲，付乡里安恤。	"分灾恤患""损余济阙"的邻里救助是隋唐社区伦理一重要伦理规范。救助内容主要涵盖扶贫济困、丧葬救助、灾难救助、助学以及收养社区内贫困无依的鳏寡孤独废疾者或给予他们衣食方面的物质帮助等。支持了家族在扶贫济困方面的社会功能。
	《唐律疏议·捕亡·邻里被强盗不救助》	诸邻里被强盗及杀人，告而不救助者，杖一百；闻而不救助者，减一等；力势不能赴救者，速告随近官司，若不告者，亦以不救助论。其官司不即救助者，徒一年。窃盗者，各减二等。	本条为百姓邻里施加了救助义务，若在邻里遭遇强盗杀人时不履行此帮助义务，会受到相应的惩罚，将互帮互助的社区伦理规范法定化，支持了家庭在维护基层社会团结稳定方面的功能。

社会面向的法律机制			
功能面向	法条来源	内容	对基层社会治理单元功能发挥产生的影响
完粮纳税 （户籍制度）	《唐律疏议·户婚·脱漏户口增减年状》	诸脱户者，家长徒三年；无课役者，减二等；女户，又减三等。谓一户俱不附贯。若不由家长，罪其所由。即见在役任者，虽脱户及计口多者，各从漏口法。	唐代户籍制度严密，政府的租、调全部以户籍为根据。不准相冒合户的目的，在于防止逃避赋役。支持家族的社会经济功能。
	《唐律疏议·户婚·脱漏户口增减年状》	诸脱户者，家长徒三年；无课役者，减二等；女户，又减三等。谓一户俱不附贯。若不由家长，罪其所由。即见在役任者，虽脱户及计口多者，各从漏口法。	
	《唐律疏议·户婚·相冒合户》	诸相冒合户者，徒二年；无课役者，减二等。谓以疏为亲及有所规避者。主司知情，与同罪。	
	《唐律疏议·厩库·故杀官私马牛》	诸故杀官私马牛者，徒一年半。赃重及杀余畜产，若伤者，计减价，准盗论，各偿所减价；价不减者，笞三十。见血踠跌即为伤。若伤重五日内致死者，从杀罪。	「疏」议曰：官私马牛，为用处重：牛为耕稼之本，马即致远供军，故杀者徒一年半。
	《唐律疏议·户婚·输课税物违期》	诸部内输课税之物，违期不充者，以十分论，一分笞四十，一分加一等。州、县皆以长官为首，佐职以下节级连坐。户主不充者，笞四十。	
	《宋刑统·户婚律·脱漏增减户口》	诸脱户者，家长徒三年。无课役者，减二等。女户又减三等。脱口及增减年状。以免课役者，一口徒一年，二口加一等，罪止徒三年。其增减非免课役及漏无课役者，四口为一口，罪止徒一年半；即不满四口，杖六十。	家庭在国家统治之中扮演者承上启下的作用，一方面，家庭、家户作为一个独立的法律主体得到国家承认，同时家户也是承担国家义务的主体。另一方面，国家法律承认和保护家长在户内的至高无上的地位。此条的规定表明了家长对外是一家的代表。
	《大明律·户律一·户役·脱漏户口》	凡一户全不附籍，有赋役者，家长杖一百；无赋役者，杖八十。附籍当差若将他人隐蔽在户不报，及相冒合户附籍，有赋役者，亦杖一百；无赋役者，亦杖八十。若将另居亲属隐蔽在户不报，及	

社会面向的法律机制			
功能面向	法条来源	内容	对基层社会治理单元功能发挥产生的影响
		相冒合户附籍者，各减二等。所隐之人，并与同罪。	户是中国古代社会中长期存在的一个重要范畴，再加之户是统治者编制户籍、征收赋税、征发徭役乃至社会控制的对象。因此，历代对户以及与户有关的户口、婚姻、赋税、田宅等甚为重视。户籍登记是君主掌握人口、治平天下的重要手段。户不仅关乎国家的赋税、徭役和社会的秩序和稳定，同时还涉及财产、婚姻、家庭、收养、继承、市场交易等民事关系。户不仅具有公法的性质，同时还带有私法的性质。户不仅是公法上的主体，同时还是私法上的主体。
	《大明律·户律一·户役·人户以籍为定》	凡军民驿灶医卜工乐诸色人户，并以籍为定。若诈冒脱免，避重就轻者，杖八十。其官司妄准脱免，及变乱版籍者，罪同若诈称各卫军人会典作令，不当军民差役者，杖一百，发边远充军。	
	《大清律例·户律·户役·脱漏户口》	凡一户，全不附籍，有赋役者，家长杖一百；无赋役者，杖八十。附籍当差。若将他人隐蔽在户不报及相冒合户附籍，有赋役者，亦杖一百，无赋役者，亦杖八十。若将另居亲属隐蔽在户不报，及相冒合户附籍者，各减二等。所隐之人并与同罪，改正立户，别籍当差。其同宗伯叔弟侄及女婿，自来不曾分居者，不在此限。 其见在官役使办事者，虽脱户止依漏口法。 若隐漏自己成丁，人口不附籍，及增减年状，妄作老幼废疾以免差役者，一口至三口，家长杖六十，每三口加一等，罪止杖一百。不成丁，三口至五口，笞四十，每五口加一等，罪止杖七十入籍当差。 若隐蔽他人丁口不附籍者，罪亦如之，所隐之人与同罪，发还本户附籍当差。 若里长失于取勘，致有脱户者，一户至五户，笞五十。每五户加一等，罪止杖一百。漏口者，一口至十口，笞三十，每十口加一等罪止笞五十。本县提调正官、首领官吏脱户者，十户笞四十，每十户加一等，罪止杖八十。漏口者，十口笞二十，每三十口加	

续表

社会面向的法律机制			
功能面向	法条来源	内容	对基层社会治理单元功能发挥产生的影响
		一等，罪止笞四十。知情者并与犯人同罪。受财者，计赃，以枉法从重论。若官吏曾经三次立案取勘，已责里长文状，叮咛省谕者，事发，罪从里长。	
	《唐律疏议·户婚·部内田畴荒芜》	诸部内田畴荒芜者，以十分论，一分笞三十，一分加一等，罪止徒一年。州县各以长官为首，佐职为从。户主犯者，亦计所荒芜五分论，一分笞三十，一分加一等。	
	《大明律·户律二·田宅·荒芜田地》	凡里长部内，已入籍纳粮当役会典作差田地，无故荒芜，及应课种桑麻之类而不种者，俱以十分为率，一分笞二十。每一分，加一等。罪止杖八十。县官各减二等。长官为首，佐职为从。人户亦计荒芜田地，及不种桑麻之类，以五分为率，一分笞二十。每一分加一等。追征合纳粮还官。	打击懒惰耕作放任荒芜田地者，旨在促进"地尽其用"，使更多的人获得进行小农生产经营的基本条件，对田地荒芜之户主施以刑罚，支持了家族作为社会生产的单元，承担着农业生产的经济功能以及完粮纳税的社会功能。
	《大清律例·户律·田宅·荒芜田地》	凡里长部内已入籍纳粮当差田地，无故荒芜，及应课种桑麻之类，而不种者，俱以十分位率，一分，笞二十，每一分加一等，罪止杖八十。县官各减二等，长官为首，佐职为从。人户亦计荒芜田地，及不种桑麻之类，以五分为率，一分，笞二十，每一分加一等；追征合纳税粮还官。	
	《唐律疏议·捕亡·浮浪他所》	诸非亡而浮浪他所者，十日笞十，二十日加一等，罪止杖一百；即有官事在他所，事了留住不还者，亦如之。若营求资财及学宦者，各勿论。阙赋役者，各依亡法。	限制人口流动促进小农经济的发展，也为国家征收赋役、保证税收来源的稳定性提供了保障。支持了家族农业生产的经济功能和完粮纳税、为国家提供劳动力的社会功能。
	《大明律·户律一·户役·逃避差役》	凡民户逃往邻境州县，躲避差役者，杖一百，发还原籍当差。	

社会面向的法律机制			
功能面向	法条来源	内容	对基层社会治理单元功能发挥产生的影响
	《大清律例·户律·逃避差役》	凡户民逃往邻州境、县，躲避差役者，杖一百，发还原籍当差，其亲管里长提调官吏故纵，及邻境人户隐蔽在己者，各与其罪。	百姓不仅从事农业经济生产，完粮纳税，同时也负担着为国家义务服役的义务。因此称病逃徭役必然会受到刑罚，支持了家族的经济社会功能。
	《唐律疏议·诈伪·诈疾病及故伤残》	诸诈疾病，有所避者，杖一百。若故自伤残者，徒一年半。有避、无避等。虽不足为疾残，而临时避者，皆是。	
	《唐律疏议·擅兴律·征人巧诈避役》	诸临军征讨，而巧诈以避征役，若有校试，以能为不能，以故有所稽乏者，以"乏军兴"论；未废事者，减一等。主司不加穷核而承诈者，减罪二等；知情者与同罪，至死者加役流。	
	《大明律·户律二·田宅·欺隐田粮》	凡欺隐田粮，脱漏版籍者，一亩至五亩，笞四十。每五亩，加一等。罪止杖一百。其田入官。所隐税粮，依数征纳。若将田土移丘换段，那移等则，以高作下，减瞒粮段，及诡寄田粮，影射差役，并受寄者，罪亦如之。其田改正，收科当差。里长知而不举，与犯人同罪。其还乡复业人民，丁力少而旧田多者，听从尽力耕种，报官入籍，计田纳粮当差。若多余占田而荒芜者，三亩至十亩，笞三十。每十亩，加一等。罪止杖八十。其田入官。若丁力多而旧田少者，告官，于附近荒田内，验力拨付耕种。	
	《大清律例·户律·田宅·欺隐田粮》	凡欺隐田粮，脱漏版籍者，一亩至五亩，笞四十，每五亩加一等，罪止杖一百。其田入官，所隐税粮，依数征纳。若将田土移丘换段，那移等则，以高作下，减瞒粮额，及诡寄田粮，	

续表

	社会面向的法律机制		
功能面向	法条来源	内容	对基层社会治理单元功能发挥产生的影响
		影射差役，并受寄者，罪亦如之。其田改正，收科当差。里长知而不举，与犯人同罪。 其还乡复业人民，丁力少而旧田多者，听从尽力耕种，报官入籍，计田纳粮当差。若多余占田而荒芜者，三亩至十亩，笞三十，每十亩加一等，罪止杖八十，其田入官。若丁力多，而旧田少者，告官于附近荒田内，验力拨付耕种。	
	《唐律疏议·户婚律·私入道》	诸私入道及度之者，杖一百；若由家长，家长当罪。已除贯者，徒一年。本贯主司及观寺三纲知情者，与同罪。若犯法合出观寺，经断不还俗者，从私度法。即监临之官，私辄度人者，一人杖一百，二人加一等。	"此辈不耕不业，衣食于民"，且"得免丁役""徒耗民财"，[1]为保障小农经济的发展与秩序，需要抑制寺观侵夺农业劳动力及土地。此法律旨在打击通过僧道途径来逃避税役。 此外，还有意识形态方面的考虑。在儒家思想取得正统地位后，历代王朝法典均一定程度体现出儒家伦理的痕迹。有关宗教管控的制度即是其中着例——限制"出家"、反对"毁人伦"。人们出家须经国家批准，出家之后，一方面被要求进入拟制的丛林之"家"；另一方面并不能真正"出家"，须继续"拜父母、祭祀祖先"。[2]
	《大明律·户律一·户役·私创庵院及私度僧道》	凡寺观庵院，除现在处所外，不许私自创建增置。违者，杖一百，还俗。僧道，发边远充军；尼僧女冠，入官为奴。若僧道不给度牒，私自簪剃者，杖八十。弱右家长，家长当罪。寺观住持，及受业师私度者，与同罪，并还俗。	
	《大清律例·户律·户役·私创庵院及私度僧道》	凡寺观庵院，除现在处所［先年额设］外，不许私自创建增置，违者，杖一百，僧道还俗，发边远充军，尼僧、女冠入官为奴［地基材料入官］。若僧、道不给度牒，私自簪薙者，杖八十。若由家长，家长当罪。寺观住持及受业师私度者，与同罪，并还俗［入籍当差］。	

〔1〕 （清）沈之奇撰：《大清律辑注》（上），怀效锋、李俊点校，法律出版社2000年版，第194页。
〔2〕 谢晶："家可出否：儒家伦理与国家宗教管控"，载《北方法学》2015年第4期。

家族内部形成的自治制度
家族法规和国家制定法、国家诉讼程序本是矛盾的，它能成为司法依据，一方面是对国家法的有益弥补，另一方面在于当制定家族法进行诉讼的指导思想钦定或者官定后，便带来国家对家族法规的内容的认可和理解，这就使家族法成了一种合法的司法依据。这主要有两种途径：一是最高统治者的明言宣示，如孔子后裔在制定家族法时得到明太祖朱元璋的肯定，对孔氏族长说"主令家务，教训子孙、永远遵守"。在封建社会，一些名门望族制定和运用家族法往往由皇帝出面予以肯定，毫无疑问，其就具有了法律效力。二是各级官府的认定。一般家族的家法族规，每当制定后，为了获得官府的肯定，往往主动送到官府，经批准后再使用。[1] 明清家法族规的主要内容和作用，是与封建国家制定的法律相配合，维护基层社会的封建统治秩序。其内容和作用集中表现在以下几个方面：维护封建的宗法等级关系；维护封建国家的赋税制度；严厉惩治窃盗；严禁斗殴生事；禁锢宗族成员的人身和思想；调整家族组织内部的民事关系，维护封建自然经济。[2]

功能面向	法条来源	内容	对基层社会治理单元功能发挥产生的影响
家族司法	清道光十年（1830 年）诏令	凡遇族姓大小事件，均听族长绅士判断。	正式承认了家族内部对民事案件和轻微刑事案件的调解处分权，支持了家族的基层纠纷解决方面的社会功能。
	明洪武时颁行《教民榜文》[3]	民间户婚田土、斗殴相争一切小事，须要经由本里老人、里甲断决。 凡民有陈诉者，即须会议，从公剖断，许用竹篦荆条量情决打。	
	《大元通制格令·户令》[4]	诉诸婚姻、家财、田宅、债负，若不系违法事重，并听社长以理谕解，免使荒废农务，烦扰官司。	对于一般的民事纠纷，即所谓户婚、田宅、钱债等案件以及轻微的刑事案件，如邻里纠纷导致的轻伤害等，家族、宗族、乡绅可以直接居中调处。
	《大清律辑注》[5]	州县各里，皆设申明亭。里民有不孝、不弟、犯盗、犯奸一应为恶之人，姓名事迹俱书于板榜，	

---

[1]　胡旭晟主编：《狱与讼：中国传统诉讼文化研究》，中国人民大学出版社 2012 年版，第 617 页。

[2]　刘广安："论明清的家法族规"，载《中国法学》1988 年第 1 期。

[3]　《教民榜文》于洪武三十一年（1398 年）颁行，是年三月十九日朱元璋颁旨阐述了其乡里之治的思想。参见《明太祖实录》洪武三十年八月辛亥及三十一年三月十九日。转引自原美林："明清家族司法探析"，载《法学研究》2012 年第 3 期。

[4]　郭伟成点校：《大元通制格令·户令》，法律出版社 1999 年版，第 459 页。

[5]　（清）沈之奇撰：《大清律辑注》（下），怀效锋、李俊文点校，法律出版社 2000 年版，第 934～935 页。

家族内部形成的自治制度			
功能面向	法条来源	内容	对基层社会治理单元功能发挥产生的影响
		以示惩戒，而发其羞恶之心，能改过自新，则去之。其户婚、田土等小事，许里老于此劝导解纷，乃申明教诫之制也。	
	《大明律·刑律·十一·断狱·妇人犯罪》	凡妇人犯罪，除犯奸，及死罪收禁外，其余杂犯，责付本夫收管。如无夫者，责付有服亲属邻里保管，随衙听候，不许一概监禁。违者笞四十。若妇人怀孕犯罪，应拷决者，依上保管，皆待产后一百日拷决。若未产而拷决，因而堕胎者，官吏减凡斗伤罪三等。致死者，杖一百，徒三年。产限未满而拷决者，减一等。若犯死罪，听令稳婆入禁看视，亦听产后百日，乃行刑。未产而决者，杖八十。产讫，限未满而决者，杖七十。其过限不决者，杖六十。失者各减三等。	妇人犯奸罪或实犯死罪，照例应收禁者，承审官拘提录供后，即于女监收禁。其他杂犯死罪，责令本夫收管；没有丈夫的，则交其亲属或邻里保释，随时听候发落。支持了家族承担了社区矫正方面的社会功能。
	《大清律例·刑律·断狱下·妇人犯罪》	凡妇人犯罪，除犯奸及死罪收禁外，其余杂犯责付本夫收管。如无夫者，责付有服亲属、邻里保管，随衙听候，不许一概监禁，违者，笞四十。	
	《大明律·刑律·斗殴·妻妾殴夫》	其夫殴妻，非折伤，勿论；至折伤以上，减凡人二等，须妻自告乃告。	

以上法条如无特别说明，均来自以下版本资料：

1. 《唐律疏议》，刘俊文点校，中华书局 1983 年版。

2. 《宋刑统》，薛梅卿点校，法律出版社 1999 年版。

3. 《大明律》，怀效锋点校，法律出版社 1999 年版。

4. 《大清律例》，田涛、郑秦点校，法律出版社 1999 年版。

寿州龙氏家规

寿州龙氏家规

家规条例小引

家国原同一礼，齐治实无殊途。用德、用威，巨典行于盛世；有赏、有罚，隆义著于名门。欲劝勉以鼓贤良务先立法思惩成，以绳奸匪，断在明刑。今特开列科条，指明规则。言言切要，俾俗子触目警心；句句详明，使童蒙开卷成诵。果能循理守分，推为孝子贤孙。倘或偭矩薿规，共斥为奸徒败类。用垂法戒，分别奸强。宜求一家之褒，勿犯三尺之责。谨将条例开列于后。

家训劝善十二条

一、敬祖先

祖功与宗德，木本水源深。葬以礼，祭以诚，追远报本无穷尽。欲见枝叶茂，先须笃本根。承先不坠想容音，见闻馒忾常申敬。

凡我族人，宜于祖宗座前，每逢朔望，焚香肃拜。而春秋二祭，尤宜享祀丰洁。勤葺祠堂，厚培坟墓。俾世世子孙，咸知报功崇德，庶不忘发祥之所自。

一、孝父母

哀哀父母恩，昊天同罔极。抚我勤，育我密，成家择配时忧惕。小孝宜用劳，大孝惟竭力。养生送死礼能尽，聊报深恩于万一。

凡我族人，宜念乾父坤母，生我劬劳。贫则菽水承欢，富则旨甘备养。

随分尽孝，养志怡颜，庶不致贻恨于终天。

一、隆师长

师道隆天地，位并君与亲。启我知，励我行，丁宁告诫将心尽。俸膳宜从厚，礼貌不可轻。登科及第显名声，俱从师长栽培进。

凡我族人，有志读书上达，宜于师长分上情礼兼隆，以资其教益。而一切有学问、有道德及年长于己者，亦当加以亲敬，切不可轻慢斯文。如此自受益无穷。

一、宜兄弟

人生有兄弟，原系一胞分。食同器，寝同衾友恭之道须当尽。重大宜商量，些小勿争竞。平居不觉天伦乐，患难方知手足亲。

凡我族人，宜念世间最难得者兄弟，同气连枝，如手如足。幼时则埙箎迭奏，长则和乐永宜。慎勿因小利听妇言，便欲析居各爨，致伤骨肉之好。

一、正闺阃

妇道有三从，闺中有四德。勿高声，勿长舌，中馈苹蘩娴内则。端正踵闲良，幽闲常自得。母仪配地协坤柔，巾帼须眉名难灭。

凡我族人，于家中妇女，宜令恪遵母教，谨守闺阃。内言不出，外言不入，勤纺织，修中馈，克尽厥职。勿使牝鸡司晨，不以礼法自闲。

一、慎交游

朋友五伦一，结交总要真，亲君子，远小人，久要不忘言忠信。意气宜相投，钱财非所论。务求胜己结知心，因不失亲为可庆。

凡我族人，宜知交友全以诚实为先。必择品端学邃者，日近日亲，以资其观摩之益。若滥交匪僻非徒无益，而又害之。不可不慎之于始。

一、尚勤俭

居室宜从俭，兴家本在勤。勿懒惰，勿著盈，耕、读两件持身本。守成非易得，创业受艰辛。克勤克俭不求人，男女少长都当听。

凡我族人，于勤、俭二字，宜奉为至宝。勤则事不难成，俭则资财常足。始觉废精力、减色泽，终则享安逸、乐充余。从来家道有成，罔不由此致之。

一、睦宗族

九族同脉亲，根本原一人。喜相庆，戚相矜，贫贱富贵何分论。既系同支派，谁不是子孙。敦宗睦族意殷殷，一家仁让群推敬。

凡我族人，宜念支分派衍，皆一脉所延。自五服内外，以及远族，俱宜相爱相敬，笃一本之谊。平居则同安乐，患难则共扶持。不可互生嫌隙，骨肉相残。慎毋视若途人，不相关切。则亲亲之道，庶几无忝。

一、务读书

士农与工商，读书为第一。勿偷闲，勿贪戏，愤发以前在勉力。俸禄享千钟，黄金收万镒，皆从读书苦中来，寸光阴宜自惜。

凡我族人，期于克振家声，宜从诗书上苦心著力。天下惟读书人不可限量，云梯千里，风翮九霄，上为祖父增光，下为子孙创业，岂独身荣显已哉！切莫浮慕无实，图侥幸以获功名，庶为有志之士。

一、重节孝

朝廷重建坊，莫大节与孝。守纲常，维世道，芳流百代扶名教。身受苦中苦，事后多光耀。荣登青史姓名标，允以闺中为则效。

凡我族人，于妇女中有克全节者，为秉天地正气，必宜上请建坊，永垂不朽。至需费浩繁富者易，为贫者每多湮没。户族公议赞助俾其得邀旌荣，以为阖族盛事。

一、勤职业

人生有职业，士农与工商。勿兼营，勿游荡，行行状元俱一样。艺多不能精，专功万为上。旁门左道不可当，安居乐业皆兴旺。

凡我族人，当各执一业。乃有一种不法子孙，著异样服色，戴异样头巾，其心邪，其言妄，其行怪。不数年间，或以嫖赌而败家，或以浮浪而没产，流为下贱，以及俳优、窃盗，在所不免。吾子孙当借以自反，慎毋使人议之曰："某也不才，是其祖、父恶报。"盖赌荡在于一身，讥刺及于祖、父，可不慎欤。

一、崇阴骘

积善有余庆，方便宜速行。济危急、恤孤贫，亲朋邻里都休咎。阴德本无边，施与惟相称。埋蛇渡蚁尚酬恩，作福谁云无报应。

凡我族人，宜体天地好生之德，时加培植。得方便处，不拘利益多寡，即便行之，勿以善小而不为。若修桥，补道，施药，施絮，置义田、义山等项，量力为之，俱可为子孙种福田也。

善之当劝，罄竹难书。而此数十条，乃专指其切要者耳。人能遵行不怠，余可类推。愿我族人，暨世世子孙，服膺勿失。慎勿视为具文，以负丁宁至意。

家规惩恶十二条

一、戒忤逆

五刑属三千，罪莫大不孝。逞违逆，肆倨傲，犯上作乱常吵闹。天地所不容，鬼神为计较。不念生我受劬劳，根本亏削无人道。

凡我族人，有不孝父母、肆行忤逆者，乃人伦大变，法所当诛。初犯，责三十；再犯，责四十；三犯，户长与父母将本人送官重处。若触犯祖父、祖母与伯叔婶母及兄嫂等，分别责惩，概不宽贷。

一、戒凶横

小心随出处，刚强事莫为。恃某势，挟某气，打伤人命才知悔。世事让三分，免把身家坠。重则偿抵轻则徒，森严法令常当畏。

凡我族人，有恃强生事、好持凶器者，乃凶暴一流，及早不惩，必遭大祸。初犯，责二十；再犯，加等；三犯及与外姓斗殴，凭户长送官处治。

一、戒赌博

良心先丧尽，好赌把家倾。好田地，好金银，呼卢斗页丢干净。父母养不顾，妻子受苦辛。饥寒交迫盗心生，一朝断送残生命。

凡我族人，有不务本业以赌博作生涯者，频犯则重责二十。若与族人共赌，长辈罚戏一台，幼辈领责。若与外姓人共赌，除将本人用家法责惩外，户长、族长同伊父兄，送官处治。

一、戒酗酒

酒原以合欢，多饮为所困或三巡，或五斛，通彻夜尝成病。德固堪悲，失仪尤可憎。倚酒使气恐伤人，杯中微物招大忿。

凡我族人，有贪杯好饮不知撙节、致生事招怨者，初犯，户长严劝勉，令对祖先立戒；再犯，罚戏一台；三犯，重责二十。

一、戒盗窃

朝廷法律严，先惩盗与贼。或强取，或偷窃，恶迹昭彰自作孽。多从赌博生，或为饥寒迫，皆因游手好闲来，那时犯法身无策。

凡我族人，有爱人财物、阴行偷窃、败坏家门者，初犯责三十；再犯，凭户长、房长送官惩治，请枷柯内示众；三犯，重处。

一、戒强葬

祖墓宜培补，强葬自心欺。图吉穴，谋风水，斩罡塞阳无惮忌。意欲得佳城，无如坏心地。恃强倚势肆侵凌，先灵默鉴为败类。

凡我族人，有希图吉穴，在公祖坟山强行添葬者，族众无论尊卑，立时掘起。另罚猪、羊祭坟，随在墓前重责四十。若盗葬者，除硬行掘起外，访实带入柯堂，重责四十，并罚猪、羊祭坟。倘有兄弟公山已经分析、硬行强葬者，照强葬例罚处。有既卖复占、横行强葬者，照盗葬例罚处。

一、戒伐荫

荫树护窀穸，伐去剥祖衣。或斩干，或砍枝，架屋供爨任为施。纵是牛眠地，堪叹鸟无栖。祖灵有觉亦伤悲，子孙安望富与贵。

凡我族人，有在祖墓荫林砍伐树木者，与不孝同罪。砍桠枝者，责二十；伐正株者，责三十。分别轻重，祭坟封山，柴树入公。

一、戒邪淫

万恶淫为首，天道祸即随。坏人名，乱人闺，伤风败俗无穷极。我不淫人妇，人不淫我妻。行奸逞欲妄施为，暗中早犯天神忌。

凡我族人，有贪好女色、肆行淫恶者，干天地鬼神之怒，分别责惩。犯宿娼者，罚戏一台；与人妻妾和奸，责二十；若坏人闺门败人名节强奸等事，家法重责四十，复送官处治。

一、戒抗粮

幸际国家泰，急公分所当。上需下，在钱粮，古今通义谁为抗。依限早完纳，何故不输将。门前差过我无妨，先公后己当停当。

凡我族人，有玩视国法、不急公完纳国税者，虽有官差，而户长亦宜勤加劝诫。倘惯行违抗，致差役追呼不已者，以家法责二十，并代追完。

一、戒争讼

是非有定论，何必到公廷。不管输，不管赢银钱虚费先忧闷。忍了暂时气，免得破家门。若凭健讼以为能，结仇种怨多遗恨。

凡我族人，有好为兴讼、出入公廷者，乃健讼之徒。若与本族构讼，凭户长分别责惩。其与外人争讼，除万不得已外，依恃刀笔代人作词者，户长指名，送官究治。

一、戒轻佻

厚重持身本，轻浮失自尊。宜谨言，宜慎行，妄谈擅动常招憎。一事从虚伪，终身那有成，忠信笃敬总无闻，州里难行将步窘。

凡我族人，有放荡礼法、轻佻自恣、不知谨言慎行者，户长时宜劝勉，令归诚实，庶几可保身家。倘不遵告诫，别以家法责惩。

一、戒刻薄

忠厚传家宝，刻薄不可行。善盘算，寡恩情，锱铢较量人人憎。戚友莫商量，族邻无照应。纵然时至暂丰盈，转盼冰消无人问。

凡我族人，有刻薄居心、重利盘算、拆散人财产者，虽幸邀丰厚，理无久享，似不应在责惩之例。而利心太重，仁义全无，户长宜勤加劝化，令其退省，稍留余地。倘执迷不悟，公议罚处。

恶之当惩，例不止此。而此十余条，乃过恶之最著者，法所难容。愿我族人及世世子孙，务宜恪守，以遵礼法，须谨小慎微，不蹈犯愆尤，永为淳良子弟，幸甚！

《寿州龙氏宗谱》，光绪十六年本，卷一，《家规》[1]

---

〔1〕 转引自费成康主编：《中国的家法族规》修订本，上海社会科学院出版社 2016 年版，第 275～280 页。

附录三

新中国成立后单位的基层治理功能与法律机制

时间	名称	作出机关	主要内容	对基层社会治理单元功能发挥产生的影响
1949 年 4 月 16 日	中国共产党北平市委会关于北京市目前单元工作的决定	中国共产党北平市委会	为恢复在战争中被破坏的城乡经济关系，恢复和发展生产，出台指导公司企业生产和贸易的计划；正确处理劳资关系，实行劳资两利政策。	支持公司企业进行关于生产的经济功能。
1949 年 4 月 17 日	北平市委关于生产与工会工作的初步计划	北平市委	为了切实有效地恢复、改造与发展北平的生产，对公营企业的生产经营提出了较为具体的规划，如必须制订生产计划，有秩序地进行生产；对于工人的生活与福利事业，应作必要的保障和可能之改良。	支持了公司的社会生产功能。
1950 年 2 月 28 日	政务院财政经济委员会关于国营、公营工厂建立工厂管理委员会的指示	政务院财政经济委员会	改革国营、公营工厂企业中遗留的官僚资本主义时代的不合理制度，建立工厂管理委员会，实行工厂管理民主化，发挥工人的生产积极性和创造性，恢复和发展生产。	支持了国营、公营企业的社会生产经济功能。
1951 年 3 月 6 日	李富春在第一次全国工业会议上的结论		国家对一切国营企业实行经济核算制的管理，实行计划管理，规定企业增加生产，提高劳动生产率及降低成本；关心职工福利，主动地解决有关职工生活健康等可能解决的问题，贯彻劳动保险条例；组织生产竞赛。	支持了公司的社会生产功能以及保障工人生活的社会服务功能。
1951 年 4 月 6 日	关于 1951 年国营工业生产建设的决定	中央人民政府政务院	批准政务院财政经济委员会所定 1951 年国营工业生产控制数字；提出国营地方工业的经营方向；建立经济核算制的初步基础；企业中的生产竞赛。	支持国营工业企业进行关于生产的经济功能。

时间	名称	作出机关	主要内容	对基层社会治理单元功能发挥产生的影响
1951 年 4 月 29 日	政务院关于 1951 年国营工业生产建设的决定	政务院	指出国营地方工业在国民经济中的重要作用，制定了国营地方工业的经营方向、经营范围；国家对国营企业实施经济核算制管理；关心职工福利；在企业中组织生产竞赛。	支持了公司的社会生产功能以及保障工人生活的社会服务功能。
1952 年 9 月 2 日	政务院对"国营企业"等名称用法的规定	政务院	对各级政府所经营的企业名称作出统一规定。	
1952 年 9 月 9 日	关于全国机械工厂开展生产能力查定工作的指示	第一机械工业部	为 1953 年开始的大规模工业建设准备有利条件，要求全国机械工厂开展生产能力的查定工作。	有利于企业发挥社会生产的经济功能。
1953 年 5 月 7 日	中共中央华东局关于国营、地方国营、公私合营厂矿生产改革经验的综合报告	中共中央华东局	做好一个厂矿的生产改革，一般必须掌握以下几个基本环节：进行全面的、群众性的安全卫生检查；进行生产管理民主检查，使领导"心中有数""对症下药"去拟定生产改革的具体方案；改革生产管理机构与劳动组织，建立初步的责任制和计划制，扭转生产上混乱、脱节和无人负责的现象；推广先进经验，稳步提高劳动生产率，加强计划管理；关心和改善工人福利，发挥工人积极性；不断改善党对工业生产的领导；在企业中实现经济核算。	有利于促进企业生产功能的实现。
1953 年 5 月 28 日	重工业部关于在生产厂矿建立责任制的指示	重工业部	建立严格的责任制，包括技术责任制、生产调度责任制、设备维护和检修责任制、安全技术责任制、技术供应责任制、成本财务责任制，以达到真正改善企业管理工作的目的。	完善责任制，有利于促进企业生产功能的实现。
1954 年 7 月 19 日	关于改进国营纺织企业基层组织的指示	纺织工业部	在纺织企业基层组织中贯彻一长负责制和生产区域负责制，在全国范围内全面改进基层组织工作，以适应生产发展的需要。	有利于促进企业生产功能的实现。

时间	名称	作出机关	主要内容	对基层社会治理单元功能发挥产生的影响
1955 年 5 月 13 日	重工业部关于加强生产企业与科学研究部门及高等学校协作的通知	重工业部	加强企业与高等学校及科学研究部门协作。生产企业与有关科学研究所及高等学校订立协作合同；生产企业应根据实际需要，有目的有计划地邀请有关科学研究所和高等学校的科学家、教授以及其他人员作报告，介绍经验，委托培养人才；尽可能为科学部门及高等学校研究或实习提供条件，给予人力、物力上的支持。	有利于实现企业的生产功能，也是社会责任的承担的一种体现。
1955 年 5 月 20 日	重工业部关于当前劳动工资工作几个问题的指示	重工业部	改善劳动组织，开展定员工作；制定和修改工人的技术等级标准，合理地解决升级问题，为进一步改善劳动工资工作打下基础；稳步推进计件工资制度，使之进一步符合按劳付酬的原则；合理使用工资基金。	有利于促进企业生产功能的实现。
1955 年 6 月 12 日	燃料工业部关于对大学、专科、中等技术学校毕业生分配、使用与培养工作的指示	燃料工业部	要求认真对过去的毕业生使用培养做一次检查，提出改进措施，贯彻"集中使用、重点配备"的方针和"学用一致"的原则，发挥毕业生的积极性。	既有利于实现企业的生产功能，也是社会责任的承担的一种体现。
1955 年 7 月 30 日	中华人民共和国发展国民经济的第一个五年计划（1953—1957）	第一届全国人民人民代表大会第二次会议通过	完成工业生产必须大力提高工人和技术人员的技术水平；为保证产品质量应逐步制定统一的先进的技术标准；加强生产协作；提高企业管理水平。第七章提出了提高劳动生产率和降低成本的指标。	有利于企业经济功能的实现。
1955 年 8 月 18 日	国营企业 1954 年超计划利润分成和使用办法	财政部制定，国务院批准	对 1954 年国营企业的超计划利润分成作出了规定。	有利于促进企业生产功能的实现。
1955 年 11 月 7 日	国务院关于国营企业新建或扩建附属工厂（车间）的时候应充分利用原有地方工业	国务院	国营企业新建或扩建附属工厂（车间）的时候应充分利用原有地方工业生产能力；只有在本地方原有工业基础太差无法利用的时候才可由别处迁移或者新建扩建；新建或者扩建应当以满足本企业或本地区几个企业需要为	有利于促进企业生产功能的实现。

时间	名称	作出机关	主要内容	对基层社会治理单元功能发挥产生的影响
	生产能力的指示		原则；注意协作，避免重复建设；国营工厂需要向外发包的修理任务应以地方平衡为主，组织地区性的生产协作。	
1956 年3 月 29 日	电力工业部所属生产企业单位的社会主义竞赛奖励暂行办法	电力工业部	鼓励工人超额完成国际计划及各项技术经济指标，规定了个人竞赛奖励、集体竞赛奖励。	有利于促进企业生产功能的实现。
1956 年5 月 25 日	"工厂安全卫生规程""建筑安装工程安全技术规程""工人职员伤亡事故报告规程"	国务院	改善劳动条件，保护劳动者在生产中的安全和健康，各企业必须严格执行各项安全规定，劳动部门必须加强检查和监督，工会要广泛向职工群众进行教育宣传。	有利于促进企业生产功能的实现。
1956 年5 月 29 日	电力工业无事故奖励条例	电力工业部	规定了反对消灭事故，保证安全生产者的奖励以及对过失造成安全事故者的惩罚。	有利于促进企业生产功能的实现。
1956 年6 月 30 日	中华人民共和国第一届全国人民代表大会第三次会议关于 1955 年国家决算和 1956 年国家预算的决议	1956 年 6 月 30 日第一届全国人民代表大会第三次会议	国营企业的积累已经成为国家预算收入的主要来源。为了保证 1956 年国家预算收入计划的完成，一切工业企业，应当努力增加品种，提高质量，降低成本；应当精打细算，用最小的生产消耗，完成最大的生产成果。商业各部门应当努力改善经营管理，减少伤耗损失，降低商品流转费用，并且要适应情况的变化，逐步调整城乡商业网，切实改进商品的调拨分配，更好地照顾城乡需要，为生产和消费者服务。同时，还应当根据新的情况，逐步调整工商关系，使之有利于生产和商品流通。	有利于企业经济功能的实现。
1957 年1 月 4 日	财政部关于监督国营企业解交利润的临时规定	财政部	为了加强对国营企业解交利润的监督，保证国营企业利润及时地、足额地解交金库，对解交利润的单位、缴库方式、根据、解交利润部门、监督管理机构及监管职责等问题作了规定。	支持企业进行关于生产的经济功能。

时间	名称	作出机关	主要内容	对基层社会治理单元功能发挥产生的影响
1957年1月11日	国务院关于职工生活方面若干问题的指示	国务院	对职工的住宅问题、上下班交通问题、疾病医疗问题、生活必需品的供应问题、困难补助问题作出指示。	支持了企业的社会功能。
1957年8月9日	橡胶业汽油中毒预防暂行条例	卫生部、劳动部	保护工人健康；提高生产效率；给工人提供防护物品，建立个人卫生制度，进行定期健康检查。	有利于促进企业生产功能的实现。
1957年11月4日	国务院关于编制1958年国家预算草案的指示	国务院	关于企业收入的编列，各经济部门应当努力提高劳动生产率、降低成本，并且大力精简非生产人员和节约企业管理费用，更多地增加上缴利润。关于企业流动资金的核定。各经济部门应当要求所属企业大力加速资金的周转，减少流动资金的占用。	支持企业进行关于生产的经济功能。
1957年11月15日	国务院关于改进工业管理体制的规定	国务院	适当扩大省（市）自治区管理工业的权限。适当扩大企业主管人员对企业内部的管理权限。减少指令性指标，国家只规定年度计划，简化计划编制程序；国家和企业实行利润分成，改进企业的财务管理制度；改进企业的人事管理制度。	给予企业更大自主性，有利于促进企业生产功能的实现。
1958年2月1日	关于1957年国家预算执行情况和1958年国家预算草案的报告	李先念在第一届全国人民代表大会第五次会议上所作的报告	提出改进企业的财物管理制度，适当扩大企业在财务管理上的责任和权限，规定从企业利润中分出一定比例的数目，留给企业适用，由企业自行安排支出。可以使企业关心自己的收入，从而积极改善经营管理，更好地完成国家计划。	改进财务制度，有利于企业进行生产的经济功能的实现。
1958年4月11日	中国共产党中央委员会、国务院关于工业企业下放的几项决定	中国共产党中央委员会、国务院	国务院各主管工业部门，不论轻重工业部门以及部分非工业部门所管理的企业，除一切主要的、特殊的以及"试验田"性质的企业仍归中央继续管理外，其余企业，原则一律下放，归地方管理。	有利于促进企业生产功能的实现。

时间	名称	作出机关	主要内容	对基层社会治理单元功能发挥产生的影响
1958年5月22日	国务院关于实行企业利润留几成的几项规定	国务院	中央经济各部所属企业实行利润留成制度，将企业实现的利润，按照一定比例留给企业，由企业在规定的范围内，自行安排使用。企业留成所得大部分用于生产，同时适当照顾职工福利。	有利于促进企业生产功能的实现。
1958年9月24日	中国共产党中央委员会、国务院关于改进计划管理体制的规定	中国共产党中央委员会、国务院	在全国的统一计划中，主要工农业产品的生产指标由中央管理；各省、自治区、直辖市根据中央的方针编制本地区内全部企业的计划草案，组织地方所有企事业单位完成和超额完成国家计划。	支持企业进行关于生产的经济功能。
1959年3月27日	国家计划委员会、财政部关于加强成本计划管理工作的几项规定	国家计划委员会、国务院	对大小企业成本计划的编制范围、编制成本计划的内容、成本计划编制程序和审批作出了规定，加强企业的成本管理工作。	支持企业进行关于生产的经济功能。
1959年8月17日	财政部关于国营企业会计核算工作的若干规定	财政部	为了使国营企业的会计核算工作能够正确、及时、完整地反映企业的经济活动情况，进一步改善企业的经营管理，促进经济核算和保护国家财产的完整，更好地为生产服务，针对目前国营企业会计核算工作中所存在的一些主要问题，对会计凭证问题、账簿问题、固定资产问题、各种物资问题、库存现金和银行往来问题、财产清查问题、财物会计监督等问题作了规定。	完善会计制度，有利于促进企业生产功能的实现。
1961年9月16日	中共中央关于讨论和试行《国营工业企业工作条例（草案）》的指示	中共中央	该草案制定了摸清和核定企业综合生产能力的有限办法；注重协作问题；对企业的各个方面、各个环节的责任制度作了具体规定；对技术管理、经济核算和财务管理作了具体规定；对职工的工资、奖励、生活福利专列一章，强调企业的领导人员必须经常关心职工的生活，切实做好福利工作；每个企业在行政上只能由一个主管机关管理，不能多头领导。	支持国营工业企业进行关于生产的经济功能。

时间	名称	作出机关	主要内容	对基层社会治理单元功能发挥产生的影响
1962 年 5 月 27 日	关于进一步精简职工和减少城镇人口的决定	中共中央、国务院	职工人数超过实际需要很多，必须进一步精简职工数。	支持企业进行关于生产的经济功能。
1963 年 1 月 3 日	会计人员职权试行条例	国务院	明确会计人员的职责和权限，充分发挥会计工作在社会主义建设中的积极作用。一切国营企事业、机关、团体、银行、部队、学校，都必须根据工作需要设置会计机构或专职的会计人员。	支持企业进行关于生产的经济功能。
1963 年 10 月 18 日	国家经济委员会、财政部关于国营工业、交通企业设置总会计师的几项规定（草案）	国家经济委员会、财政部	所有国营企业、交通企业的厂长都应亲自领导企业的经济核算和财务会计工作，并根据本规定设置总会计师。总会计师是厂长经济方面的助手，履行经济核算、审查经营活动效果、剔除企业财务成本计划、监督企业资金财产的合理使用、组织分析全厂的经济活动、执行财政政策等。	支持企业进行关于生产的经济功能。
1963 年 10 月 18 日	国家经济委员会、财政部关于国营工业、交通企业设置总会计师的几项规定（草案）	国家经济委员会、财政部	所有国营工业、交通企业都要设置具有实际工作能力的转业干部担任总会计师，组织推动企业有关部门实行经济核算，加强财务管理和会计监督。	支持国营工业企业进行关于生产的经济功能。
1963 年 11 月 3 日	发明奖励条例	国务院	鼓励和推广应用发明，以促进科学技术和国民经济的发展，对发明的主管机构、申报和审查奖励等进行规定。发明属于国家所有，任何单位和个人都不得垄断，全国各单位都可以利用它所必须的发明。	有利于促进企业生产功能的实现。
1963 年 11 月 3 日	技术改进奖励条例	国务院	全民所有制单位应当充分发动群众，努力改进技术，单位应当对改进技术的建议及时进行审查并给予人力物力支持；对采用了建议的建议人进行奖励，奖金由单位支付。	支持了全民所有制企业进行生产的经济功能。

时间	名称	作出机关	主要内容	对基层社会治理单元功能发挥产生的影响
1964年2月5日	石油工业部关于大庆石油会战情况的报告	石油工业部	大庆会战基本经验之一就是全面关心职工生活，从职工的吃、穿、用、住、休息、看病、文化生活以及职工家属的生活都要关心。不仅解决职工本人问题，还注意切实解决职工家属的问题。此外还认真贯彻劳逸结合，实行物质奖励。	支持了企业在保障工人生活方面的社会服务功能。
1964年7月17日	国家经济委员会党组关于试办工业、交通托拉斯的意见的报告	国家经济委员会党组	指出现行工业管理体制和管理制度存在多头管理、机构冗余、效率不高、缺乏协同、资源利用不合理等问题。认为托拉斯是改善工业、交通企业管理工作的革命性重要措施，是用社会主义的经济办法而非行政办法来进行管理的一种组织形式。对托拉斯的性质和经营范围问题、管理办法问题、全国托拉斯和地方的关系问题、托拉斯的组织机构问题、总公司的设置地点问题进行了规定。	这是我国工业经济管理体制改革史上具有创新意义的一次探索，支持了企业进行生产的经济功能。
1965年1月18日	轻工业部关于中国盐业公司（托拉斯）试办情况和今后意见的报告	轻工业部	对盐业的集中统一管理，有效地加强了集中统一，产销结合，经济合理地组织了商品流通，加强了企业管理，便于集中安排基本建设。但在管理体制、组织机构、生产布局、经营管理、产品质量等方面还有一定的问题，需要继续改革规章制度，精简组织机构和人员，促进企业管理革命化，提高劳动生产率，进一步改进管理体制，加强集中统一。	有利于企业发挥社会生产的经济功能。

后 记

2020 年的 5 月，北京的疫情刚刚稳定。我随王敬波老师参与了民政部委托的"基层治理法治化建设"的课题，在其中承担一个子课题。这个课题本身主要关注当代基层社会治理面临的问题和对策。但我在撰写研究报告的过程中发现，中国古代在基层社会治理方面有着独特的传统智慧，走出了一条圆融自治且行之有效的道路。古代的家族在基层社会治理方面发挥了不可替代的作用，而我之前学习和现在讲授的中国古代法律制度中的很多内容，实际上都是为了实现家族在基层社会治理方面的功能。新中国成立后我国采取了独特的单位制，不仅在当时发挥了基层社会治理的功能，其制度内容至今还影响着一代人的观念和思想。而基层社会治理单元的缺失恰恰是当代基层社会治理存在问题的根本原因之一。于是我萌生了以基层社会治理的基本单元为切入点梳理和研究我国古代、新中国成立后的基层社会治理单元与法律机制的念头，以期对当代基层社会治理有所裨益。

2019 年持续至今的疫情，给我们的生活增添了很多不确定因素。在本书的写作过程中，我不止一次因为疫情的原因，只能待在家中码字。一方面加快了本书的写作进度，另一方面也更清楚地看到当代基层社会治理在急剧变化的社会背景中所面临的严峻挑战。作为一名普通公民，我也更加确信基层社会治理不仅是一个重要的学术问题，也是一个对每个人的生活都具有现实意义的议题。学术研究的最终目的都是希望这个世界变得更好，而我也希望尽自己的一份绵薄之力。

感谢中国政法大学出版社，特别是牛洁颖老师耐心高效的工作和对书稿详尽细致的意见。我们的缘分由本书而始，还远没有结束。感谢我的师友和家人，一路走来，我依赖于你们完全的支持和包容。在很多个深夜，你们是我背后最坚实的后盾和内心最温暖的力量。杨天娲老师曾经为了书稿的文字格式不止一次熬至凌晨。我的研究生邹义夫、周夕雅、张佳懿、徐琳和陈思宇等同学，都曾为本书的材料搜集、文字校对工作付出过辛勤的努力。他们虽然是我的学生，却在一定意义上陪伴和见证着我的成长，在这里一并致以谢忱。

我的上一本中文译著出版于 2013 年，在后记中我回顾了自己赴意留学前后以及回国工作后的心路历程。从 2013 年至今将近十年的时间中，我在体会学术之路艰辛的同时，也体悟到了不足与外人道的喜悦和满足。在书稿的整个写作过程，我更加深刻地领悟到学术研究所需的耐心和坚守。

路漫漫其修远兮，吾将上下而求索。

罗冠男

2022 年 5 月于北京